بسم الله الرحمن الرحيم

إدارة المعرفة
التحديات والتقنيات والحلول

المملكة الأردنية الهاشمية
رقم الإيداع لدى دائرة المكتبة الوطنية
(2009/8/3832)

658.4038

طيطي، خضر.
إدارة المعرفة: التحديات والتقنيات والحلول/ خضر مصباح إسماعيل طيطي، - عمان : دار الحامد للنشر والتوزيع، 2010 .
( ) ص .
ر. إ. : (2009/8/4283) .
الواصفات :المعرفة//إدارة الأعمال/

*يتحمل المؤلف كامل المسؤولية القانونية عن محتوى مصنفه ولا يعبّر هذا المصنف عن رأي دائرة المكتبة الوطنية أو أي جهة حكومية أخرى.

❖ أعدت دائرة المكتبة الوطنية بيانات الفهرسة والتصنيف الأولية .

* (ردمك) ISBN 978-9957-32-484-1

دار الحامد للنشر والتوزيع

شفا بدران - شارع العرب مقابل جامعة العلوم التطبيقية
هاتف: 00962- 5231081 فاكس : 00962- 5235594
ص.ب . (366) الرمز البريدي : (11941) عمان – الأردن

Site : www.daralhamed.net
E-mail : info@daralhamed.net
E-mail : daralhamed@yahoo.com
E-mail : dar_alhamed@hotmail.com

إدارة المعـرفـة

التحديات والتقنيات والحلول

للدكتور

خضر مصباح اسماعيل طيطي

الطبعة الأولى
2010م

المحتويات

تمهيــــــــــد ......

قال تعالى :

" قل هل يستوي اللذين يعلمون واللذين لا يعلمون "

القرآن الكريم

وقال تعالى :

" وقل رب زدني علماً "

بسم الله والحمد لله والصلاة والسلام على رسول الله خاتم الأنبياء والمرسلين وعلى آله وصحبة ومن تبعهم بإحسان إلى يوم الدين وسلم تسليما كبيرا واشهد أن لا اله إلا الله وان محمدا رسول الله بلغ الرسالة وأدى الأمانة ونصح وجعلها على المحجة البيضاء ليلها كنهارها لا يزيغ عنها إلا زائغ ، أما بعد فلله الحمد والمنة من قبل ومن بعد اللهم لا علم لنا إلا ما علمتنا انك أنت العليم الحكيم ، اللهم علمنا ما جهلنا وذكرنا ما نسينا واجعلنا من الذين يقولون ويعملون واجعلنا من ورثة جنة النعيم برحمتك يا ارحم الراحمين يا رب العالمين ، فلا معبود ولا اله سواك ، إياك نعبد وإياك نستعين يا رب العالمين ويا ارحم الراحمين ويا أكرم الأكرمين ، رزقتنا وسخرت لنا ما في السموات الأرض نستغفرك من كل ذنوبنا ونتوب إليك ، ولا اله إلا أنت سبحانك وبحمدك أستغفرك وأتوب إليك إني كنت من عبادك الظالمين أما بعد ،،،

إن السؤال الذي يشغل بال كلّ مدير منظمة هو كيف استطيع أن أزيد من أرباح المؤسسة وفي نفس الوقت كيف استطيع أن استثمر في تقنيات المعلومات من أجل هذا لهدف؟

لقد تغير ت النظرة المعاصرة إلى عناصر الإنتاج التقليدية المكونة للثروة (العمل , المواد الأولية , راس المال)وذلك بإضافة عنصر جديد هو" المعرفة , "وتعدت ذلك للقول بان هذا العامل هو الأهم في الإنتاج خصوصا مع التطورات المعاصرة (العولمة الاقتصادية والاجتماعية والتكنولوجية) مما عزز الاهتمام بإدارة المعرفة وهذا دفع بالكثير

من المنظمات الإدارية إلى اعتماد إدارة المعرفة ألإستراتيجية لتحقيق الميزة التنافسية وضمان النمو والاستمرار. هذا الاقتصاد الذي تشكل فيه المعرفة عنصرا فعالا سمي بالاقتصاد المعرفي Knowledge Economy وهو قائم أساسا على راس المال الفكري Intellectual Capital وهو القيمة الاقتصادية لنوعين من الموجودات : ويشمل العمليات التنظيمية structural capital: ورأس المال الهيكلي التنظيمي والإجراءات , والتكنولوجيا , والملكية الفكرية ويشير إلى الموارد البشرية :ويتضمن الخبرات والمعارف والإبداعات.

ان إدارة المعرفة ما هي إلا جهد منظم للحصول على المعرفة بأشكالها من مصادرها المتنوعة وتخزينها واستخدامها بتحويلها إلى سلع وخدمات من اجل تحقيق الأهداف الإستراتيجية والتنظيمية للمؤسسة بكفاءة وفاعلية. ومع الاعتراف سلفا بأهمية البنى التحتية اللازمة للقيام بأنشطة إدارة المعرفة المختلفة والوسائط الحاضنة لها, إلا أن العامل الأهم في العملية عموما قائم على العنصر البشري(الذي يحمل 80 % من معرفة المنظمة) ومثل هذا الكم من المعارف يتطلب قدرا كبيراً من التعاون والاتصال الاجتماعي الفاعل على مستوى الأفراد داخل المنظمة وعلى مستوى متلقي الخدمة ليتم نقلة وبالتالي تفعيل إحدى عمليات إدارة المعرفة الهامة والتي بدونها يصبح مشروع إدارة المعرفة خال من مضمونة, والقول بأهمية العنصر البشري يقود للتركيز على جوانب متعددة مثل التدريب , التوظيف , تغيير ثقافة المنظمة, تشجيع المبادرة والتفكير الحر ,القيادة , التعاون , الثقة , الأداء الفردي, تحمل المسؤولية , تحليل الاحتياجات الفردية..., الخ.

ما سبق يعني ان نجاح مبادرة إدارة المعرفة في أية منظمة مبني على أفرادها ولنجاح هذا المشروع لابد من الاهتمام بالعوامل التالية:

- التركيز على القيم المؤسسية وقيم الموظفين الجوهرية.

- الاهتمام بمشاركة المعرفة.

- تحديد أهداف واضحة تؤدي إلى الاستفادة القصوى من المعرفة.

- تبنى أساليب تحفيز تخدم مشاركة المعرفة.

- تعدد أساليب نقل المعرفة.

- -تقديم حوافز مادية ومعنوية تساهم في خلق المعرفة واستخدامها.

-الالتزام والدعم التام من الإدارة العليا.

ان العالم في هذا الوقت يشهد تغيرات جوهرية في مجال التطبيق التقني، خاصة فى مجال المعلوماتية، بالإضافة إلى تغيرات جوهرية في تناول علم الإدارة كمنهج وأسلوب دون المساس بالمبادئ والأسس التي قام عليها. حيث تعتبر جودة التعامل مع المعلومات من العوامل الأساسية التي يمكن أن تغير من الوضع الحالي غير المقبول في العمل الإداري في دول العالم الثالث وخاصة مع قدوم القرن الحادي والعشرين، قرن الاقتصاد المبني على المعرفة والإدارة بالمعلوماتية.

إن الكثير من المنظمات والشركات في الدول النامية تتجه نحو تبني سياسات واستراتيجيات للعلم والتكنولوجيا، حيث أنها تشعر أكثر من السابق أنها لم تعط موضوع التطبيق التنموي للتكنولوجيا حقه، مما يتطلب إجراء تغييرات في منظومة الإدارة التقليدية وتفعيل التكنولوجيا كمنهج يهدف للتطوير القادر على إيجاد نظام إدارى متقدم يعتمد على تكنولوجيا المعلومات .

ان هذا العصر يسمى بعصر المعلومات ، وعصر المنظمات و عصر التغيير فكلّ شيء وكلّ فرد وكلّ مؤسسة قائمة على المعلومات حيث أن جميع المؤسسات الخاصة والعامة كلها مبينة على تداول وتبادل المعلومات لذا فإن المعلومات هي المقياس الذي نقيس به قوة المنظمات فمن يمتلك المعلومة في الوقت المناسب والمكان المناسب في هذا العصر يمتلك القوة والمال والسيطرة والسلاح الذي يوصل الأشخاص إلى تحقيق أهدافهم ويوصل الشركات إلى الريادة والسيادة والسيطرة على الأسواق فمن لديه المعرفة ولدية القدرة التقنية على إدارة هذه المعرفة والمعلومات سوف يسيطر ويظهر على غيره ولو بعد حين.

بالإضافة إلى ذلك فإن المعلومات الضخمة والتي يتم تبادلها تحتاج إلى أدوات وأجهزة تقوم بمعالجتها وتنظيمها وحفظها واسترجاعها عند الحاجة بالسرعة الممكنة كالحاسوب والإنترنت والبرمجيات المختلفة وأيضاً تحتاج إلى عناصر بشرية تضم عناصر إدارية ومستخدمين ومتخصصين.

إن أي مؤسسة أو منظمة تحتاج إلى من يقودها إلى النجاح وتحقيق الأهداف الموضوعة مثل الطائرة التي في تحلق في الفضاء فهي لديها هدف هو الوصول إلى الوجه المخطط لها، فنجاح تحقيق هذا الهدف يعتمد وبالأساس على قبطان الطائرة، حيث أن هذه الطائرة لا بد لها من أن تواجه العديد من المطبات والمشكلات فإذا كان هذا القبطان على دراية وقدرة عالية في قيادة الطائرة ولديه المعلومات والخبرة المناسبة فإنه سوف يوصل هذه الطائرة إلى وجهتها بسلامة وأمان ، وأما إذا كان القبطان بدون خبرة وبدون معلومات كافية لمواجهة المطبات والمشكلات التي يمر بها فإن هذه الطائرة لن تصل إلى بر الأمان، بل ومن الممكن أن تسقط هذه الطائرة وهذا هو الحال بالنسبة إلى المنظمات فهي تعتمد بشكل أساسي على الإدارة الجيدة والتي تقوم بوضع الخطط والأهداف والعمل على تحقيقها بنجاح باستخدام كل التقنيات الحديثة المتوفرة. ففشل الإدارة يعني فشل الشركة وبالتالي الخسارة ومن ثم السقوط في المشاكل التي تتبع هذا السقوط.

هناك منظمات مثل شركة تويوتا والتي لها ميزانية تفوق ميزانية الكثير من الدول النامية حيث أن هذه الشركة استثمرت في تكنولوجيا المعلومات في العام 2006 م بقيمة 1.7 مليار دولار وهذا مبلغ كبير يشكل جانب استثماري من أجل تحسين أداء الشركة ومن أجل التغيير للأفضل.

إن عملية التغيير في الشركات شيء لا بد منه من أجل البقاء والمنافسة ، إن إدارة عملية التغيير في المنظمات تحتاج إلى إدارة وخبرة ورأس مال ومعلومات ومعرفة وبدون الإدارة الجيدة لن يكون هناك تغيير الأفضل بل تغيير الأسوأ يؤدي إلى فشل الشركات وخسارتها في السوق.

إن مفهوم المعرفة في الشركات كمحدد رئيسي للتنافس العالمي قد اكتسب الكثير من الاهتمام في السنوات الأخيرة لهذا العصر الحديث ، حيث كانت هناك العديد من المناقشات المكثفة حول أهمية إدارة المعرفة ضمن المجتمع الذي نعيش فيه ، إن إدارة المعرفة تعتبر من العوامل الأساسية لبقاء وتنافس وقوة الشركات على اختلاف أنواعها وأحجامها ، حيث أن بقاء الشركات في الواجهة يحتاج إلى طاقة وحجم كبير من التدريب وتنظيم وتطوير الموظفين لديها .

إن السند الرئيسي الذي تقوم عليه نظريات إدارة المعرفة هي عملية البحث والحفظ والارتقاء بالأصول المعلوماتية للشركة وهي أساس عملية الإنتاج والتنافس الناجح في العملية التجارية . حيث يقدم هذا الكتاب مفاهيم واسعة عن إدارة المعرفة وأنظمتها كما يناقش العديد من النقاط الأساسية والمهمة في إدارة المعرفة

ويهدف هذا الكتاب أيضاً إلى شرح المبادئ الرئيسية لإدارة المعرفة من حلول وتحديات وتقنيات ، حيث يشرح الكتاب المفاهيم والنظريات والتقنيات التي تزود بأساسات إدارة المعرفة كما يهدف هذا الكتاب إلى تزويد القارئ بمنظور شامل عن التطبيق العملي في إدارة المعرفة .

إن تقنيات المعلومات كانت وستظل عنصر مهم وحيوي يعمل على تحفيز وتطوير أنظمة إدارة المعرفة ، حيث إن الذكاء الصناعي والأنظمة الخبيرة وتقنيات صفحات الانترنت المبنية على شبكة الويب مستمرة بشكل كبير في عملية دعم وتطور وتحول إدارة المعرفة إلاّ أن هذه التقنيات لا يمكن أن تكون فعالة بدون التطبيق اليومي للمظاهر الاجتماعية للشركات مثل المناقشات و جلسات العصف الدماغي للحصول على المزيد من المعرفة .

اننا في هذا الزمان نشهد ظهور عصر جديد عصر يتميز بكثرة التغير وبغزارة المعلومات وظهور معارف جديدة ومتجددة ، حيث لعبت تكنولوجيا المعلومات وتكنولوجيا الاتصالات الدور الكبير في تعزيز التواصل بين الأفراد والشركات وسهلت من عملية الحصول على المعلومات بشكل سريع وبفعالية كبيرة جداً ، حيث أن كل هذه العوامل تتطلب من الشركات أن توظف المهارات والخبرات والكفاءات المثالية والتي تعمل على إنتاج المعرفة في الشركة من اجل استمرار بقائها واستمرار تنافسها في بيئة العولمة والتي سهلت من عملية غزو الشركات العالمية الكبيرة لكل الأسواق في العالم اجمعه.

إن إدارة المعرفة تزداد أهمية كل يوم فهي تعمل على الترويج والتشجيع للابتكار والتقاط ومشاركة معرفة الشركة ، إضافة إلى ذلك فقد تم التركيز بشكل كبير على فوائد إدارة المعرفة للشركات والأفراد .

إن الرؤيا المستقبلية لإدارة المعرفة و للإدارة المعلوماتية المبنية على استخدام التقنيات الحديثة هو المشاركة مع المجتمع المحيط تأسيساً لمجتمع المعلوماتية من خلال

وضع وتطبيق السياسات الإدارية المتوغلة في ثقافة المجتمع ، وهناك ضرورة حتمية بمحو الأمية المعرفية و المعلوماتية لجميع المستويات الإدارية والمجتمعية في كافة المنظمات والشركات في دول العالم النامي ومنها دول العالم العربي .

فنحن ولأسف الشديد ما زلنا نعيش على هامش الثورة المعلوماتية وما زالت أطراف العالم متباعدة وصعبة المنال ،وعلى الرغم من هذا فقد تحولت العديد من المنظمات السنوات القليلة الماضية إلى ما يشبه نظام القرية في صغره وبساطته- العولمة- وفي مواجهة ذلك تطورت النظرة إلي المعلومات ومعاييرها لكي تتمتع بمركز اقتصادي واستراتيجي فعّال و قوي يدعم الرؤية الإدارية لتحقيق تنمية شاملة وتطوير حقيقي يمكننا من الاستمرار والريادة وعلى مستوى العالم كله .

بعد قراءتك لهذا الكتاب سوف تتعلم العديد من الأمور التي تتعلق بإدارة المنظمات وفائدة استخدام التقنيات الحديثة في عملية الإدارة والتنظيم.

في هذا الكتاب قدم المؤلف المفاهيم والمبادئ الأساسية التي بنيت عليها أصول إدارة المعرفة وأساسياتها المبنية على استخدام تقنيات المعلومات والحاسوب والأدوات البرمجية المختلفة وتوضيحها بلغة سهلة بسيطة.

والحمد لله رب العالمين.

المؤلف

د. خضر مصباح الطيطي

الفصل الأول

مقدمة إلى إدارة المعرفة

محتويات الفصل الأول:

4-1 ما هي إدارة المعرفة ؟

5-1 القوى المحفزة لإدارة المعرفة

6-1 القضايا الأساسية في إدارة المعرفة

الأهداف التعليمية للفصل الأول:

يهدف هذا الفصل إلى تعريف البيانات والمعلومات والمعرفة والفروق بينها وكيفية استغلالها والاستفادة منها لمصلحة المنظمة كما يهدف إلى شرح أهم المفاهيم المتعلقة بإدارة المعرفة، حيث تم تعرف إدارة المعرفة وشرح القوى المحفزة لتبني إدارة المعرفة واهم القضايا المتعلقة بالمعرفة وإدارة المعرفة.

ومن أهم أهداف هذا الفصل:

- توضيح ماهية البيانات والمعلومات والمعرفة وما هي الفروق الجوهرية بين هذه المصطلحات الثلاثة.

- التعرف على مفهوم إدارة المعرفة من الناحية التجارية والتقنية.

- معرفة أهمية تبني إدارة المعرفة وفوائدها للأفراد والمنظمات.

- التعرف على القوى المحفزة للشركات من اجل تبني تقنيات إدارة المعرفة

- التعرف على بعض الأنظمة المستخدمة في إدارة المعرفة وأهمية كل نظام فيها.

- التعرف على بعض القضايا المتعلقة بتبني إدارة المعرفة.

الفصل الأول

مقدمة إلى إدارة المعرفة

1-1 تمهيد (المعرفة، البيانات، المعلومات)

في هذا العصر الذي تهيمن فيه ثورة المعلومات والاتصالات تعتبر المعرفة هي السلاح القوي والفعال والأداء التي تؤدي إلى الريادة والسيادة، ثم انه من خلال المعرفة سار العقل البشري لينظر في البيئة المحيطة حوله من اجل الكشف عن قوانين ومن اجل الإبداع والابتكار والاكتشاف من خلال المعرفة الجديدة التي يكتسبها.

إن المعرفة قد تأخذ العديد من الصيغ الأساسية والمختلفة حسب ما يراه الفلاسفة والباحثين،ومن هذه الأشكال:

- **المصطلحات والمفاهيم والمبادئ**

حيث يجب أن تكون واضحة ذات معاني ثابتة متفق عليها وقابلة للبحث والتحقق وهذه المعرفة عبارة عن كلمات أو جمل قصيرة تعبر عن قواعد عامة يمكن الاسترشاد بها.

- **الفرضية**

وهي عبارة عن مقولة تصاغ لتفسير علاقة بين متغيرين أو أكثر ويتم اشتقاقها عبر البحث والتجربة أو من الممكن استنباطها من المشاهدات والأحداث والممارسات.

- **النظرية**

وهي عمليات فكرية لنمذجة بعض الظواهر الإنسانية او عبارة عن مجموعة من الفرضيات المترابطة يتم التحقق منها بالاختبار والتجربة.

- **القانون**

القانون أصلا عبارة عن نظرية مثبت صحتها بعد أن تجاوزت مرحلة الاختبار والتجريب وتأكدت قدرتها على التحقق والتحكم في العديد من المجتمعات.

- **النموذج**

عبارة عن مخطط مستمد من البيئة المنظورة يوضح العلاقات بين عدد من المتغيرات تتم الاستعانة بها لفهم ظواهر وعلاقات غير مرئية.

- **المنظور أو النموذج الإرشادي**

مجموعة من الفرضيات أو النظريات التي تطرح تصوراً لفهم العالم او البيئة المحيطة أو هو عبارة عن رؤية شاملة للعالم تحدد منهجية التنظير له.

تحتاج المنظمات إلى توظيف ما يعرف بنظام المعلومات من اجل المساعدة في إدارة المعرفة، حيث أنه يمكن تعريف نظام المعلومات على أنه مجموعة من المكونات المتداخلة والتي تعمل على جمع ومعالجة وتخزين وتوزيع المعلومات بهدف المساعدة في دعم عملية اتخاذ القرارات والتحكم والسيطرة على المنظمة، بالإضافة على دعم عمليات التنسيق والتنظيم والتخطيط ومساعدة المدراء والموظفين في عمليات تحليل المشكلات ورؤية المواضع المعقدة وبناء منتجات جديدة.

إن أنظمة المعلومات تتكون من مجموعة من المعطيات عن الأماكن والأشياء داخل المنظمة أو التي تحيط بها ومعلومات عمن له علاقة بالمنظمة من عملاء ومزودين وشركاء العمل وغيرهم، كما أن نظام المعلومات يتضمن معلومات عن الشركات المنافسة والتقنيات الجديدة والموجودة في المؤسسة، إن هذه المعلومات التي تضم نظم المعلومات يجب أن تكون في صورة ذات معنى ومفيدة للجنس البشري، وفي المقابل فإن البيانات هي عبارة عن مجموعة من الحقائق تمثل أحداث حصلت في الشركة أو تمثل البيئة المادية قبل أن يتم تنظيمها على شكل مفهوم وقابل للاستخدام من قبل الجنس البشري.

البيانات Data:

وهي المادة الخام للمعلومات والتي تكون عادة مبهمة وغير مفهومة للجنس البشري حيث أنها تمثل أحداث وقعت في الشركة ولم يتم تنظيمها وترتيبها بشكل مناسب.

المعلومات Information:

مجموعة من البيانات التي تمت معالجتها وتمّ ترتيبها ووضعها بشكل مفهوم وذا معنى ومفيد للجنس البشري.

يوجد ثلاث نشاطات أساسية في نظام المعلومات والتي تعمل على إنتاج المعلومات والتي تحتاج إليها المنظمات للمساعدة في اتخاذ القرارات وهذه النشاطات هي :

1- عناصر المدخلات

2- المعالجة (عمليات الحساب، الترتيب، الفرز، التصنيف،.....الخ)

3- عناصر المخرجات

إن هذه النشاطات الثلاثة تساعد المدراء في العديد من النشاطات مثل :

• اتخاذ القرارات.

• تحليل المشكلات.

• التحكم والسيطرة على المعاملات والعمليات التجارية.

• بناء وإنشاء منتجات وخدمات جديدة.

حيث يعمل عنصر المدخلات على جمع المادة الخام من داخل المؤسسة أو من البيئة الخارجية لها، أما عنصر المعالجة فيعمل على تحويل المادة الخام من البيانات إلى شكل قابل للفهم ومفيد للعنصر البشري، أما عنصر المخرجات فيعمل على نقل البيانات التي تمت معالجتها إلى العناصر البشرية التي سوف تقوم باستخدامها أو تعمل على نقل النشاطات إلى حيث يتم استخدامها واستفادة منها وهناك عنصر رابع لا بد من التطرق إليه وهو عنصر التغذية الراجعة حيث أن أنظمة المعلومات تتطلب هذا العنصر ـ من أجل عمليات التقييم والتحسـين والتطور.

إن نظام المعلومات الذي يعنينا في هذا الكتاب هو نظام معلومـات مبنـي علـى الحاسوب وغيرهـا مـن تقنيات المعلومات (تكنولوجيا المعلومات) مثل الإنترنت والماسحة وشبكات الحاسوب والبرمجيات المختلفة وغيرها.

تكنولوجيا المعلومات :

هي عبارة عن استخدام التقنيـات (الوسـائل) الحديثـة مثل الحاسوب والطابعة والإنترنـت والماسحات الضوئية والأجهزة الخلوية وأجهزة المراقبة والبرمجيات وغيرها

من الوسائل في عمليات جمع البيانات وحفظها ومعالجتها وتوزيعها وبثها بسرعة ودقة كبيرة من أجل المساعدة في عمليات دعم اتخاذ القرارات وحل المشكلات وتحليل البيانات.

إذن فنظام المعلومات المبني على الحاسوب ما هو إلا نظام معلومات يعتمد على معدات وبرمجيات الحاسوب في معالجة وحفظ واسترجاع وبث المعلومات.

أما النظام فيمكن تعريفه كما يلي:

النظام System عبارة عن مجموعة من العناصر المترابطة مع بعضها البعض من أجل تحقيق هدف ما، فعلى سبيل المثال هناك النظام الشمسي والذي يتكون من الأرض والقمر والشمس والنجوم.... الخ وهذه العناصر مرتبطة مع بعضها البعض من أجل تحقيق الهدف وهو الحياة. وهناك نظام الطائرة حيث تتكون الطائرة من المحرك والأجنحة وأجهزة الحاسوب وغيرها من العناصر والتي تتضافر مع بعضها البعض من اجل تحقيق الهدف وهو الانتقال من مكان إلى آخر.

ولا يوجد أي اتفاقية حول ماهية المعلومات أو كيف سوف يتم حفظها ومعالجتها إلا أن هذه المعلومات ضرورية لبقاء المنظمة وتنافسها في السوق، أما منظمة المعلومات الرسمية فهي إما أن تكون مبنية على الحاسوب أو يدوية مبنية على الورق والملفات حيث تقوم هذه الأنظمة اليدوية بالمهمات الضرورية التي تحتاج إليها الشركات التقليدية والتي لن تكون ضمن دراستنا في هذا الكتاب، أما بالنسبة لأنظمة المعلومات المبينة على الحاسوب والتي تستخدم تقنيات الحاسوب لمعالجة المادة الخام وتحويلها إلى معلومات مفيدة جداً للمدراء والموظفين في الشركة فأجهزة الحاسوب التي تكون المعدات لتخزين ومعالجة المعلومات وبرمجيات الحاسوب ما هي إلا مجموعة من تعليمات تسيطر وتتحكم في عمليات المعالجة التي تتم في الحاسوب حيث أن معرفة مبدأ عمل الحاسوب مهم جداً في تصميم الحلول التجارية لمشكلات الشركات إلا أن الحاسوب يعتبر جزء من نظام المعلومات والذي يمثل الجزء الأساسي والمهم للمنظمات الحديثة.

1- 2 لماذا نحتاج لأنظمة المعلومات ؟

كما بينا سابقاً فإن نظام المعلومات يمكن تعريفه على أنه مجموعة من العناصر المتداخلة مع بعضها البعض تقوم بجمع ومعاجلة وحفظ وتوزيع وبث المعلومات من أجل

المساعدة في عمليات اتخاذ القرارات من قبل الإدارة كما يساعد الإدارة في كل الوظائف الإدارية كالتنسيق والتحكم والتحفيز والتنظيم وغيرها. إذن بدون هذه نظام معلومات ذا كفاءة عالية لن يكون هناك وظائف إدارية فعالة ولن تكون هناك قرارات صائبة فالمدير من أجل أن يتخذ قرار ما لا بد له من الحصول على المعلومات المناسبة وبالكمية المناسبة وفي الوقت المناسب وبالسرعة المناسبة عندها يستطيع أن يتخذ القرار المناسب، فمثلاً لنأخذ المثال أو السيناريو التالي:

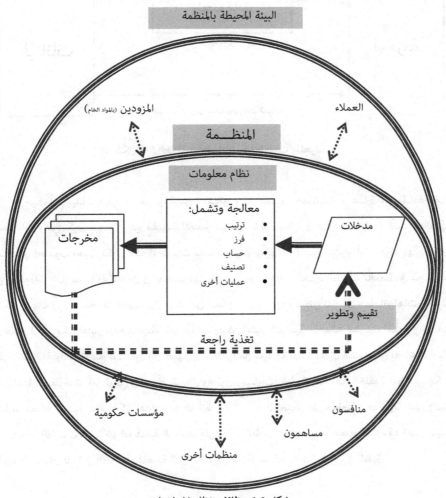

شكل 1-4 وظائف نظام المعلومات

3-1 الفرق بين المعلومات والبيانات والمعرفة Knowledge

هناك فرق كبير بين المعرفة والمعلومات والبيانات في سياق تكنولوجيا المعلومات،وبدايةً بين الشكل التالي (5-1) العلاقة بين البيانات والمعلومات والمعرفة

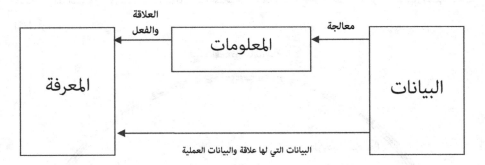

شكل 1-5 العلاقة بين البيانات والمعلومات والمعرفة

حيث أن البيانات عبارة عن مجموعة من الحقائق والمقاييس والإحصائيات أو عبارة عن المادة الخام للمعلومات والتي تكون مبهمة أو غير مفهومة للعنصر البشري أما المعلومات في عبارة عن بيانات تمّت معالجتها باستخدام الحاسوب بحيث تكون هذه المعلومات منظمة ومرتبة ومفهومة لجنس البشري أما المعرفة فهي عبارة عن المعلومات التي لها علاقة بالعمل في المنظمة فهي تكتسب من خلال الخبرة الطويلة بالعمل في مجال ما وضمن ظروف وبيئات مختلفة فعلى سبيل المثال من الممكن اعتبار خارطة تعطي تفاصيل حول اتجاهات القيادة من مكان لآخر, يمكن اعتبار هذه الخارطة بأنها بيانات ويمكن اعتبار التفاصيل المحدثة لنشرات المرور في إحدى الطرق السريعة والتي توضح للسائقين بأن عليهم إن يخففوا من سرعتهم بسب أعمال البناء وعلى بعد عدة أميال يمكن اعتباره معلومات. أما الوعي في معرفة البدائل والطرق ومسارات الطرق المختلفة الخلفية المختصر يمكن اعتبارها معرفة في هذه المثال يمكن اعتبار الخارطة أنها بيانات لأنها لا تحتوي على معلومات قد تؤثر على وقت القيادة وأحوالها من وقت لآخر أما عملية الحصول على أحوال الطرق الحالية فتعتبر معلومات وهذه تعتبر مفيدة إذا وفقط إذا كان للسائق الخبرة أو المعرفة التي تمكنه من معرفة منطقة وأحوال البناء في الطرق.

إن التأثير الضمني يبين لنا بان المعرفة تمتلك عناصر تعكس الخبرة والمعرفة العميقة والتي تتميز من خلالها المعلومات ضمن السياق المعطى. إذاً فامتلاك المعرفة من الممكن أن يؤدي ضمنياً إلى حلّ كثير من المشاكل، أما امتلاك المعلومات فليس بالضرورة أن يؤدي إلى حلّ المشاكل.

على سبيل المثال لو فرضنا أن هناك شخصان ونفس مجال التخصص ونفس المعلومات من الممكن أن لا يكون لديهم نفس المقدرة على استخدام هذه المعلومات بنفس الدرجة والنجاح حيث أن هناك فرق كبير بين إمكانيات الأفراد بإضافة القيم والفائدة حيث أن هذا الفرق في الإمكانيات يكون ناجماً عن :-

- ا لخبرات المختلفة
- التدريب المختلف
- وجهات مختلفة
- عوامل أخرى مختلفة

من الممكن اعتبار أن البيانات والمعلومات والمعرفة أصول للمنظمة حيث تقدم المعرفة المستوى الأعلى من المعاني حول البيانات والمعلومات حيث أن المعرفة تؤدي إلى الحلول والمعاني وبالتالي تؤدي إلى اكتساب المزيد من القيم والفائدة للمنظمات.

- **أهداف المعرفة**

لقد كان هناك جدلاً كبيراً أثير بشكل واسع حول أهداف ووظائف المعرفة غير أننا في هذا القسم سوف نوجز الفوائد والأهداف التي حظيت بأغلبية ذوي الاختصاص ومن أهمها :

- الوصف والتفسير والفهم للظواهر المتعلقة بمجال تخصص تلك المعرفة.
- التنبؤ بما سيكون عليه المستقبل قبل وقوعه طالما أن الظواهر الحالية قم تم تفسيرها وتحليلها وفهمها
- التحكم والسيطرة على الأحداث المتوقعة لمنفعة الأفراد والمنظمات.
- التغيير والتطوير ومراجعة الأوضاع القائمة.

• **خصائص المعرفة**

تمتاز المعرفة بالعديد من الخصائص والمميزات التي تميزها عن غيرها من البيانات والمعلومات ومنها :

1. **تزيد من عائدات الشركة وتعتبر من الروافع المذهلة.**

إن المعرفة تعتبر كنز متجدد في الشركات لا يضمحل وذبك عند استخدامها بالطريقة المثلى حيث أن المعرفة لا تستهلك، حيث أن مستهلكيها يقومون في كلّ مرة بإضافة المزيد من المعرفة إليها وبالتالي تؤدي إلى زيادة قيمتها.

2. **المعرفة قابلة للتجزئة ومتجددة وقابلة للتفلت :**

عندما المعرفة فإنها تتفرع وتتجزأ حيث تعتبر المعرفة متحركة ديناميكية. فالمعرفة عبارة عن معلومات في العمل المباشر لذا يجب على المنظمة أن تستمر في تجديد المعرفة وقاعدة المعرفة من أجل الحفاظ عليها كمصدر تنافسي بين الشركات.

3. **المعرفة لها قيمة غير مؤكدة :**

إن من الصعب القيام بتخمين تأثير الاستثمار في المعرفة حيث أن هناك العديد من المظاهر الغير ملموسة والتي لا يمكن إدراكها.

4. **المعرفة لها قيمة تشاركية غير مؤكدة :**

أنه من الصعوبة تخمين قيمة مشاركة المعرفة مع الغير أو حتى أنه من الصعب معرفة من سوف يستفيد من المعرفة بحدّها الأقصى.

لقد تحول الاقتصاد الصناعي في العقود الأخيرة من اعتماده على المصادر الطبيعية إلى اعتماده على الأصول الفكرية. إن الاقتصاد المبني على المعرفة هو حقيقة كبيرة يجب أخذها بعين الاعتبار فهناك الكثير من التغيرات السريعة في بيئة الأعمال التجارية والتي لا يمكن إدارتها أو معالجتها بالطرق التقليدية القديمة وقد أصبحت الشركات كبيرة جداً وفي كثير من المجالات فإن العائدات المالية أصبحت تفوق الخيال لذا فهي بحاجة إلى أدوات ووسائل جديدة وأفضل من أجل القيام بمختلف العمليات في الشركة وخارجها مثل :-

- التعاون Collaboration
- الاتصالات Communication
- مشاركة المعرفة Knowledge Sharing
- التنظيم Organization
- التحليل Analysis
- التنسيق Coordination

يجب على الشركات أن تطور استراتيجيات جديدة من أجل بقائها ومن أجل تنافسها وذلك برفع أصولها الفكرية والإبداعية للحصول على أفضل أداء من اجل أن تحافظ الشركات على تنافسها في البيئة التجارية الحالية وفي بيئة العولمة ولكي تستجيب للمتطلبات السريعة للأسواق ولكي تستجيب لاحتياجات ومشاكل العملاء حتى تستطيع هذه الشركات أن تقدم خدماتها فإن إدارة المعرفة قضية مهمة وحاسمة للشركات على اختلاف أنواعها وأماكن تواجدها في العالم

إن هناك العديد من التعريف للمعرفة وإدارة المعرفة ولا يوجد تعريف وحيد للمعرفة وإدارة المعرفة وخاصة من المنظور التجاري، فالمعرفة ليست دائماً مصدر ذا قيمة كبيرة أما المعرفة كمصدر فهي ذات قيم عالية وذلك لأنها تركز الانتباه حول ما هو المهم في الشركة.

إن المعرفة تتضمن الفهم الضمني والخبرة والتي تعمل على التمييز بين استخدامها وسوء استخدامها، فالمعلومات تتراكم ومن الممكن أن تصبح بدون فائدة وتصبح ذات عمر طويل، أما المعرفة فإنها تتطور، فالمعرفة متحركة في طبيعتها وهذا يؤدي أن معرفة اليوم ممكن أن تصبح مجهولة الغد إذا فشلت الشركة أو الأفراد في عملية تحديث المعرفة وذلك حسب التغيرات المحيطة وحسب البيئة التي حولها.

إن مصطلح رأس المال الفكري غالباً ما يستخدم كمصطلح مرادف للمعرفة والتي تتضمن ضمنياً أن هناك قيمة مالية كبيرة للمعرفة حيث أن قياس القيمة المالية لرأس المال الفكري، فعلى سبيل المثال ممكن اعتبار قيمة رأس الفكري لإحدى الشركات الصناعية والتي تمّ قياسها في العام 2000 م بين 270 مليار دولار 330 مليار دولار أمريكي.

إن المعرفة تتطور مع تقدم الزمن ومع الخبرة والتي تضع بدورها ارتباط ووصلات عديدة عبر أوضاع وأحداث جديدة في مجال ما لذا من الممكن أن تستنتج تعريف شامل للمعرفة بأنها عبارة عن معلومات في التطبيق العملي لمجال ما.

4-1 ما هي إدارة المعرفة ؟ What is Knowledge Management

إن فكرة إدارة المعرفة ليست جديدة إلاّ أن تطبيق تقنيات المعلومات وأدواتها أدت إلى تسهيل في عملية انشأ وتخزين ونقل المعرفة تعتبر جديدة في هذا العالم وتعتبر انطلاقة أساسية للشركات الرقمية الجديدة حيث أن المدير الناجح دائماً يستخدم الأصول الفكرية ودائماً يكون على وعي دائم بقيمتها إلاّ أن العديد من المدراء لا يدركون أهمية اكتساب المعرفة ومشاركتها ونشرها بطريقة فعّالة وملائمة من أجل زيادة فعّالية الشركة.

إن إدارة المعرفة ما هي إلاّ عملية تساعد الشركات في تعريف واختيار وتنظيم وبث ونقل المعلومات المهمة والخبرات والتي هي من ذاكرة الشركة والتي عادةً تكون موجودة في الشركة بطريقة غير منظمة ومهيكلة.

إن هيكلة المعرفة تؤدي إلى العديد من النقاط منها :-

- حلّ المشاكل بشكل فعّال
- التعليم الديناميكي والحركي
- التخطيط الاستراتيجي
- اتخاذ القرارات

إن إدارة المعرفة تؤدي إلى إطلاق عملية التركيز على تعريف المعرفة واكتشاف المعرفة بطريقة تستطيع من خلالها الشركة أن تعمل على مشاركة المعرفة بشكل رسمي وتعمل على رفع قيمة هذه المعرفة من خلال عملية إعادة استخدام المعرفة.

إن تقنيات المعرفة المعلومات تعمل على تسهيل عملية إدارة المعرفة حيث أن استخدام تكنولوجيا المعلومات في إدارة المعرفة تسمى بنظام إدارة المعرفة ومن خلال نظام إدارة المعرفة تستطيع الشركة أن تستخدم المعرفة من أجل حلّ أي مشكلة وفي أي مكان في العالم حيث أن الشركات الرائدة والناجحة تعمل على تبادل ومشاركة المعرفة بين الأفراد وتعمل على نمو هذه المعرفة وزيادة قيمتها.

إن المعرفة حول كيفية حلّ المشاكل يمكن حفظها حتى يمكن لإدارة المعرفة من تشجيع تعليم الشركة وخبراتها والتي تؤدي إلى المزيد من صنع المعرفة والشكل التالي1-6 يلقي الضوء على العلاقة بين إدارة المعرفة وتكنولوجيا المعلومات.

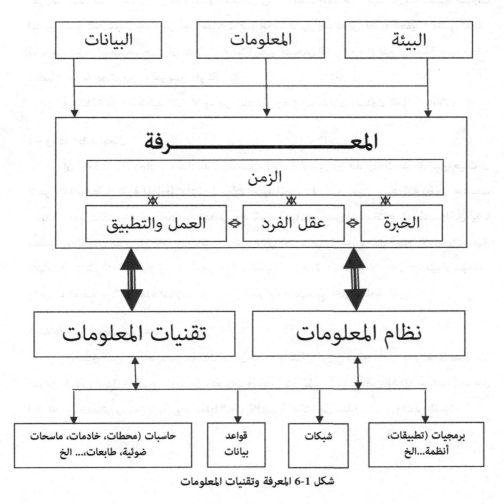

شكل 1-6 المعرفة وتقنيات المعلومات

5-1 القوى المحفزة لإدارة المعرفة Drivers for KM

تعتمد الشركات في هذا العصر على متخذي القرارات وذلك من أجل إكمال المهام والمشاريع حيث أن هذه القرارات تعتمد بشكل أساسي على مدخلان أو معطيات من مجالات متعددة حيث يجب أن يلم متخذي القرارات المثاليين بفهم كامل لمجال محدد من أجل عملية تحفيز اتخاذ القرار إضافة إلى الخبرة العميقة والتي تجعله يستجيب بسرعة للمعطيات حيث أن متخذ القرار المثالي هو الشخص الذي له باع طويل وخبرة عميقة وتمّ تحصيلها عبر ملاحظاته وعمله عبر سنين طويلة.

إن النقاط الأربعة التالية تلقي الضوء على زيادة التوجه في المساهمات بسيناريو اتخاذ القرارات :

1 - زيادة تعقيد المجال

إن زيادة المعرفة لمجال ما والمطلوبة لإنهاء عملية تجارية أو مشروع قد ازدادت بشكل كبير حيث أن التطورات السريعة في تقنية المعلومات أدت إلى زيادة تعقيد المجال على سبيل المثال إن عملية تطوير منتجات جديدة لم تعد تتطلب جلسات العصف الدفاعي والتفكير من قبل مصممي المنتجات في الشركات ولكن أيضاً يتطلب الشراكة بين الفرق الموجودة في المؤسسة والتي تمثل العديد من الأقسام مثل قسم الإدارة والتسويق والهندسة والإنتاج لذا فإننا نرى في هذا العصر زيادة التركيز على توظيف الكفاءات ذوي التعليم والمؤهلات والخبرات العامية حيث أن هذه المهارات تمكنهم من مشاركة معرفتهم من أجل مصلحة الشركة.

2- سرعة تغير السوق وتسارعه:

إن سياق التغير في العديد من مجالات السوق قد ازداد بشكل كبير في العقد الأخير. فعلى سبيل المثال فإن العوامل البيئة والسوق قد تنتج العديد من التغييرات في الشركات، كما أن شدة التنافس الشديد بين الشركات من أجل تحسين خدماتها ومنتجاتها وطريقة عملها التجارية أدت إلى الكثير من عمليات التغير والتطور للشركة.

3- سرعة الاستجابة لمتطلبات السوق :

إن الوقت المطلوب من أجل القيام بالتغيرات المناسبة ضمن تخصص ما أصبح يقل بشكل كبير حيث أن التطور السريع في التقنيات تغير باستمرار عملية اتخاذ القرارات ليتم تنفيذها بشكل أسرع وأيضاً عملية الاستجابة لمتطلبات العملاء أصبحت تتمّ بشكل سريع وذلك بفضل تقنية المعلومات واستخدام وسائل الاتصالات الحديثة كانترنت وأجهزة الهاتف النقال والبريد الإلكتروني.

4- اضمحلال خبرة الأفراد :

إن بقاء الموظفين الإداريين ذوي الصلاحيات في عمليات اتخاذ القرارات فترة طويلة في الشركة يؤدي إلى اضمحلال خبرات هؤلاء الأفراد وخاصة في المجالات الجديدة المبنية على تقنية المعلومات حيث أن هؤلاء المدراء يشعرون بأنهم غير مناسبين كفاية من أجل اتخاذ قرارات كثيرة يواجهونها كل يوم حيث أن المعرفة تساعد كثيراً متخذ القرارات لذا يتوجب على الشركات أن تزود هؤلاء الموظفين بالمعرفة المناسبة وفي الوقت المناسب وبالكمية المناسبة لكي يساهموا في اتخاذ القرارات الفعالة لمصلحة الشركة.

إن إدارة المعرفة مهمة في المؤسسات وخاصة تلك الشركات التي تزداد نسبة عائداتها المالية.

إن إدارة المعرفة مهمة لكل أنواع الشركات وذلك لأن متخذي القرارات في هذا العصر يواجهون ضغوطات كثيرة من أجل اتخاذ قرارات أفضل وسريعة وضمن بيئة تتصف بالتعقيد والتغير ومع افتقارهم للخبرة المثالية والكافية.

6-1 القضايا الأساسية في إدارة المعرفة

في التطبيق العملي للشركات ومع بيئة الأعمال التجارية المعاصرة والذي يجعل الموظفين ويحثهم على المشاركة بعمليات إدارة المعرفة وإطلاقها حيث أن هناك الكثير من المحاولات لإطلاق مبادئ إدارة المعرفة والتي تتضمن التصميم والتنفيذ لأنظمة إدارة المعرفة إلاّ أن تنفيذ إدارة المعرفة في كثير من المجالات تعتبر عملية غير ناجحة حيث أن

هناك العديد من تنفيذ إدارة المعرفة لشركات قد فشلت في تمكين الموظفين ذوي المعرفة والخبرة من أجل مشاركتهم هذه المعرفة لمصلحة الشركة.

إن إدارة المعرفة الفعالة يجب أن تستخدم كل الخبرات المتاحة من أجل تحفيز الموظفين من أجل مشاركة معرفتهم وخبرتهم في العمل.

واحدة من الفروقات الرئيسية بين أنظمة المعرفة هو الدور الرئيسي الفعال الذي يلعبه مستخدمي أنظمة إدارة المعرفة في بناء محتوى هذه المعرفة أما مستخدمي أنظمة المعلومات الفعّالة فلا يتطلب منهم المساهمة بشكل فعّال في عملية بناء محتوى هذه الأنظمة حيث أن هذه المهمة يتمّ توكيل مستشاري أنظمة المعلومات من أجل القيام بها.

إن التنفيذ الناجح لأنظمة إدارة المعرفة يتطلب مشاركة المستخدم للمساهمة في المعرفة وهذا يعني أن هناك مكون عنصر بشري مهم في إدارة المعرفة وأن هذا العنصر البشري يقوم بإنشاء المعرفة في عقله أولاً حيث أن تطبيق إدارة المعرفة يجب أن يعمل على تعريف طرق لتشجيع وتحفيز مدراء هؤلاء الأفراد على تطوير معارف جديدة وأيضاً يجب على تقنيات ومناهج إدارة المعرفة أن تمكن وتوفر طرق فعّالة من أجل تنظيم واستخدام وإعادة استخدام وتجديد وسنّ المعرفة.

الفصل الثاني

طبيعة المعرفة

The Nature of Knowledge

محتويات الفصل الثاني

الأهداف التعليمية للفصل الثاني :

يهدف هـذا الفصـل إلى تقـديم شرح مفصـل عـن طبيعـة المعرفـة وأنواعهـا ومواقـع حفظها ومصادرها.

ومن أهم أهداف هذا الفصل:

- توضيح ماهية المعرفة والفرق بينها وبين المعلومات والبيانات.

- التعرف على أنواع المعرفة المختلفة وخصائص كل نوع منها.

- التعرف على تطبيق المعرفة الصريحة والمعرفة الإجرائية واستخدام كل نوع منها.

- التعرف على المعرفة الضمنية والمعرف الصريحة ومعرفة الفرق بينهما.

- معرفة أهم الأهداف الناتجة عن المعرفة والتي تسعى المنظمات إلى تحقيقها.

الفصل الثاني

طبيعة المعرفة
The Nature of Knowledge

1-2 المقدمة إلى ماهية المعرفة

تختلف المعرفة بشكل كبير عن البيانات والمعلومات مع أنه في كثير من الأحيان تستخدم هذه المصطلحات الثلاثة للدلالة على نفس المعنى، إلاّ أنها في حقيقة الأمر تختلف اختلافاً كلياً. فالبيانات تتكون من حقائق وملاحظات ومفاهيم مستقلة، فالبيانات تمثل المادة الخام مثل الأرقام والمعاني. والأمثلة التالية تعمل على توضيح مفهوم البيانات بشكل متقدم عما تمّ شرحه في الفصل الأول وذلك من أجل التفريق بينها وبين المعلومات والمعرفة.

مثال (1)

الملاحظات المأخوذة من رمي قطعة نقود على الأرض حيث تكون البيانات إما صورة أو كتابة.

مثال (2)

مطعم يستقبل طلبيات شراء تضم قطع كبيرة من اللحم وقطع بحجم متوسط من الآيس كريم.

إن عملية الحصول على البيانات تتم بطرق غاية في السهولة وذلك باستخدام العديد من الوسائل وتقنيات البيانات الحديثة حيث يمكن حفظ هذه البيانات وإجراء العديد من عمليات المعالجة عليها.

تعتبر المعلومات جزء من البيانات، وهذا الجزء يتضمن البيانات التي تمّت معالجتها من أجل الحصول على مفاهيم ذات معنى قابلة للاستخدام. والأمثلة التالية هي استمرار للأمثلة السابقة ولكنها في هذه الحالات تعبر عن المعلومات.

مثال (1)

يتسلم مدير المطعم تقارير حول عدد المبيعات اليومية (بالدولار) والكميات والنسب المئوية لكمية المبيعات لقطع اللحوم والآيس كريم أو غيرها من المنتجات، وهذه تعتبر معلومات، حيث يستطيع المدير استخدام هذه المعلومات من أجل اتخاذ القرارات المتعلقة بوضع الأسعار والمتعلقة بشراء المواد الخام.

مثال (2)

لنفرض أن أحد ما يقوم بإلقاء قطعة نقد 100 مرة كما يلي :

- 40 مرة صورة
- 60 مرة كتابة.

إن نتيجة كلّ عملية إلقاء قطعة النقد سواء كانت صورة أو كتابة تعتبر بيانات، وهي غير مفيدة مباشرة، أما نتيجة 40 صورة و60 كتابة والناتجة من إلقاء قطعة النقد 100 مرة فتعتبر أيضاً بيانات حيث يمكن استخدام هذه النتائج لحساب احتمالات اتخاذ القرار حيث تعتبر هذه بيانات أيضا، ويمكن اعتبارها معلومات لشخص ما يقوم بتحليل النتائج ودراسة احتمالات عدد مرات الحصول على الكتابة أو الصور عند إلقاء قطة النقد.

إذن من هذه الأمثلة يتبين لنا أن هناك بعض الحقائق يمكن اعتبارها معلومات أو يمكن اعتبارها بيانات، وذلك حسب الشخص الذي يستخدم هذه الحقائق حيث أن الحقائق حول المبيعات اليومية للحوم تمثل معلومات لمدير المطعم ولكنها مجرد بيانات للزبون وإذا كان هذا المطعم واحد من مجموعة من 100 فرع من المطاعم فإن هذه الحقائق حول المبيعات اليومية تعتبر بيانات للمدير التنفيذي للفروع، ونفس الشيء بالنسبة للحقائق حول إلقاء قطعة النقد حيث تعتبر مجرد بيانات للفرد الذي ليس له أي مصلحة في عملية إلقاء قطعة النقد هذه.

وبالنسبة للمعرفة فقد تمّ التفريق بينها وبين المعلومات والبيانات بطرق مختلفة، فالمعرفة تعود للمعلومات المتاحة والتي تمكن من القيام بالفعل واتخاذ القرارات أو حل المشكلات، إذن فالمعرفة عبارة عن معلومات ذات توجه واتجاه معين حيث أن المعرفة في جوهرها مشابهة للمعلومات والبيانات إلاّ أنها أكثر عمقاً وأكثر غنى وتعتبر الأكثر قيمة،

وبناءً على وجهة النظر هذه فإن البيانات مجرد حقائق مجردة من السياق والمعلومات عبارة عن بيانات تمت معالجتها.

ومثال آخر يدل على البيانات هو رقم هاتف المجرد. فإذا ما تم وضع رقم الهاتف هذا في سياق ما فسوف يصبح لمعلومات ومثال على ذلك دليل الهاتف.

و أما المعرفة فهي معلومات تعمل عل تسهيل عملية الفعل أو الخبرات المكتسبة من قبل الأفراد والذين لهم خبرة ودراية بمجال معين في الشركة.

ومن الأمثلة على المعرفة والتي تخص رقم الهاتف : الإدراك أن رقم هاتف ما يعود إلى عميل جيد والذي تحتاج الشركة إلى الاتصال به مرة كل أسبوع من أجل الحصول على الطلبات منه.

إذن فالمعرفة تعتبر ذات تفاصيل أعمق وتعتبر مجموعة من الحقائق حيث يمكن تعريف المعرفة في مساحة معينة تعمل على تبرير الاعتقادات حول العلاقات بين المفاهيم المتعلقة بقطاعات معينة.

وفيما يلي أمثلة مكملة للأمثلة السابقة والتي من خلالها يتمّ توضيح المعرفة بشكل أعمق.

مثال (1)

إن المبيعات اليومية للحوم يمكن استخدامها مع غيرها من المعلومات (معلومات عن كميات الخبز في المستودع) وذلك من أجل حساب كمية الخبز التي يجب أن يتمّ شراءها حيث أن العلاقة بين كمية الخبز التي يجب أن يتمّ طلبها وكمية الخبز الموجودة حالياً في المستودع وكمية المبيعات اليومية للحوم وغيرها من المنتجات التي تستخدم الخبز هي مثال على المعرفة. إن فهم هذه العلاقة والتي يمكن صياغتها على شكل معادلات رياضية تساعد في استخدام المعلومات (عن كمية الخبز في المستودع والمبيعات اليومية للحوم......إلخ)، وذلك من أجل حساب كمية الخبز اللازم شراؤها بدون زيادة أو نقصان.

إذن فالمعرفة تساعد على إنتاج معلومات من البيانات أو إنتاج معلومات ذات قيمة عالية من معلومات أقل قيمة حيث أنه في هذا السياق تعمل المعلومات على تسهيل أداء العمل مثل عملية اتخاذ القرار لشراء كمية من الخبز للمطعم.

الشكل التالي 2-1 يوضح نسبة العلاقات بين البيانات والمعلومات والمعرفة حيث يبين الشكل العلاقة بين البيانات والتي تأخذ قيمة صفر أو قيمة متدنية في عملية اتخاذ القرار وتظهر علاقة المعرفة في المعلومات والتي تكون لها قيمة أكبر من البيانات حيث أنه من ممكن أن تتفاوت قيمة المعلومات حسب نوع المعلومات.

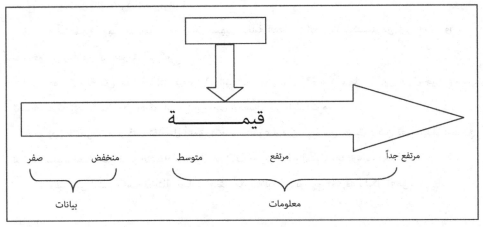

شكل 2-1 البيانات والمعلومات والمعرفة

إذن فالمعرفة تتكون من حقائق واعتقادات ووجهات نظر ومفاهيم وأحكام وتوقعات ومناهج ومعرفة كيفية وطريقة التعامل مع العملاء أو غيرهم من الذين لهم علاقة بالشركة. والمعرفة تستخدم لاستقبال المعلومات وتحويلها إلى معلومات ذات فائدة اكبر وتستعمل أيضاً في عمليات الإدراك والتحليل والتفسير والتقييم واتخاذ القرار وفي عملية التخطيط والتنفيذ والمراقبة والتأقلم مع البيئة المحيطة بالشركة.

بكلمات أخرى فإن المعرفة تستخدم لتحديد ماذا يعني الوضع المعين وما هي ردة الفعل تجاه هذا الوضع.

الشكل التالي 2-2 يصور كيف ترتبط المعرفة والبيانات والمعلومات بأنظمة المعلومات وبالقرارات والأحداث.

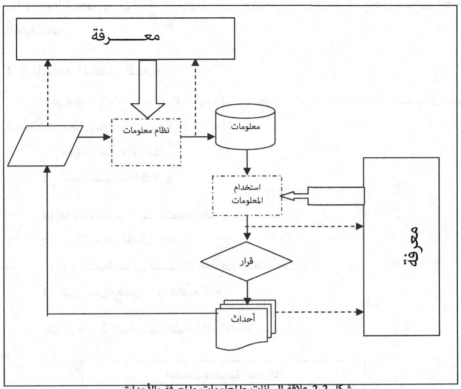

شكل 2-2 علاقة البيانات والمعلومات والمعرفة بالأحداث

إذاً وكما تمّ مناقشته أعلاه فالعلاقة تساعد على تحويل البيانات إلى معلومات والمعلومات يمكن تحويلها إلى معرفة بوجود خبرة الأفراد المناسبة حيث يمكن حفظ هذه المعرفة بأنظمة معلومات أما أن تكون يدوية (ملفات – مستندات ------ إلخ) أو يمكن حفظ المعرفة بأنظمة مبنية على الحاسوب حيث تعمل الأنظمة على استقبال البيانات كمدخلات من أجل إنتاج معلومات كمخرجات إضافة إلى أن المعلومات تستخدم لصنع القرار المبني على المعرفة.

إن القرارات والعوامل المتعلقة بحدث ما تؤدي إلى أحداث تتسبب بإنتاج المزيد من البيانات والمعلومات، حيث أن هذه الأحداث وهذه المعلومات الناتجة والتي تم إدخالها إلى

نظام معلومات محوسب من الممكن أن تنتج إلى خلق معرفة جديدة أو قد تتسبب بتحديث وتغيير المعرفة الحالية بذاتها.

2-2 المشاهد المختلفة للمعرفة

يمكن معاينة المعرفة من منظور أو مشهد ذاتي subjective أو موضوعي objective حيث يمثل مشهد المعرفة الذاتي وجهتي نظر مختلفتين هما :

1- معرفة حسب حالة العقل

2- معرفة حسب حالة التطبيق

أما المشهد الموضوعي فيمثل المعرفة بثلاث مناظير مختلفة هي:

1- تمثيل المعرفة كأهداف objects

2- تمثيل المعرفة كتداول للمعلومات Access to information

3- تمثيل المعرفة كقدرات As Capability

والشكل التالي 2-3 يوضح هذه المناظير المختلفة حول المعرفة

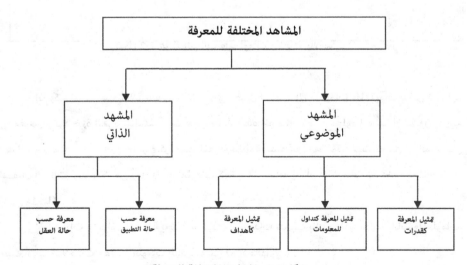

شكل 2-3 : المشاهد المختلفة للمعرفة

- **المشهد الموضوعي للمعرفة**

إن المشهد الموضوعي للمعرفة هو النقيض القطري للمشهد الذاتي، حيث أن المشهد الموضوعي في الحقيقة مستقل عن الإدراك الحسي للعنصر البشري ويمكن بناؤه من خلال مفاهيم أو فئات ذات أولويات معينة حيث يمكن إيجاد المعرفة على شكل كائن أو قدرات يمكن الكشف عنها أو تطويرها من قبل الأفراد، ففي المشهد الموضوعي يمكن اعتبار المعرفة من خلال ثلاثة مشاهد:

1- **اعتبار المعرفة كائنات**

ومن هذا المنظور تعتبر المعرفة شيء ما يمكن حفظه ونقله ومعالجته، حيث أنه ومن خلال تعريف المعرفة كمجموعة من الاعتقادات المبررة لذا تعتبر هذه المعرفة بالكائنات المعرفية (على سبيل المثال الاعتقادات) ويمكن تواجدها في العديد من المواقع حيث أنها يمكن أن تكون بأنواع مختلفة من المعرفة والتي سوف يتمّ التطرق إليها في القسم التالي (2-3).

2- **اعتبار المعرفة كتداول ووصول للمعلومات**

فمن خلال هذا المنظور تعتبر المعرفة حالة تداول ووصول للمعلومات ويمكن مشاهدة المعرفة كممكن ومستخدم للمعلومات.

3- **اعتبار المعرفة كممكن وقدرات**

يعتبر هذا المشهد متوافق مع المشهدين السابقين للمعرفة ككائنات أو كتداول للمعلومات إلا أن هذا المشهد يختلف في عملية التركيز والتي تكون حول الطريقة التي يمكن من خلالها تطبيق المعرفة وذلك من أجل تحفيز تنفيذ وإجراء العمل.

إن هذا المشهد يركز على أن المعرفة هي قدرات إستراتيجية يمكن تطبيقها بشكل كامل وذلك للبحث عن ميزات تنافسية في بيئة الأعمال التجارية.

3-2 الأنواع المختلفة للمعرفة

لقد تمّ تصنيف المعرفة بطرق عديدة مختلفة، فعلى سبيل المثال يمكن تصنيف المعرفة ملن خلال الفئات التالية :

- فئة أفراد
- فئة اجتماعية
- فئة شرطية
- فئة علاقة
- فئة عرضية
- فئة عملية
- فئة تصورية (تجسيد)
- فئة إجرائية

وفي هذا القسم سوف نتطرق على التقنيات الأساسية للمعرفة حيث أنه من المهم فهم طبيعة الأنواع المختلفة للمعرفة وذلك لتسهيل عملية إدارة المعرفة بطريقة أكثر فعالية.

1-3-2 المعرفة الإجرائية **Procedural** أو الإعلانية **Declarative**

سوف نقوم في البداية بمناقشة الفرق بين المعرفة الإعلانية (الحقائق) والمعرفة الإجرائية (كيف تقود دراجة هوائية ؟).

إن المعرفة الإعلانية (تسمى أيضاً المعرفة الجوهرية) تركز على الاعتقادات بين العلاقات وبين المتغيرات، فعلى سبيل المثال كل الأشياء الأخرى التي تكون إما مساوية أو أكبر من السعر المطلوب لمنتج ما يمكن أن تتسبب في تخفيض كمية وعدد مبيعاته، والمعرفة التصريحية من الممكن أن تبدأ على شكل اقتراح أو ارتباط متوقع أو معادلات رياضة تتعلق بمفاهيم يتمّ تمثيلها كمتغيرات.

المعرفة الإجرائية في المقابل تركز على الاعتقادات المتعلقة بتسلسل خطوات أو أفعال للوصول إلى النتائج والمخرجات المطلوبة، ومثال على المعرفة الإجرائية مجموعة

من الاعتقادات المبررة حول الإجراء الذي يجب أن يتمّ تتبعه في مؤسسة حكومية أو منظمة ليتم اتخاذ القرار لمنح عقد أو مشروع ما لقسم ما في الشركة.

إن المعرفة التصريحية ممكن وصفها بـ "ماذا تعرف؟ "، أما المعرفة الإجرائية فيمكن وصفها بـ "كيف تعرف ؟".

2-3-2 المعرفة الضمنية Tacit والمعرفة الظاهرية Explicit

أشار كل من Nonaka and Takeuch 1995 أن الأصول غير الملموسة كالقيم، والصورة الذهنية للمنظمة، الحدس، الاستعارات، ونفاذ البصيرة تشكل أهم الأصول التي ينبغي الاعتناء والاهتمام بها لأنها تشكل قيمة مضافة للعمليات اليومية التي تقوم بها المنظمة.

1 .المعرفة الضمنية

وهي في حقيقة الأمر توجد في مهارة كيف تعرف How-Know (Skills) وتتعلق المعرفة الضمنية بالمهارات داخل عقل وقلب كل فرد والتي ليس من السهولة نقلها أو تحويلها للآخرين .وقد تكون تلك المعرفة فنية أو إدراكية.

2 .المعرف الظاهرية

وتتعلق المعلومات الظاهرية بالمعلومات الموجودة والمخزنة في أرشيف المنظمة ومنها)الكتيبات المتعلقة بالسياسات، والإجراءات، المستندات، معايير العمليات والتشغيل (وفي الغالب يمكن للأفراد داخل المنظمة الوصول إليها واستخدامها ويمكن مشاركتها وتقاسمها مع جميع الموظفين من خلال الندوات اللقاءات والكتب وقد ميز Polanyi بين نوعين من المعرفة عندما قال " أننا نعرف أكثر مما يمكن أن نقول وفي ذلك إشارة صريحة بالطبع لصعوبة وضع المعرفة الضمنية في كلمات منطوقة "We can Know more than we can tell "

فالمعرفة هي نتاج لعناصر متعددة، والتي من أهمها:

1 .المعلومات information

2 .البيانات Data

3 .القدرات Capability

4 .الاتجاهات Direction

1.البيانات

البيانات مجموعة من الحقائق الموضوعية الغير مترابطة يتم إبرازها وتقديمها دون أحكام أولية مسبقة . وتصبح البيانات معلومات عندما يتم معالجتها (تصنيفها، تنقيحها، تحليلها ووضعها في إطار واضح ومفهوم للمتلقي).

2 .المعلومات

المعلومات هي في حقيقة الأمر عبارة عن بيانات تمنح صفة المصداقية ويتم تقديمها لغرض محدد . فالمعلومات يتم تطويرها وترقى لمكانة المعرفة عندما تستخدم للقيام أو لغرض المقارنة، وتقييم نتائج مسبقة ومحددة، أو لغرض الاتصال، أو المشاركة في حوار أو نقاش .فالمعلومات هي بيانات توضح في إطار ومحتوى واضح ومحدد وذلك لإمكانية استخدامها لاتخاذ قرار .ويمكن تقديم المعلومات في أشكال متعددة ومنها الشكل الكتابي، صورة، أو محادثة مع طرف آخر.

3. القدرات

المعرفة بجانب المعلومات تحتاج لقدرة على صنع معلومات من البيانات التي يتم الحصول عليها لتحويلها إلى معلومات يمكن استخدامها والاستفادة منها .وقد منح الله بعض الأفراد القدرة على التفكير بطريقة إبداعية والقدرة على تحليل وتفسير المعلومات ومن ثم التصرف بناءاً على ما يتوفر من معلومات .وإذا لم يتوافر لدى الأفراد القدرات والكفاءات الأساسية للتعامل مع المعلومات عندئذ نستطيع القول أن أحد المحاور الأساسية للمعرفة مفقودة.

4. الاتجاهات

فوق كل هذا وذاك المعرفة وثيقة الصلة بالاتجاهات .أنه في حقيقة الأمر الاتجاهات التي تدفع الأفراد للرغبة في التفكير والتحليل والتصرف لذا، يشكل عنصر

الاتجاهات عنصرًا أساسيًا لإدارة المعرفة وذلك من خلال حفز فضول الأفراد، وإيجاد الرغبة وتحفيزهم للإبداع . وهذا بالتأكد ما ينقص العديد من المنظمات.

4-2 أهداف إدارة المعرفة

- التركيز على تنمية الجوانب الاجتماعية والثقافية والتنظيمية لإدارة المعرفة
- المساهمة في المناقشات الخاصة بالسياسات الحكومية والإجراءات المتعلقة بإدارة وتطوير البنية التحتية لمجتمع المعرفة
- التعريف والتوعية بشكل شمولي لمعنى إدارة وتطوير المعرفة ونشره بين رجال الأعمال بحيث يتم استخدام بشكل أكبر مبادئ إدارة المعرفة وتعميم الاستفادة عن طريق بلورة الفرص الخاصة بأعمال إدارة المعرفة.
- دراسة الأوضاع الاجتماعية والثقافية والاقتصادية والأنظمة ذات العلاقة والتي تؤثر على فاعلية مبادرات إدارة المعرفة.
- العمل على تنمية العوامل الاجتماعية والثقافية التي تشجع الأفراد على المشاركة في المعرفة ضمن المنطقة.
- العمل على زيادة عدد الأشخاص الذين يمكنهم الوصول إلى الحاسبات الآلية والانترنت والتقنيات ذات العلاقة.
- وضع بيانات وأدلة خاصة بالأعمال ذات العلاقة بمجتمع المعرفة.
- المساهمة من منظور الأعمال في المنتديات المتعددة الأطراف المهتمة بالمواضيع المتعلقة بمجتمع المعرفة العالمي.
- تمثيل مجتمع الأعمال في المؤسسات فيما يتعلق بالمواضيع الخاصة بمجتمع المعرفة.
- تطوير أسس ومعايير تأهيل لإدارة المعرفة تساعد في تطوير الجوانب المهنية والتعليمية للمهنيين المختصين في إدارة المعرفة.

2-5 المعرفة العامة والمعرفة الخاصة

إن التصنيف الثالث للمعرفة يركز على ما إذا كانت المعرفة يمكن وصفها بشكل واسع أو بشكل ضيق. فالمعرفة العامة يتمّ تمييزها في أعداد كبيرة من الأفراد حيث أنه يمكن نقلها بشكل سهل بين هؤلاء الأفراد على سبيل المثال فالمعرفة حول قواعد لعبة كرة السلة يمكن اعتبارها بأنها عامة وخاصة عبر الجمهور المتواجد في مدرجات الملعب، واحد الأمثلة على المعرفة العامة في السياق هو معرفة متى يستطيع أحد لاعبي كرة السلة حمل الكرة والمشي فيها بما لا يزيد عن ثلاث خطوات، فإذا حمل اللاعب الكرة ومشى بها أكثر من ثلاث خطوات فيعتبر ذلك خطأً حيث تعتبر هذه العملية بالمعرفة العامة لذا فإن أي شخص عنده فهم مبدئي لكرة السلة يمكن أن يعرف هذه المعلومة. وعلى عكس المعرفة العامة، فالمعرفة المحددة أو الخاصة تسمى أيضا المعرفة الفكرية، حيث تكون هذه المعرفة محددة لعدد من الأفراد وتعتبر عملية نقلها ومشاركتها مكلفة، ومثال على هذا النوع من المعرفة أن مدرب كرة السلة لديه ا لمعرفة التي يحتاج إليها من اجل تحقيق ومساعدة اللاعبين بإعطائهم النصائح من أجل تحقيق الأهداف في الملعب.

وتقسم المعرفة المحددة إلى نوعين رئيسين هما :

1- المعرفة المحددة الفنية أو التقنية

وهي معرفة عميقة حول مساحة محددة، فهي تتضمن المعرفة حول الأدوات والتقنيات التي يمكن استخدامها من أجل حلّ المشاكل في قطاع ما، وهذا النوع من المعرفة يمكن الحصول عليه عبر إجراء بعض من التدريب الرسمي ومن ثمّ تطبيق هذا التدريب من خلال الخبرة في مجال العمل ومن الأمثلة على هذا النوع من المعرفة، المعرفة العملية المكتسبة من قبل احد أساتذة الفيزياء أو المعرفة حول معدات الكمبيوتر وبرمجياته والمكتسبة من مهندس الكمبيوتر.

2- المعرفة المحددة بالسياق

وهي تعود إلى معرفة الظروف والأحوال المعينة بالوقت والمكان والذي من خلالها سوف يتمّ تنفيذ العمل حيث أن هذا النوع من المعرفة يتم استخدامها في أحد القطاعات ضمن المنظمات حيث يتمّ تنفيذ المهمات أو العمل، وهذا النوع من المعرفة لا يمكن

الحصول عليه من خلال التدريب الرسمي ولكن يمكن الحصول عليه من خلال سياق محدد مثل (العضوية في فريق التصميم على سبيل المثال).

6-2 مواقع المعرفة

تكمن المعرفة في العديد من المواقع المختلفة والتي تمّ تلخيصها في الشكل 2-4 حيث تتكون مواقع ومواضع المعرفة في :

- الناس ـ وتتضمن الأفراد والمجموعات
- ناتج صناعي ـ ويتضمن التطبيق والخبرة والتقنيات والمستودعات.
- كائنات المنظمة ـ وتتضمن أقسام المنظمة والمنظمات والشبكات التنظيمية.

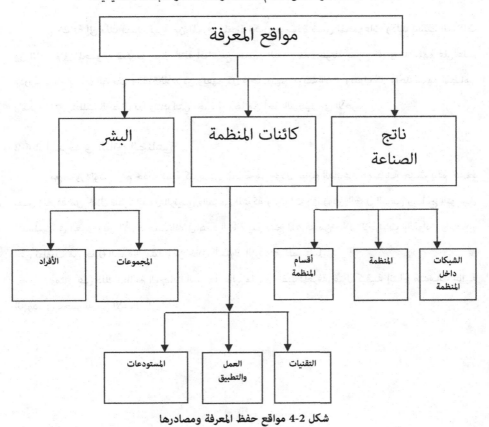

شكل 2-4 مواقع حفظ المعرفة ومصادرها

2-6-1 المعرفة في الناس

هناك مكونات معتبرة من المعرفة محفوظة في الناس، حيث أن بعض هذه المعرفة محفوظة في عقول الأفراد ضمن المنظمات، فعلى سبيل المثال في شركات الخدمات المحترفة مثل شركات الاستشارات أو شركات القانون حيث تكمن المعرفة في عقول أعضاء الأفراد المتمرسين وذوي الخبرة الطويلة في العمل في هذه الشركات.

إن المعرفة المحفوظة في عقول الأفراد هي سبب لاستمرار العديد من الشركات للبحث عن طرق وأساليب متطورة من أجل الحفاظ على هذه المعرفة والتي يمكن أن تفقد لأسباب كثيرة منها :

- تقاعد الأفراد
- ترك الأفراد للشركة إلى شركات أخرى.
- موت الأفراد

بالإضافة إلى ذلك فهناك كمية من المعرفة المعبرة تكون موجودة ضمن المجموعات وذلك بسبب العلاقات بين الأعضاء في المجموعة فعندما يعمل ثلاثة أفراد مع بعضهم البعض لمدة طويلة يصبح كل واحد منهم على علم ودراية كاملة بنقاط الضعف والقوة للآخرين ويفهم كل واحد منهم طريقة الآخر ويدرك كل واحد منهم المظاهر والمعرفة لتي يتطلب الاتصال بها وتلك التي يجب أخذها من أجل التوصيل إلى الآخرين.

2-6-2 المعرفة في الناتج الصناعي

مع مرور الوقت يتمّ حفظ كمية كبيرة من المعرفة من خلال الناتج الصناعي للمنظمة حيث يتمّ حفظ بعض المعرفة من خلال تنفيذ العمل الرئيسي والفرعي للشركة والخبرات وفي روتين العمل اليومي ونماذج التواصل المتسلسلة في العمل وبين الأفراد حيث أنه في هذه الحالة يتمّ دمج المعرفة من خلال الإجراءات والقوانين والمعايير التي تطورت من خلال الخبرة الزمنية ومن خلال السلوك الإرشادي للمستقبل.

ومثال على ذلك مطاعم الوجبات السريعة غالباً ما يتم حفظ المعرفة حول كيفية إنتاج منتجات عالية الجودة في مجموعة من الأعمال الروتينية.

وأيضا هناك كمية من ألمعرفة تكون محفوظة في الأنظمة والتقنيات فبالإضافة إلى حفظ البيانات والمعلومات في أنظمة معلومات مبنية على الحاسوب يمكن حفظ كمية من المعرفة عن العلاقات. على سبيل المثال نظام تخطيط متطلبات المواد المحوسبة يحتوي على كمية معتبرة من المعرفة حول العلاقات بين نماذج الطلب والوقت المسموح في الطلبات وإعادة طلب الكميات.

مخازن المعرفة تمثل طريقة ثالثة لحفظ المعلومات في نتاج الصناعات حيث أنه من الممكن أن تكون مخازن المعرفة مبنية على الورق مثل، الكتب والأوراق والمستندات أو من الممكن أن تكون مبنية على الأجهزة الإلكترونية كالحاسبات حيث يتمّ حفظ المعرفة في أنظمة قواعد بيانات. ومثال على ذلك المخازن المبنية على الورق.

امتلاك مستشار مجموعة من الملاحظات عن طبيعة الأشياء التي يركز عليها العميل بشكل كبير وذلك عندما يتمّ تدقيق المقترحات التي تمّ تسليمها من قبل مستشار الشركة والمنافسين ومن ناحية أخرى يمكن اعتبار موقع مبني على شبكة الويب مخزن يحتوي على إجابات لأسئلة تسأل باستمرار حول منتج حيث يعتبر هذا المخزن مخزن معرفة مبني على التقنيات الإلكترونية الرقمية.

3-6-2 المعرفة في كائنات المنظمة

يمكن حفظ المعرفة ضمن كائنات المنظمة حيث تصنف هذه الكائنات إلى ثلاث مستويات هي:

1- كوحدات للمنظمة (أقسام المنظمة)

2- المنظمة بكاملها

3- علاقات العمل في المنظمة (العلاقة بين المنظمة وعملائها).

من خلال وحدات المنظمة مثل القسم أو المكتب يتمّ حفظ المعرفة جزئياً عبر العلاقات بين أعضاء القسم، حيث تمثل وحدة المنظمة مجموعات من الأفراد والذين يعملون مع بعضهم البعض ليس بسبب المصالح والاهتمامات الخاصة لهم بل بسبب البناء الهيكلي للمنظمة حيث أنه ومع مرور الوقت يتمّ اكتساب كمية معتبرة من المعرفة من خلال العمل ضمن القسم.

المنظمة أو الشركة تعمل على حفظ كمية معتبرة من المعرفة وخاصة المعرفة المحددة بالسياق حيث تتكون من المعايير والقيم والتطبيقات والخبرة والثقافة (سياسة الشركة) ضمن المنظمة وضمن أقسامها حيث يتمّ حفظ هذه المعرفة في عقول كل فرد من أفراد المنظمة.

فالطريقة التي تستجيب بها المنظمة للأحداث في البيئة المحيطة بها تعتمد على المعرفة المحفوظة في الأفراد وتعتمد أيضاً بشكل أساسي على معرفة المنظمة ككل والتي تمّ تطويرها من خلال الخبرات السليمة والايجابية عبر سنوات طويلة.

أخيراً يتمّ حفظ المعرفة ضمن العلاقات في المنظمة حيث أن المنظمة تسعى إلى إنشاء علاقات متينة مع العملاء والمزودين وذلك لأهداف كثيرة منها سحب كمية من المعرفة ليتم تحليلها من اجل عمليات التطوير والحسين للمنتجات أو الخدمات التي تقدمها أو من اجل تحسين عملية اتخاذ القرارات.

إن العملاء الذين يستخدمون منتجات الشركة والمزودين الذين يمدون الشركة بالمكونات الأساسية والمواد الخام التي من خلالها يتمّ صنع المنتجات غالباً ما يكون هنالك معرفة معتبرة عن نقاط الضعف والقوة لهذه المنتجات حيث تسعى هذه المنظمة للتعليم نفسها والاستفادة من خبرة عملائها في استخدام هذه المنتجات وحول كيفية تطويرها وتحسينها وأيضاً تستطيع المنظمة أن تتعلم من اجل تطوير منتجات جديدة والتي يتمّ عرضها للعملاء.

الفصل الثالث

الوظائف الإدارية وأساسيات إدارة المشروع

محتويات الفصل الثالث:

3-2 منهج إدارة المشاريع

3-5 مهام الإدارة

الأهداف التعليمية للفصل الثالث:

يهـدف هـذا الفصـل إلى التعريـف بـأهم المفـاهيم المتعلقـة بالوظـائف الإداريـة وأساسيات إدارة المشروع :

ومن أهم أهداف هذا الفصل:

- التعرف على التطور الكبير في تقنيات المعلومات والاتصالات.

- معرفة أهمية تبني منهج علمي في إدارة المشاريع.

- التعرف على بحوث العمليات وأهميته ومجال استخدامه في الشركات.

- التعرف على نمذجة الأنظمة وأهميتها للإدارة

- التعرف على مهام الإدارة ووظائفها.

الفصل الثالث

الوظائف الإدارية وأساسيات إدارة المشروع

1-3 مقدمة عامة Introduction

لقد أدى التطور الكبير في تقنيات المعلومات وتقنيات الاتصالات والمعلومات إلى تطور سريع في عملية الإدارة على جميع المستويات فقد أصبحت عملية الإدارة في العصر الحديث قائمة على أساس المعرفة والمعلومات وليست حسب آراء أو وجهات نظر شخصية لتصل إلى نتائج إيجابية وليست نشاطات تنموية حتى تقوم بمعالجة المشكلات من جذورها وذلك بأسباب وأساليب منهجية الأمر الذي أدى إلى أن أصبحت المعلومات هي المصدر الأساسي لجمع الأموال والهيمنة الاقتصادية في العالم كله حيث تحول الاقتصاد العالمي إلى اقتصاد معلوماتي منظم بطريقة علمية وأساسه تقنية المعلومات.

يجب على كلّ الشركات بمختلف أنواعها أن تهتم باستخدام الحاسبات والاتصالات وأنظمة المعلومات وإدارة المعرفة في تطوير الإدارة العلمية ووسائل تدعيم القرار من أجل أن تنافس الدول المتقدمة في هذا المجال حيث أن التكنولوجيا تسهم بشكل كبير بإتاحة الفرص وطرح تحديات لم يسبق لها مثيل أمام المجتمع بأكمله، حيث أننا نعيش اليوم في عالم يتغير بشكل سريع وخاصة في النظام الاقتصادي العالمي المتجدد والذي يقوم على التقدم العلمي والتقني والقدرة على استيعاب تدفق المعلومات والتمكن من استخدامها وتطبيقها في مجالات التنمية وتطور وبناء الدولة بشكل قوي ومتين.

إن عملية صنع القرار أصبحت عملية صعبة ومكلفة في هذا العصر- والذي يتسم بالتقدم السريع لأنه أصبح عالم المعرفة السريعة والمعلومات المتوفرة في كلّ وقت وفي كلّ زمان وبسرعة لم يسبق لها مثيل، فالقرار الذي كان يستند على الإحساس الداخلي أو الحدس الشخصي أو الحظ الاحتمالي أو التخمين الفكري أو حسب الحالة المزاجية أو من خلال التجربة والخطأ هذا كله لم يعد صائباً لأن كل هذا لم يعد يصنع قراراً فعالاً وسريعاً مما قد يتسبب في ضياع فرص غالية وتكلفة باهظة في الجهد والوقت والمال لذا يحتاج صنع القرار إلى قدراً كبيراً من البيانات والتي هي المادة الخام الأولية التي تعالج تحليلاً

وتركيباً لاستخلاص ما تضمنته من معلومات عن طريق تطبيق للنماذج الرياضية والطرق الإحصائية والأساليب المنطقية وغيرها حتى يمكن إجراء ووضع مختلف السيناريوهات والاستراتيجيات وعمليات تحليل المخاطر والتهديدات التي تصاحب المشاريع.

إن تكنولوجيات المعلومات وتكنولوجيات الاتصالات تطورت تطوراً فائقاً حيث ظهرت بمقتضى دمج هاتين التقنيتين عدة حقائق واكتشافات مفيدة للجنس البشري ومن هذه الفوائد:

- زيادة الكفاءة في إدارة المعرفة (إنشاء، مشاركة،...الخ)
- زيادة سرعة وسعة نقل البيانات في شبكات الاتصالات الحديثة.
- زيادة سعة دوائر الاتصال عبر الأقمار الصناعية وعبر الهواتف الخلوية مما أدى إلى انخفاط تكلفة الاتصالات بشكل كبير.
- أدت تكنولوجيا المعلومات الحديثة إلى نمو وارتقاء تقني لا مثيل له من قبل.
- أدت التقنيات الحديثة إلى خلق مفاهيم وأساليب جديدة فرضت تحديات لزيادة المعرفة والثقافة والتطور.

يوجد فجوة كبيرة بين الدول المتقدمة والدول النامية حيث تتسع هذه الفجوة كلّ يوم، لذا ينبغي تشجيع البحث العلمي والتطوير والابتكار مع الحرص على تبني تقنيات الدول المتقدمة ومحاولة فهمها واستيعابها وتطويرها بما يتلائم مع الظروف المحلية، حيث أن هذا التغير قد يؤثر على مستوى الحياة ونوعية المتطلبات مما يؤدي إلى مزيد من استخدام تقنيات المعلومات الحديثة مما يؤدي إلى ظهر تخصصات حديثة مع اختفاء كثير من المهن والتخصصات القائمة حيث تصبح عملية تغيير التخصص والوظيفة أكثر من مرة أمراً مألوفاً.

إن عملية إدارة المشاريع وتنظيمها بشكل فعال يؤدي إلى النجاح المضمون لا بدّ أن تبنى على بنية قوية من تقنية المعلومات وعلى فهم للوسائل العلمية التي تعتمد على المعارف والمهارات في إدارة المعرفة ومنها :

- فهم دقيق لبرامج الحاسوب والنماذج المختلفة والمستخدمة في عمليات اتخاذ القرارات ودعمها.

- استخدام النماذج الرياضية المبنية على الحاسوب للتنبؤ بسلوك النظم.
- الاستيعاب الكامل للأساليب الإدارية العلمية الحديثة مع الأخذ بعين الاعتبار النواحي الاقتصادية والاجتماعية من أجل صنع قرارات رشيدة في معالجة المشكلات الفنية والإدارية.
- معرفة معمقة بأساليب العلاقات الإنسانية للتحكم في استخدام الموارد البشرية بفاعلية وكفاءة.
- القدرة العالية على التعبير عن التصورات والتحكم في الاتصالات والتقنيات الحديثة من أجل الوصول إلى الأهداف المرحلية والنهائية.
- زيادة المعرفة في مختلف المجالات لمواجهة الطلب المتزايد على الأعمال التي تتطلب دراسة بينية في مختلف المجالات.

من أجل ذلك لا بد للإدارة العلمية الحديثة الرقمية أن تتسم بالكثير من السمات والتي تخولها لقيادة الشركة والمشاريع الناجحة ومن هذه السمات:

- إدارة قادرة على الابتكار والتصور والتفكير من فكر مستقل.
- إدارة قادرة على استخدام التقنيات الحديثة في إدارة المعلومات.
- إدارة قابلة للتغيير وقابلة للإسهام في أحداثه.
- إدارة قادرة على التعامل مع أدوات العصر الحديث بحكمة وفاعلية كبيرة.
- إدارة قادرة على صنع قرارات رشيدة حكيمة لمعالجة مختلف المشكلات بطرق علمية.
- إدارة مرنة تتقبل مختلف الحلول والآراء.
- إدارة قادرة على تبني منهج علمي في إدارة المشاريع.
- إدارة قادرة على التعامل مع أفراد ذوي مهارات عالية بتقنية المعلومات وقادرة على استغلال المهارات بشكل فعّال.
- إدارة قادرة على تحفيز الأفراد للعمل بجد وجهد وباقصى طاقة وبأقل تكلفة.
- إدارة حكيمة تعتمد على الله أولاً وأخيراً وتعمل وفق الأحكام والأخلاق العلمية والمبادئ والقيم الإسلامية.

• إدارة مبنية على العدل والمساواة واعطاء الحقوق في وقتها.

2-3 منهج إدارة المشاريع

من أجل أن تكون الإدارة ناجحة في تحقيق أهداف المشروع لا بد من أن تتبنى منهج علمي وواضح وهو عبارة عن عملية ذات طبيعة تكرارية يتم من خلالها التوصل إلى نظريات تمثل واقع منظومات التشغيل لغاية تحقيق أقصى فعالية ممكنة ولغايات تحقيق عمليات دعم وصنع القرارات. وإذا أمعنا النظر في مدى تقدم التقنيات الذاتية في منظومات التشغيل في الدول النامية وخاصة الدول العربية نجد أنها تعاني من ضمور في البنية الإنتاجية وهذا يرجع إلى السلوك الغير ناضج أو الغير مدرك وذلك في مختلف القطاعات الاقتصادية والصناعية والزراعية والتجارية والاجتماعية والمالية، حيث يعتمد على الإطار التقليدي في التنمية. وهذا كله ناتج عن قصور المعرفة للمنظومات الانتاجية المتكاملة ووظائفها الرئيسية ومهامها الفرعية من تصميم وتصنيع وتنظيم وإلى مقوماتها الأساسية وعناصرها المهمة من مواد ومعدات وطاقات بشرية واقتصار الصناعات على تجميع المكونات وسطحية الخبرة في التصنيع المتكامل دون التعمق في العمليات الإنتاجية من تشغيل وإدارة وضعف القدرة الابتكارية مما يؤدي إلى محدودية التغيير والتطوير والتجديد لذا نجد أن معظم الصناعات المحلية للدول العربية تواجه تحديات كبيرة مثل :

• عدم الالتزام بمعايير المواصفات القياسية العالمية للمنتجات.
• عدم التمسك بأساليب ضمان الجودة.
• قلة الدعم للأبحاث العلمية والسوقية.
• عدم التفكير في التوسع لغزو الأسواق الخارجية.

إن نجاح أي مؤسسة خاصة أو عامة يعتمد على خبرة وحكمة الإدارة على مختلف المستويات الإدارية وحيث أن التقنيات الحديثة تؤدي دورا مهماً في جميع عمليات التشغيل في المؤسسات فقد أدى استخدام وتوظيف التقنيات الحديثة من منظومات التصنيع المرن وتوظيف الروبوت في عمليات التصنيع الروتينية المتكررة وتقديم معدات تصنيعية مزودة بدوائر منطقية محوسبة وخطوط إنتاج ذات طاقة إنتاجية كبيرة مبنية على أجهزة حاسوب

قابلة لتلقي التعليمات وحفظها وتنفيذها   كل ذلك أدى إلى إحداث ثورة فكرية في إدارة المؤسسات.

قد أصبحت خصائص هذه المؤسسات قادرة على انتاج كميات كبيرة من السلع والخدمات أضعاف ما كانت بالطريقة التقليدية وبتكلفة أقل بكثير وأصبحت هناك طرق توزيع ذات كفاءة عالية التنظيم لذا تعتبر خصائص الاساليب الحديثة للتصميمات والعمليات الانتاجية المناسبة تمثل الرؤية المستقبلية للعملية الإدارية.

إن المنهج الإداري السليم يجب أن يأخذ بعين الاعتبار أن الإدارة أو القسم يجب أن يعتبر منظومة متكاملة ومستمرة ومتزامنة لا يتعارض فيها الجزء مع الكل أي أن أي خلل في أي قسم لا بد أن يؤثر على باقي الأقسام والعمليات وهذا يعني أنه لا بد من الاهتمام بالجزء والكل معاً وذلك في ظل نظام معلومات مبني على التقنيات الحديثة ذا فعالية وكفاءة عالية. لذلك فإن الإدارة تزاول وظائفها من تخطيط وتنظيم وتحليل ومراقبة بشكل فعّال وبدون تقصير أو ضمور بوجود الأسلوب الهندسي العلمي في معالجة المشكلات الإدارية وصنع القرارات التنفيذية ودعمها.

لذلك كله فإن الأسلوب العلمي للإدارة لا بد أن يهدف إلى ما يلي:

- معالجة المشكلات اليومية بالقرارات المبنية على أنظمة معلومات فعالة.
- تخفيض عناصر التكلفة في جميع مراحل التصنيع والتغليف والتخزين والنقل.
- زيادة حجم الانتاج مع الابقاء على نفس التكلفة الإجمالية.
- تقييم العمل ووضع المقترحات من أجل التطوير والتحسين في كافة العمليات في المؤسسة من مواد ومعدات وعمالة وغيرها.
- التوصيف والتنبؤ وتقويم النتائج التي يمكن الحصول عليها من أنظمة المعلومات الفعالة الشاملة.
- تنمية مهارات الموظفين والعمال على مختلف المستويات.
- خلق روح قوية للتعاون بين الإدارة والموظفين للتأكد من تنفيذ العمل طبقاً للاجراءات العلمية
- توزيع العمل بين الإدارة والموظفين بحيث تقوم كلّ مجموعة بالعمل المؤهل له.

- استخدام الأسس العلمية والتي تؤدي إلى صياغة جديدة للمنظومات الانتاجية وتحليل مـدخلاتها وعمليات تحويلها ومخرجاتها.

إن الشركات على اختلاف أنواعها تواجه تحديات ومتغيرات ناتجة من التطور التكنولوجي السريع في الاتصالات والحاسبات والتي أصبح لها دور كبير في الإدارة لذ فهي تتطلب برنامجاً طموحاً شاملاً يعتمد على عدة عناصر أساسية منها :

- تطبيق منهج علمي يهدف إلى تخفيض عناصر تكلفة الإنتاج والعملية الإدارية مع ضمان جودة السلعة المنتجة أو الخدمة المقدمة بالسعر المناسب للمستهلك.
- تنمية القوى البشرية لتصبح ذات معرفة علمية مع خبرة عملية تتوافق مع المتغيرات المستقبلية.
- استيعاب التكنولوجيا المناسبة وتوظيفها وتطويرها علـى مستوى المؤسسة لمواجهة التحديات والمتغيرات.
- وضع استراتيجية تسويقية علمية تضمن متطلبات وأذواق المستهلكين بمواصفات وجودة وسعر منافس.

إن مسئولية الإدارة في مواجهة التحديات والمتغيرات تتمثل في أداء وظائفها ومهامها الرئيسية التي مـن أهمها :

- **التخطيط** : وهو يتعلق بتحقيق الأهداف والسياسات والبرامج
- **التنظيم**: وهو يتعلق بتحديد الاختصاصات والاتصالات لتحقيق الأهداف.
- **التحليل**: وهو يتعلق بتقويم العمليات المساعدة المتداخلة.
- **المراقبة**: وهي تتعلق بتحقيق الأهداف بكفاءة وفاعلية على المستوى الكلي والجـزئي وبها تكمـن دورة العملية الإدارية كمنظومة تعتمد على المعلومات الراجعة الدقيقة.

ولكي تستطيع الإدارة القيام بوظائفها ومهامها وتتصرف التصرف الإداري الملائم وفي الوقت المناسب إزاء المتغيرات سواء كان في المدخلات أو التحويلات أو المخرجات

والتي تحكمها ظروف البيئة المحيطة داخلياً وخارجياً فإنه من الضروري التسلح بالعلوم والفنون الإدارية بالإضافة إلى المهارات الفنية والإنسانية والإدارية.

ومن الأساليب والوسائل التي تساعد على انجاح إدارة المؤسسات الانتاجية هو استخدام تقنيات الحاسوب في معالجة البيانات الرقمية مثل:

- قوائم المرتبات
- حسابات العملاء.
- معالجة المعلومات لاستخراج المؤشرات الاحصائية.
- استخدام النظم الخبيرة لتشخيص المشكلات وقراءة الخرائط والمخططات.

إن التقدم الكبير في تقنيات المعلومات والاتصالات وبرمجيات الحاسوب أدى إلى تغير وسائل الانتاج من ماكينات ومعدات إلى أفكار وبرمجيات ومن هياكل معدنية إلى نظم معرفية ومن آلات انتاج إلى آلات استنتاج حيث أصبحت هذه التكنولوجيا من وسائل الانتاج التي تعالج البيانات والمعلومات والمعارف كمدخلات ذات قيم قليلة لتحويلها إلى منتجات نهائية من سلع وخدمات معلوماتية كمخرجات ذات قيم مضافة أو مواد وسيطة ليتناولها خبراء أو تستهلكها نظم معلومات أخرى لتعزيزها بمزيد من القيم المضافة حيث يختلف النظر إلى المعلومات مع اختلاف منظور من يتعامل معها فهي بالنسبة للإدارة العلمية الحديثة تعد أداة لدعم صنع القرار.

3-3 بحوث العمليات

إن الإدارة الفعّالة هي مصدر حيوي لأي عمل تجاري إذا أريد منه أن ينمو ويستمر في النجاح، حيث أن الإدارة الناجحة لا بد أن تكون على علم ودراية بكل المناهج والأساليب الحديثة في الإدارة.

إن بحوث العمليات هي أحد هذه الأدوات والتي هي عبارة عن عملية ذات طبيعة تحليلية يتم من خلالها التوصل إلى فهم واستيعاب ظواهر التغير في منظومات التشغيل بهدف تحسين وتطوير أداء هذه المنظومات وللمساعدة في عملية صنع ودعم القرار ودعمه، حيث أن بحوث العمليات تعنى باستخدام المنهاج العلمي لفهم وشرح ظواهر

التغيير في منظومات التشغيل وذلك بتسجيل ظواهر هذه المنظومات وتطوير نماذج هذه الظواهر وتطويع بعض النظريات لتقدير ما يحدث تحت ظروف متغيرة ثم يأتي بعد ذلك عملية التحقق من دقة هذه التقديرات بمقارنتها بشواهد وقراءات وملاحظات ميدانية جديدة حيث تستمر هذه العمليات بهدف ايجاد وسائل تحسين كفاءة العمليات الجارية والمستقبلية.

بالرغم من وجود انجازات ضخمة في مجالات التطورات النظرية والتطبيقات العملية لبحوث العمليات، إلا أن هناك أيضاً نقداً واضحاً لتقصير بعض باحثي العمليات في الاهتمام بالتطبيقات والآثار الناتجة من هذه التطبيقات ومحاولة بعضهم وضع المشكلات الواقعية في قالب نماذج رياضية نمطية لا تتناسب بالضرورة مع احتياجات معالجة هذه المشكلات.

إن التقدم الكبير في تقنيات المعلومات مثل الحاسوب أدى إلى تشجيع باحثي العمليات على التمثيل الدقيق للمشكلات الواقعية حتى لو نتج عن هذا نماذج رياضية معقدة كما أن القدرة الحسابية الفائقة والناتجة عن السرعة الكبيرة للحاسبات وقدراتها التخزينية الكبيرة ساعدت وستساعد على حلّ كثير من النماذج الرياضية المعقدة وساعدت على توليد معظم البدائل الممكنة لحلّ معظم المشكلات وللقيام باجراء المقارنة بين هذه البدائل وفقاً لمعايير محددة واختيار أفضل وأمثل البدائل للوصول إلى حلّ للمشكلة رهن الدراسة. ولكن للأسف ينمو عدد هذه البدائل بمعدل متزايد للغاية يصعب تصورها حيث أنه كلما زاد حجم المشكلات وكبر تعقد النماذج زاد عدد البدائل المحتملة مما يتطلب اللجوء إلى العديد من المعادلات الرياضية المعقدة والتي تعتمد على حساب التباديل والتوافيق أو طرق الاحتمالات والاحصاء أو أساليب النمذجة الرياضية كنماذج البرمجة الخطية Linear Programming Models ونماذج تحليل الشبكات الخطية Network Analysis Models

إن عملية ظهور بحوث العمليات نتجت عن التطور الكبير في هذا المجال حيث كانت بدايته ونشأته في المجال العسكري لذلك فإنه يمكن تسلسل الأحداث التي أدت إلى نشأة بحوث العمليات وتطور تطبيقاتها العملية قبل وأثناء الحرب العالمية الثانية في كل من بريطانيا وأمريكا ومن ذلك :

- استخدام بحوث العمليات لتحسين قدرات أجهزة الرادار لكشف الطائرات على بعد يزيد عن 180 كم.

- استخدام بحوث العمليات لتحسين أنظمة الإنذار المبكر.

- استخدام بحوث العمليات للتعرف على الضوضاء الناتجة عن السفن تحت المياه لاستخدامها في تصميم جهاز يخرج نفس الضوضاء يمكن سحبه ليؤدي إلى انفجار الألغام الصوتية دون حدوث اضرار للسفينة وقد تمّ انجاز المشروع بنجاح.

- استخدام بحوث العمليات في تحليل الدفاعات المضادة للغواصات حيث أدت بحوث العمليات إلى زيادة عدد غواصات العدو المصابة والغارقة إلى خمسة أضعاف.

ثم تمّ انتشارها فيما بعد لتغطي العديد من المجالات المدنية فمع نهاية الحرب العالمية كان العلماء والأساتذة الذين كانوا يعملون في مجال بحوث العمليات في المجال العسكري على عجلة من أمرهم للرجوع إلى مؤسساتهم وجامعاتهم من أجل استنباط عدة نظريات رياضية وتطوير عدة أساليب كمية لمعالجة المشكلات في المؤسسات والشركات المدنية.

إن بحوث العمليات عبارة عن علم مستقل يتناول تطبيق المنهج العلمي لفهم وتفسير ظواهر التغير الذي قد يطرأ في منظومات التشغيل، الأمر الذي يبرر ظهور جمعياتها المهنية ودورياتها العلمية في مختلف الأقطار والدول ومناهجها الأكاديمية ودرجاتها العلمية في مختلف الجامعات والمعاهد وبرامجها التدريبية وأقسامها التخصصية في مختلف المؤسسات والشركات ومن أهم النشاطات التي كانت مبنية في مجال بحوث العمليات في المجالات المدنية :

- البرمجة الخطية
- نظم المحاكاة والنمذجة
- التحليل الإحصائي

- تخصيص قاعات الدراسة للمحاضرات وتخطيط المنشأت التعليمية وتخصيص الموارد التعليمية وترشيد القوى البشرية في مجال التعليم وغيرها.
- جدولة علاج المرضى بالعيادات الخارجية وجدولة عمليات المستشفى وتخطيط تشغيل بنوك الدم وترشيد القوى البشرية في مجال الرعاية الصحية.
- دراسة خصائص التربة الزراعية ودراسة أثر العوامل الجوية على معدلات نمو النبات وتصميم سدود المياه وغيرها.
- التنبؤ بحجم الانتاج وتخطيط الانتاج وجدولة عمليات التصنيع وتحديد حجم فرق الاصلاح وتحديد مستوى العمالة وتوزيع المنتجات ونقل السلع وبرمجة صيانة الماكينات وتخصيص الأفراد وتحديد مستويات المخزون وتخصيص الموارد وخلط المواد وبرامج التسويق والإعلان.
- تخطيط الاستثمارات وتحليل السيولة النقدية وتحليل اندماج الشركات وتحليل الموازنات وغيرها.
- من المشكلات التي عولجت بأساليب بحوث العمليات، تخطيط القوى العامة وتقسيم المناطق إلى دوائر انتخابية، وتخصيص النواب والناخبين بكل دائرة وغيرها.

4-3 المحاكاة والنمذجة

إن عملية نمذجة الأنظمة ما هي إلا عملية ذات طبيعة تصميمية يتم ممن خلالها التوصل إلى نماذج رياضية تمثل أنظمة فعالة بغية دراسة ظواهر التغير والتنبؤ بسلوك هذه الأنظمة حتى يتسنى إدارتها ومعالجتها بشكل فعال، والنمذجة بشكل عام هي تعبير صادق عن طبيعة وخصائص الأنظمة بنماذج وصفية أو لفظية أو بيانية أو رياضية حيث يمثل تشكيل وتطوير النماذج أساس وجوهر الإدارة العلمية بشكل عام وبحوث العمليات بشكل خاص، والمقصود بالنموذج هو تمثيل مبسط وتقريبي للواقع، والنماذج تعتبر قلب المنهج العلمي لمعالجة المشكلات حيث أنها تصف كيفياً أسس العوامل والمشاهدات التي تؤثر في سلوك الواقع وتصف كمياً العلاقات والقياسات التي تعبر عن متغيرات الأنظمة حيث تستخدم هذه المشاهدات والقياسات من الواقع لتكوين نموذج مبدئي ثم تجري عليه

الاختبارات والتحليلات لمقارنته بسلوك الواقع الحقيقي وبناء على ذلك تجري عليه بعض التعديلات الملائمة ويتكرر ذلك حتى يتوافق النموذج النهائي مع الواقع.

تستخدم النماذج في وصف مجموعة من الأفكار وتقويم نشاط معين والتنبؤ بسلوك نظام معين حتى قبل بناء النموذج وتكوينه وبذلك يمكن توفير الجهد والوقت والتكلفة وأيضاً يساعد على الوصول إلى التصميم الأمثل بدون حاجة إلى بناء الواقع بحجمه الطبيعي ويعمل على تجنب أسباب الفشل الباهظة التكاليف ويؤدي إلى التوصل لطرق تحسين الأداء في مختلف الأنظمة. ويعتمد بناء الأنظمة التي تمثل النشاطات الجديدة بالاعتماد المباشر على قدرة الإنسان على التحكم في بيئته وعلى إمكانياته في بناء أو إيجاد نماذج لأنماط أنشطة الحياة المختلفة التي تتميز بها تلك البيئة.

إن عملية بناء النموذج يعد وسيلة مهمة لرؤية الواقع حيث أن محاولة وصف واقع ما هو إلا إعداد نموذج أولي لهذا الواقع وإنه لمن الممكن تصميم الكثير من النماذج الرياضية التي تمثل أنظمة علمية لمعالجة مشكلات واقعية.

ومن أشهر النماذج المستخدمة في بحوث العمليات :

- نموذج المسار الحرج
- نموذج الطريق الأقصر
- نموذج ضبط المخزون
- نماذج محاكاة الأنظمة Simulation system Models
- نموذج البرمجة الخطية.

من أشهر النماذج المستخدمة في بحوث العمليات نموذج المسار الحرج حيث يمثل هذا النموذج شبكة تتضمن مجموعة من الأنشطة بأحداثها التي تعبر عن تسلسلها وتتابعها وترابطها وتداخلها وتبدأ الشبكة بحلقة تمثل بدء المشروع وينتهي بحلقة تمثل نهاية المشروع. ويمكن إضافة انشطة وهمية بين الأحداث المختلفة بالشبكة وذلك للمحافظة على التسلسل المنطقي للأنشطة وأحداثها ويجري تحديد الوقت المبكر والوقت المبكر والوقت المتأخر للأحداث المختلفة وكذا تحديد الزمن الراكد لجميع الأحداث وبالتالي يمكن تحديد

الأحداث الحرجة التي قد تؤثر على استكمال المشروع في الوقت المحدد ويمثل المسار الحرج الـذي يمـر بالأحـداث الحرجة أطول وقت يمكن فيه تنفيذ المشروع.

- **نموذج الطريق الأقصر**

يعتبر هذا النموذج شبكة تتضمن مجموعة من الحلقات تسمى عقداً متصلة بأقواس أو وصلات وتسـمى إحدى العقد بالمصدر والعقدة الأخرى المصب ويكون الهدف هو تحديد المسار الـذي يصـل بين المصـدر والمصـب بحيث يكون مجموع التكلفة المتصلة بالأفرع في المسار أقل ما يمكن، ومن التطبيقات العديدة أن أحـد الأفـراد يسكن في مدينة معينة ويعمل في مدينة أخرى ويبحث عن طريق بري يجعل وقت القيادة أقل مـا يمكـن وقـد سجل هذا الشخص وقت القيادة بالدقيقة على الطرق السريعة بين المدن المتوسطة حيث يمكن تمثيل هـذه المـدن بعقد والطرق السريعة بالأفرع، وتكون التكلفة المرتبطة بالأفرع هو وقت السفر، والمصدر هو المدينة التي يعيش فيها، والمصب هو المدينة التي يعمل بها، والهدف هو البحث عن أقصر طريق.

- **نموذج ضبط المخزون**

تعد نماذج ضبط المخزون في المؤسسات الانتاجية من أهم المشكلات التي تواجهها الإدارة لأنه توجد عوامل متضاربة وضاغطة على زيادة أو نقصان مستويات المخزون سواء كانت مواد خام أو مواد أولية أو منتجات حيث يكون الهدف من النماذج الرياضية هو عملية ضبط المخزون ليتم تحديد الحجم الأمثل للطلب سواء كان للشراء مباشرة أو للتصنيع داخلياً وكذا تحديد نقطة إعادة الطلب بشرط أن تكون التكلفة الكلية أقل ما يمكن حيث تشمل التكلفة الكلية عادة:

- تكلفة إعداد الطلبية
- تكلفة التخزين.

- **نماذج محاكاة الأنظمة Simulation system Models**

تتميز النماذج الرياضية بمقدرتها على التعبير عن روح وجوهر الأنظمة قيد الدراسة والمعالجة وعلى ربـط العلاقات الأساسية بين مختلف العناصر بأساليب واضحة

إلا أن هناك العديد من المشاكل المعقدة التي عادة ما يصعب تمثيلها بنماذج رياضية لذلك يمكن اللجوء إلى نماذج المحاكاة التي تعتمد على فكرة محاكاة الأنظمة قيد الدراسة من خلال تقليد طريقة أدائها وسلوك التفاعلات التي تجري بين عناصرها وبذلك يمكن محاكاة النظام الحقيق بأنظمة نظرية حتى يمكن التنبؤ بسلوكها وتفاعلاتها ويستخدم في ذلك الحاسبات الألية حتى يمكن إخراج صورة مطابقة للأنظمة الحقيقية والتوصل إلى نقاط الضعف فيها لمعالجتها.

5-3 مهام الإدارة

إن من أهم الأمور في العملية الإدارية هو عملية الفهم الواضح لماهية الإدارة وما هي مهامها ووظائفها بغض النظر عن حجم أو النشاطات المؤسسة أو حجم النشاطات لكل قسم أو دائرة في المؤسسة، إن عمل أي مدير في الأغلب يتضمن مظهرين أساسيين هما :

- المظهر التقني أو الوظيفي Technical Aspect

إن هذا المظهر يتعلق بالعمل الذي سوف يتم تنفيذه في قسم أو دائرة معينة ضمن المنظمة أو المؤسسة والذي هو تحت مسئولية هذا المدير.

- المظهر الإداري Managerial Aspect

وهذا المظهر يتعلق بالجانب البشري أو الإنساني والذي يقوم حقيقة بتنفيذ الأعمال في قسم أو دائرة ما والذي هو تحت مسئولية هذا المدير.

إن المظهر التقني يختلف تطبيقه من مدير إلى آخر حيث أن عمل مدير المصنع أو مدير المبيعات يختلف عن عمل المدير المالي أو مدير المكتب حتى أن الأداء التقني أو المهمة الفنية لنفس المدير قد تختلف من شخص إلى آخر ومثال على ذلك أنه يمكن لشخصين أن يقوما بعمل الشاي بطريقتين مختلفتين إلا أن نتيجة العمل تكون بنفس الهدف وهو انتاج إبريق الشاي.

ان عملية إدارة الأفراد تعتبر فن حيث أن التنبؤ بأعمال الناس عملية صعبة وغير قابلة للتنبؤ لذا يعتبر المظهر الإداري يتطلب مهارة كبيرة في القيادة حيث أن الأفراد في المؤسسات يتطلب إنجاز أعمالهم العديد من النشاطات والتدريب والنصح والتوجيه

والتحفيز والمراقبة والتنظيم،حيث أنه لا بد أن تكون أعمالهم منظمة ومنسقة ومرتبطة بعضها مع بعض كفريق عمل موحد من أجل تحقيق الأهداف الموضوعة بطريقة فعالة وبأقل تكلفة ممكنة.

إن الهدف لا بد أن يكون إما الانتاج أو ومبيعات عنصر أو عناصر ما أو تقديم خدمة بشكل فعّال حيث أنه فقط المدير الماهر يستطيع أن يقوم بدمج أعمال كل الفريق لكي يقوموا بعملهم بجد وبنشاط وبأقل تكلفة ممكنة. إن المظهر الإداري لكل عمل مدير يمكن تقسيمه بشكل واسع إلى ستة وظائف أو نشاطات إدارية لا بد أن يقوم بها كل مدير سواء كان مدير مبيعات أو مدير مكتب أو مدير مصنع أو مدير مشروع...الخ وهذه الوظائف الستة هي:

1. التخطيط ووضع الخطط
2. التنظيم
3. التنسيق
4. التحفيز والتشجيع
5. المراقبة
6. التحليل

أولاً : التخطيط والخطط

وهي من أهم الوظائف الإدارية التي تتطلب من المدير أن يقرر كيفية تحقيق الأهداف الموضوعة للمشروع أو لدائرة في المؤسسة بطريقة اقتصادية وفاعلة وكما تمّ وضع تصاميمها في الخطط الموضوعة.

إن عملية التخطيط هي النشاط الذي من خلاله يتم صنع أو وضع وتشكيل الخطط حيث أن هذه الخطط تمثل خارطة الطريق إلى تحقيق الأهداف. فعندما يتم وضع الأهداف لمشروع أو مؤسسة ما فإن عملية التخطيط تصبح ضرورية لبيان كيفية تحقيق هذه الأهداف ضمن أطر العمل والسياسات التي تمّ وضعها. إن عملية التخطيط عملية ضرورية في الإدارة وفي كل نواحي الحياة فنحن كأفراد لا بد لنا من التخطيط حتى لابسط

العمليات وكمثال على ذلك فإن عملية التسوق تحتاج إلى وضع خطة يتم فيها تحديد العديد من العناصر مثل:

- ما هو الطريق الذي يجب أن اسلكه لكي أذهب إلى المتجر؟

- ما هي وسيلة النقل التي يجب أن استقلها للوصول إلى المتجر؟

- ما هي المنتجات التي يجب أن اشتريها؟

- ما هي المتاجر التي يجب أن ازورها مرتبة بأولوية معينة؟

- ما هي الطريق التي يجب علي الرجوع فيها إلى البيت.... الخ؟

إن عملية التخطيط في الشركات مبنية على المستويات الإدارية والتي يمكن تقسيمها إلى ثلاثة مستويات أساسية هي :

- الإدارة العليا

- الإدارة الوسطى

- مدير التشغيل أو عملية الإشراف

- الإدارة العليا

إن الإدارة العليا والتي تكون مسئولة عن عمليات التخطيط الاستراتيجي البعيد المدى تمثل بالأفراد الأكبر سناً أو ذوي الخبرة الطويلة في إدارة الشركة. في الأعمال التجارية على سبيل المثال فإن الإدارة ا لعليا في أي مؤسسة تعمل على وضع الخطط الاستراتيجية البعيدة المدى مثل الخطة الخمسية أو العشرية أي وضع خطط لما ستكون عليه المؤسسة من الآن ولغاية خمسة أو عشرة سنوات، حيث أن هذه العملية تسمى بالتخطيط الاستراتيجي والذي يهدف إلى وضع الأهداف التي تتعلق بالشركة لسنتين أو ثلاثة أو خمسة أو حتى عشرة سنوات وتتم فيها أيضاً وضع السياسات المتعلقة بالعمل التجاري مثل نظام البيع والشراء والعقود ونظام التعاقد مع الموظفين ونظام العقاب والمكافأة وغيرها من سياسات الشركة. حيث أن هذا التخطيط عادة يتعلق بشكل أساسي بوضع الشركة أو المشروع بشكل عام وليس لكل قسم أو دائرة منفردة.

إن أعضاء الإدارة العليا هم المسئولون عن عملية التخطيط الاستراتيجي أو التكتيكي ويعني كيفية تحقيق الأهداف الإستراتيجية للشركة أو المؤسسة وهذا يتضمن وضع خطط قصيرة المدى يمكن أن يصل مداها إلى سنة واحدة.

- الإدارة الوسطى

وهي الإدارة التي تكون وظيفتها الأساسية وضع الخطط لما لا يزيد عن عام واحد فقط فعلى سبيل المثال تكون مسئولية العميد في كلية تقنية المعلومات لجامعة ما أن يعمل على وضع الخطط اللازمة والضرورية وتوفير كل المصادر الضرورية للعملية التعليمية خلال فصل دراسي أو سنة دراسية كاملة فيجب عليه أن يوفر كادر الهيئة التدريسية بشكل كامل وتجهيز القاعات وتوفير البيئة المناسبة لنجاح العملية التعليمية خلال الفصل. إن هذه الإدارة تقوم بتنفيذ الخطط الاستراتيجية التي تمّ وضعها من قبل الإدارة العليا وذلك بوضع خطط قصير المدى من الممكن أن يتراوح بين الشهر والسنة الواحدة.

- مدير التشغيل أو عملية الإشراف :

حيث تكون مسئولية المشرف أو المدير في هذه المرحلة التأكد من العمل اليومي ووضع الخطط اليومية من أجل سير العمل بشكل طبيعي وبدون توقف. فعلى سبيل المثال تكون مسئولية المدير في هذا المستوى التأكد من أن كافة الموظفين والعمال قد حضروا إلى المؤسسة وقاموا بإنجاز أعمالهم بشكل تام والتأكد من أن كلّ الأجهزة والماكينات تعمل بشكل طبيعي فإذا ما حدث أن تغيب أحد العمال أو تعطلت إحدى الأجهزة الموجودة في المؤسسة فهنا يجب على المدير أن يضع خطة فورية لاصلاح الخلل الذي وقع وبشكل سريع.

إن عملية التخطيط لا بد من أن تكون مرنة من أجل أن يتم تعديلها وتحسينها بشكل سهل وسريع فعلى سبيل المثال :

ربما قرر مدير خدمات تقنية المعلومات كيفية قيام موظف ما بتغطية عمل موظف آخر يكون في إجازة، حيث قام بالتخطيط وإعادة الترتيبات اللازمة من أجل اتمام العمل بشكل مطلوب، ولكن وعلى فرض أن موظفاً آخر سقط مريضاً واضطر إلى اعطائه إجازة

مرضية هنا يوجد موظفين غائبين لذا يجب عليه أن يقوم بتغيير الخطط وتحديد كيفية إعادة جدولة العمل بوجود موظفين غائبين.

إن العديد من عمليات التخطيط الروتينية هي علميات تلقائية محوسبة تتطلب أداءً بسيطاً من المدير حيث أن معظم قراراته سوف تكون مبنية على أدائه السابق وخبراته السابقة في إدارة المشروع وأيضاً هناك العديد من الخطط التي تتطلب العمل الشاق في البحث والتحري قبل اتخاذ القرار وهذه تحتاج إلى العديد من الدراسات وجمع المعلومات وعقد الاجتماعات من أجل الوصول إلى القرار الصائب.

ثانياً : التنظيم Organizing

بعد أن يتم وضع الخطط وتمّ وضع اطار العمل يجب على المدير القيام بعملية التنظيم للمصادر المادية للمشروع أو المؤسسة مثل :

- مصادر القوى البشرية
- المواد والأدوات
- المعدات والأجهزة
- مواقع العمل والأثاث وغيره

إن عملية التنظيم تتطلب ليس فقط القيام بتوجيه واعطاء التعليمات لعدد من الموظفين لبدء العمل بل تتطلب العديد من التجهيزات والاعدادات الضرورية لإكمال العمل ونجاح المشروع منها :

- يجب أن يكون هناك عدد من الموظفين ضروري لتنفيذ كل العمل الضروري.
- كل موظف يجب أن يعرف ما هو عمله بالضبط وعند الضرورة يجب اعطاءه التدريب المناسب لتنفيذ العمل وكيف يعمل وينجز العمل ومتى يجب أن يتم العمل... الخ.
- كل المواد والأدوات التي يجب أن يتم استخدامها وتكون ضرورية لانجاز العمل لا بد من توفيرها في الوقت المناسب والمكان المناسب وبالكمية المناسبة.

- كل الخدمات والمنافع الضرورية يجب توفيرها مثل الكهرباء، والماء، والوقود... الخ.

- يجب أن يتم توفير أفضل الأجهزة والمعدات ضمن المصادر المالية المعقولة للمؤسسة وأن تقوم بعملها على أفضل وجه بدون تعطيل أو توقف كما يجب أن يتم توفير التدريب للموظفين عليها عند الضرورة.

- يجب أن يتم توفير كل المستهلكات مثل الاقراص والأوراق والملفات وغيرها من أدوات كحبر الطابعة يجب، أن تتوفر بالوقت المناسب والمكان المناسب.

إذن يبدو أنه من الواضح أن عملية التنظيم يمكن تلخيصها على أنها عملية إدارية لتأكيد توفر ووجود الموظف المناسب والمواد المناسبة والمعدات الصحيحة في المكان المناسب في الوقت المناسب وفي الكمية المناسبة حتى يتم انجاز العمل بالشكل مناسب يسير وفق الخطط الموضوعة بدون تأخير أو توقف أو عقبات.

ثالثاً: التنسيق

إن عملية التنسيق قريبة ومرتبطة جداً من عملية التنظيم حيث أن عملية التنسيق ضرورية جداً من أجل نجاح عملية التنظيم، لذا فإن عملية التنسيق تتطلب التأكيد على أن كل الجهود والطاقات في الشركة تعمل معاً بشكل تام وفي نفس الاتجاه من أجل تحقيق الأهداف العامة للمشروع.

إن عملية التنسيق هي عملية ضرورية لكل من الإدارة العليا والوسطى وعمليات الإشراف فعلى سبيل المثال فإن المدير العام يجب أن يعمل على تأكيد أن النشاطات والجهود والطاقات لكل الأقسام في الشركة تسير بشكل متوازن وبتعاون كبير فعلى سبيل المثال لا بد أن يكون هناك تنسيق بين كل أقسام الشركة من أجل القيام بالعمل فقسم المبيعات يجب أن يعمل بالتنسيق مع قسم الانتاج ومع قسم المحاسبة والتسويق وذلك بدوام الاتصال بين كل الأقسام لذا لا بد من أن يكون هناك وسائل اتصالات فعالة بين الأقسام لتسهيل العمل والتنسيق فيما بينهم.

إن عملية التنسيق لا تحصل ببساطة لوحدها بل يجب أن يتم التخطيط لها. إن العلاقة بين التخطيط والتنظيم والتنسيق يمكن ملاحظتها من الشكل التالي 3-1

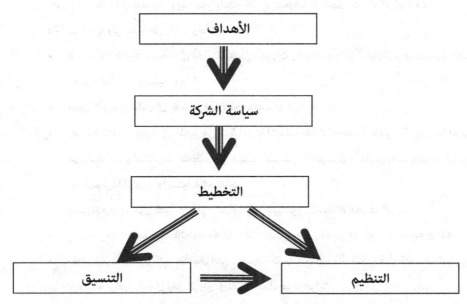

الشكل 3-1 العلاقة بين التخطيط والتنظيم والتنسيق

- التحفيز والتشجيع :

إن عملية التحفيز هي عملية مباشرة تتعلق بالقوى البشرية التي تعمل في مشروع معين وهي تتطلب وتتعلق بتشجيع كل الأفراد المعنيين لكي يعملوا بشكل جيد وبجد وبنشاط بإرادتهم وفي طريقة اقتصادية ليعملوا لمصلحة الشركة ومصلحتهم.

إن أهداف المشروع سواء كانت محوسبة أم لا يمكن فقط تحقيقها من خلال الجهود التي يقوم بها هؤلاء الأفراد لذا يحتاج هؤلاء الأفراد إلى حافز وتشجيع من أجل أن يقوموا بعملهم على أكمل وجه. إلا أن هذا التحفيز أو الحافز قد يختلف من فرد إلى آخر أو من مجموعة من الموظفين إلى أخرى لذا يجب على المـدير أو المشرف أن يعرف كيف يقوم بوضح الحافز المناسب لكل فرد أو مجموعة من الموظفين ومن الحوافز التي يمكـن توظيفها مـا يلي:

- صرف المكافآت المالية حيث أن هذا الحافز يعتبر من أكثر الحوافز تأثيراً للعديد من الأفراد، حيث أن العديد من الأفراد يطمحوا أن يحصلوا على المزيد من الذين وظفوهم (موظفوهم) ليس فقط المـال بل الرضاء أو الأمن الوظيفي أو

القيام بالعمل الذي يفضلونه ويستمتعو بأدائه والذي يشعرهم بأن مهاراتهم وامكانياتهم قـد تمّ استخدامها وتوظيفها على اكمل وجه.

- العديد من الأفراد يطمحوا إلى أخذ المزيد من الدورات والتدريب وزيادة مهاراتهم ومعرفتهم وهـذا يعتبر حافزاً كبيراً بالنسبة لهم.

- بعض الأفراد يفضلون أن يعملوا ضمن مجموعات أو فريق عمل.

- بعض الأفراد يطمحون إلى المزيد من الترقيات أو اكتساب المراكز الوظيفية الأعلى والتـي فيها المزيـد من السلطات والصلاحيات المعطاه لهم حيـث أنهـم سـوف يقومـون بعملهـم بجد ونشـاط ليثبتـوا تحملهم لهذا المنصب والمسئولية الجديدة.

- بعض الأفراد يهتمون كثيراً بان يتمّ الاعتراف بهم ويهتمون بالمعاملة الحسنة الجيدة.

- بعضهم يحفزه العمل باعطائه ومنحه الإجازات المتكررة والتي تعمل على تجديد نشاطه في المؤسسة.

- بعض الأفراد يرغبون كثيراً بالأعمال التي تبعـدهم كثيراً عـن الأعمـال المكتبيـة أو الأعمـال الروتينيـة وبعضهم يرغب بالعمل وفق الروتين وبنفس العمل طوال الوقت.

لذا نستطيع أن نرى فإن مدى المحفزات يمكن أن يكون كبيراً لذا على المدير أن يرى الطريقة المناسبة لكل فرد أو مجموعة من تحفيزهم وتشجيعهم على العمل وهذا يتطلب تحفيز مختلف الأفراد بوسائل مختلفة.

إن عملية التحفيز تتطلب أيضاً بناء جو عمل جيد مبني على روح الثقة والتعاون بـين الإدارة والأفـراد، إن ظروف العمل الجيدة تساعد كثيراً على بناء علاقات عمل ممتازة تخدم مصلحة الشركة والأفراد على حد سواء.

يجب أن يكون في الشركات طريقين للاتصال بين الأفراد والإدارة وبين كل الأفـراد في المؤسـسة باسـتخدام كافة التقنيات المتوفرة والحديثة مثل :

- الهاتف الثابت والنقال

- البريد الالكتروني الداخلي
- الاتصال المباشر بين الاطراف
- استخدام الحاسوب (الدردشة، مؤتمرات الصوت والنص والفيديو،...الخ)

إن الأمن الوظيفي مهم جداً لخلق بيئة من العمل الفعال، ويعمل على تشجيع الأفراد لكي يقوموا بعملهم على أكمل وجه حيث أن التهديد من الممكن أن يؤدي على المدى القصير إلى زيادة العمل ولكن على المدى البعيد فإنه يشكل خطر وتهديد للشركة حيث أنه لا يوصى به للإدارة وعلى جميع المستويات حيث يؤدي إلى هروب الأفراد وبحثهم عن شركات أخرى.

إن الأفراد يأملون وينتظرون ان ينظر إليهم ليس فقط كأجهزة ومعدات تقوم بعمل ما بل كإنسان له مشاعر وأحاسيس لا بدّ من مراعاتها لذا فهو من المهم لكل هؤلاء الذين يتعلق عملهم بالإدارة والإشراف أن يفهموا أن التحفيز الناجح من قبل المدير الجيد ينتج عنه معايير من الانضباط الذاتي للأفراد حيث عندما يكون للأفراد احترام وتقدير فإنهم سوف يكونوا على درجة كبيرة من الإخلاص لمدرائهم لكي يقوموا بعملهم بشكل جيد وبإرادتهم وبدون الحاجة إلى مراقبة مستمرة عليهم.

المراقبة :

إن المراقبة هي عملية ادارية تهدف إلى فحص ما إذا تمّ التخطيط له قد تحقق بشكل حقيقي وفعّال وعند الضرورة تضمن المراقبة أن الإجراءات المناسبة قد تمّ أخذها بعين الاعتبار وأن العمل قد تمّ انجازه بدون تأخير.

ومن خلال اطار العمل هذا فإنه من الممكن أن نرى بأن :

- عمل كل الموظفين يجب أن يتم الإشراف والمراقبة عليه والاستمرار بتقديم المزيد من الارشاد والتوجيه والتعليمات والتدريب عند الحاجة من أجل أن يتم العمل على وجهه الأكمل.
- كل العمليات والتعاملات التجارية لا بد من تدقيقها والتحقيق فيها وقياس أداءها ونتائجها لما تمّ وضعه في الخطط ومدى توافقها مع المعايير والمقاييس الدولية.

إن المراقبة تتضمن التأكيد على أن الموظفين يقومون بأداء العمل المنوط بهم بحسب الطريقـة الموضـوعة بدون ضياع للوقت أو المصادر أو ضياع للجهد أو المواد حيث يتطلب ذلك ليس فقط عملية التوجيه والارشاد بـل الإشراف والإدارة بحيث أن جهود هؤلاء الموظفين يتم استثمارها لتحقيق النتائج المرجوة وهذا كله يتطلب :

- تدقيق العمل
- التدريب والتعليم والارشاد والتوجيه
- التشجيع والتحفيز

إن كل الموظفين من البشر لذلك تكون جهودهم محدودة ولا يمكن ببساطة تشغيلها أو اطفائها كما تشغل أو تطفىء جهاز التلفاز حيث أنهم يتطلعوا ويعتمدوا اعتماداً كبيراً على الإدارة والتوجيه والإشراف.

إن عملية الرقابة تتطلب أيضاً عملية الحفاظ على سجلات الموظفين وأدائهم كنظام معلومات محفوظ في الحاسوب بحيث يتم تدوين كل نشاطات الموظفين واخطائهم وانجازاتهم في الحاسوب من أجل الرجوع إليها عند الحاجة لاتخاذ قرار معين، إن مثل هذه السجلات تتضمن العديد من المعلومات مثل :

- المبيعات
- الانتاج
- المخرجات
- الابداعات
- ساعات العمل
- التجاوزات والغياب والتأخير... الخ

إن كل هذه المعلومات ضرورية من أجل اصدار التقارير والتي تزود معلومات حيوية تساعد الإدارة العليات على إجراء عمليات التحليل من أجل اتخاذ القرارات المناسبة، حيث أن الحاسوب يلعب دوراً كبيراً في عمليات الحفاظ على السجلات وعمليات اصدار التقارير والتحاليل والتي تجعل من عملية اتخاذ القرار عملية فعالة وناجحة.

سادساً : التحليل

إن الحاسوب يلعب دوراً كبيراً في عمليات حفظ واسترجاع المعلومات وإصدار التقارير والمجاميع المتعلقة بكافة العمليات التجارية حيث أنه يتوفر في الأسواق حالياً برمجيات كثيرة ومتعددة تساعد المدير في كل وظائفه وتساعده في اتخاذ القرارات المناسبة وفي الوقت المناسب إلا أنه من الضروري على المدراء أن يتذكروا دائماً :

- أن الكمبيوتر عبارة عن أداة فقط تساعد العملية الإدارية بشكل كبير وفعّال.

- أن الحاسوب لا يمكن أن يكون بديلاً عن العنصر البشري لقيادة المشروع.

- أن الحاسوب لا يمكنه أن يلعب دور المدير وأن يقوم بالوظائف الإدارية الستة التي تمّ شرحها أعلاه بل هو أداة لا بد من استخدامها من قبل كافة الأفراد والإدارة على اختلاف مستوياتها من أجل توفير الوقت والجهد والمال ومن أجل الحصول على المعلومات في الوقت المناسب من أجل المساعدة في اتخاذ القرار بكل شفافية ويسر وفعالية.

الفصل الرابع

إدارة المعرفة أداة

إدارية فعّالة

knowledge management as a management tool

المحتوى للفصل الرابع

الأهداف التعليمية للفصل الرابع:

يهدف هذا الفصل إلى التعريف بأهم المفاهيم المتعلقة بالمنظمات الحديثة والتي ظهرت وسميت بالمنظمات الرقمية وتعريف وأهمية إدارة المعرفة لهذه المنظمات، حيث يشرح هذا الفصل الدور الرئيسي الذي تقوم به إدارة المعرفة كأداة رئيسية بيد الإدارة من اجل المساعدة في اتخاذ القرارات المبنية على الحاسوب والتكنولوجيا الحديثة.

الأهداف الرئيسية لهذا الفصل هي:

- التعرف على الدور الرئيسي لإدارة المعرفة في بيئة التنافس التجاري الحالية.

- تقديم شرح كاف عن مدى إدارة المعرفة واصلها الإداري.

- معرفة كيفية توثيق المعرفة الضمنية والمعرفة الظاهرة

الفصل الرابع

إدارة المعرفة أداة إدارية فعّالة

knowledge management as a management tool

4-1 مقدمة

في السنوات الماضية كان هناك جدل كبير واسع النطاق حول أهمية إدارة المعرفة للمجتمع والمنظمات والأفراد، حيث أن العديد من الباحثين والأكاديميين والفلاسفة من مختلف المجالات قد اتفقوا على أن عملية التحول قد حدثت بالفعل وأن المعرفة تعتبر المرحلة المركزية لذلك، إن إدارة المعرفة والاستراتيجيات المتعلقة بها تعتبر من المكونات الرئيسية والمهمة في الشركات من أجل بقائها واستمرار تنافسها على مستوى العالم، حيث أصبح من الضروري على المدراء للأخذ بعين الاعتبار أهمية المعرفة لنجاح الشركة. حيث تعتبر إدارة المعرفة المتطلب السابق الرئيسي من اجل عملية إنتاج عالية وفعالة في كلا القطاعين العام والخاص.

إن التطور الكبير في تكنولوجيا المعلومات والاتصالات عمل على تحويل الشركات إلى شركات رقمية مبنية على أحدث التقنيات من حاسبات وطابعات وانترنت، وهناك أيضاً قوى أساسية كبيرة عملت على تحول الشركات مثل :

- العولمة
- زيادة درجة تعقيد الشركات وإنتاجها
- التقنيات الحديث المتجددة
- زيادة التنافسية
- تغير طلبات العملاء
- تغير البنى السياسية والاقتصاد العالمي.

لقد بدأت الشركات تدرك فوائد التنافس المبني على التقنيات الحديثة حيث تعمل هذه التقنيات على زيادة :

- الاستجابة السريعة لمتطلبات السوق والعملاء.
- التأقلم السريع للتغيرات التي تحدث في البيئة التجارية.
- تحديث المنتجات وإنتاج منتجات جديدة.
- تقليل التكلفة

إن كل القضايا التي تمّ التطرق إليها أعلاه متعلقة تعلقاً كبيراً بالمعرفة كعامل أساسي لبقاء الشركات وتنافسها حيث أن المعرفة تعتبر من الأصول الفكرية المهمة والقيمة للشركات وعامل إنتاج مهم.

2-4 الأصل النظري لإدارة المعرفة

إن حقل إدارة المعرفة يمكن أن يتم النظر إليه كجزء متكامل من المفهوم الواسع كرأس مال فكري حيث يمكن التفريق بين إدارة المعرفة ورأس المال الفكري بالنقاط التالية:

- إدارة المعرفة تكون متركزة حول إدارة رأس المال الفكري والتي يتم التحكم والسيطرة عليها من قبل الشركة.
- إن الفرق بين المصطلحين في الأغلب غير واضح ونادراً ما يتم عنونته.

إن مشكلة إدارة المعرفة لا تعتبر عملية جديدة حيث كانت العديد من الشركات تعرف رأس المال الفكري على أنه :

- استعراض المعرفة
- تطبيق الخبرات
- تقنيات الشركة
- العلاقات مع العملاء
- مهارات المحترفين والموظفين ومقدرات وكمية الخبرة لديهم

إن هذا التعريف حسب هذه العناصر لرأس المال الفكري هو نفسه التعريف لإدارة المعرفة حيث أن هذه العناصر كلها تزود الشركة بتنافسية عالية في السوق، حيث أنه

وضمن هذا الإطار فإن العديد من الشركات الرائدة تفضل أن يكون هناك فرق عملي ووظيفي بين رأس المال المتعلق بالشركة والقوى البشرية والعميل.

روز وآخرون (1997) اقترحوا أن رأس المال الفكري يمكن أن يتم تعقبه عبر مصدرين من الفكر: الإستراتيجية والقياس.

أن التركيز في الدراسة ضمن المساحة الإستراتيجية يكون على عملية إنشاء واستخدام المعرفة ومعرفة العلاقة بين النجاح وبين المعرفة أما المقياس فيركز على الحاجة إلى تطوير أنظمة معلومات جديدة تقيس البيانات الغير مالية مع البيانات المالية، والشكل 4-1 يصور الجذور الرئيسية لرأس المال الفكري.

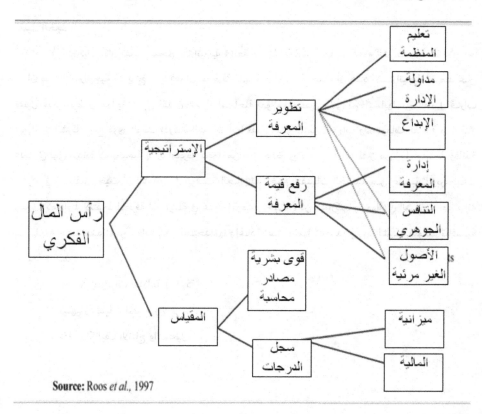

شكل 4-1 الجذور الفكرية لرأس المال الفكري

إن عملية التخطيط الاستراتيجي وإدارة المعرفة هي عمليات مهمة ولكن السؤال الذي يزعج كل مدير هو ما هي الطريقة المناسبة لرفع قيمة المعرفة ؟ وكيف يمكن تحويل المعرفة إلى قيمة ؟ وكيف يمكن تنفيذ ذلك ؟ وما هي العوامل المهمة التي يحتاج إليها من أجل التنفيذ ومن أجل التخطيط الإداري الاستراتيجي.

ديماتي وأودر (1997) تناقشا حول نشأة إدارة المعرفة حيث أنهما بينا أنها نشأت من نقلتين أساسيتين هما :

- تقليل الحجم Downsizing
- التطور في التقنيات

تقليل الحجم:

في الثمانيات كان تقليل الحجم إستراتيجية شائعة من أجل القيام بتخفيض أعباء الشركة وزيادة الأرباح، إلا أن هذه الإستراتيجية قد ينتج عنها فقدان للمعرفة المهمة في المنظمة، حيث أن هذه الإستراتيجية تعتمد على تقليل عدد الموظفين مما يؤدي إلى فقدان المعرفة المصاحبة لهؤلاء الموظفين والتي تمّ اكتسابها عبر العمل فترات طويلة في الشركة، ومع مرور الوقت أدركت الشركات أنها فقدت سنوات من الخبرات والمعلومات القيمة مما قاد ذلك إلى تولي الإدارة لإستراتيجية إدارة المعرفة كجهد من أجل حفظ وبقاء معرفة الموظفين من أجل مصلحة وفائدة الشركة في المستقبل، حيث أن الشركات في الوقت الحالي تستخدم التقنيات الحديثة من حاسبات وبرمجيات وغيرها كمحاولة لالتقاط المعرفة المحفوظة في عقول الموظفين حيث يمكن مشاركتها بسهولة في الشركات. حيث انه عندما يتم حفظ هذه المعرفة فإنه يمكن استخدامها وإعادة استخدامها كمصدر يزود الشركة بفوائد تنافسية عظيمة تتضمن :

- تحسين إمكانيات المنظمة (الشركة)
- تسهيل عمليات الإنتاج والإخراج
- تقليل تكاليف الإنتاج والتشغيل.

تطور التقنيات:

إن عملية تطوير تقنيات المعلومات قد رفعت من مستوى الاهتمام بإدارة المعرفة وذلك خلال مصدرين أساسيين:

- النمو الكبير في مصادر المعلومات مثل الانترنت
- السباق المتسارع في تغير التقنيات

إن التطور في تقنيات المعلومات قد أثر بشكل كبير على حياة الأفراد وأثر على الشركات، حيث أن التدفق المستمر في المعلومات قد اثر أيضاً على إدارة المعرفة حيث أن إدارة المعرفة قائمة على اكتشاف هذه المعلومات وزيادة المعرفة في مكان العمل.

إن التطور الكبير في التقنيات قد مكن من مشاركة المعلومات على مستوى العالم كله وأصبحت كأداة تستخدم في الشركات من أجل استخدام المعرفة بشكل أكثر فعالية، حيث أنه حفظ خبرات ومعارف الشركة على شكل قاعدة بيانات مما ساعد الشركات على معرفة حقيقة ما لديها من معارف وخبرات ومن ثم توجيه هذه المعارف والخبرات من أجل وضعها بشكل نظامي قابل للاستخدام لمصلحة الشركة.

3-4 مدى إدارة المعرفة

تعتبر المعرفة الجزء الرئيسي لإدارة المعرفة، ومن أجل وضع مخطط لمدى المعرفة فيجب تقفي أثر مفهوم المعرفة بناءً على الأبحاث التي تمّ مراجعتها. إن السؤال حول طبيعة المعرفة هو تحدي كبير، أيضاً فكثير من الفلاسفة ناقشوا هذه القضية منذ مئات السنين وذلك من أجل البحث عن تعريف للمعرفة وقد نتج عن كل ذلك تعريفين للمعرفة هما :

- **خصائص المعرفة**

تمتاز المعرفة بالعديد من الخصائص والتي تميزها عن غيرها من المعلومات والبيانات وهذه السمات أو الخصائص :

- o لا يمكن تخزين المعرفة بشكل سهل. إن المعرفة شيء موجود في عقول الأفراد وليس في ذاكرة الحاسبات الالكترونية، وعلى عكس المواد الخام فإن

المعرفة لا يمكن ترميزها وتشفيرها ولا يمكن تدقيقها وتكديسها وحفظها في مستودعات وذلك مـن أجل استخدامها من قبل الموظفين، أيضاً تعتبر المعرفة من الأمور التي يسهل فقدانها، وضمن هـذا الإطار فقـد عرف آلي 1997م المعرفة ضمن 12 عنصر كما يلي:

o المعرفة غير مرتبة

o تنظم ذاتياً

o تبني الحضارة والمجتمع

o تتنقل خلال اللغة

o تعتبر المعرفة مراوغة وغامضة

o المعرفة تميل إلى الضياع

o المعرفة هي الخبرة

o المعرفة لا تنمو إلى الأبد

o المعرفة ظاهرة اجتماعية

o تتطور بشكل عضوي مثل الكائنات الحية

o المعرفة نموذج متعدد الأشكال

o ولكي تستخدم المعرفة مـن خـلال دفـق المعلومـات والبيانـات فيجب أن يـتم تطـوير طـرق فعالـة ومتعددة الأبعاد لجعل عملية إدخال وتداول المعلومات عملية سهلة ومن أجل فرز الأشكال المفيدة من الأشكال الغير المفيدة

يجب أن تطور الشركات أنظمة تمكن الأفراد من تداول المعلومات بشكل فعال وسهل ويمكن عمـل ذلك بحفظ المعلومات في قواعد بيانات مختلفة وعمل ارتباطات كبيرة تمكن الأفراد مـن الوصـول إلى المعلومات بشكل سهل وفعال.

o المعلومات لها قيمة قليلة ولن تصبح معرفة حتى يتم معالجتها مـن قبـل العقـل البشري، حيـث أن المعرفة تتضمن المعالجة والإنشاء أو استخدام المعلومات في عقول الأفراد. أيضاً لا تعتبر المعلومات معرفة بل هي مظهر مهم من المعرفة حيث تبدأ العملية من بيانات وحقائق والتي تتم عليها عملية التنظيم والتركيب والمعالجة من اجل إنتاج المعلومات العامة ومن ثم تتم عملية التصفية والتنظيم

على هذه المعلومات من أجل أن تلبي الاحتياجات لمجال أو مجتمع ما من المستخدمين والتي ينتج عنها معلومات متعلقة بالسياق أو المجال المنشود، ومن ثم يقوم الأفراد بمعالجتها في عقولهم من أجل تحويلها إلى معرفة. إن عملية التحويل هذه تعتمد كثيراً على الأفراد وخبراتهم العملية ومواقفهم ومجال العمل الذي يمارسونه.

○ يجب أن تتم دراسة المعرفة ضمن سياق معروف. إن المعرفة ما هي إلى معلومات مدموجة بالخبرة والتخصص والسياق والتفسير والانعكاس ووجهات النظر للأفراد والتي تضيف مستوى جديد من الرؤية، حيث أنه من الممكن أن لا تكون هناك فائدة كبيرة للمعرفة إذا تمّ النظر إليها من سياق ومجال كبير.

○ تعتبر المعرفة غير فعالة إذا لم يتم استخدامها، حيث أن المعرفة تكون ذا قيمة عالية إذا تمّ تطبيقها في العمل واتخاذ القرارات.

4-4 توثيق المعرفة الضمنية والظاهرة

الطريقة الأخرى لتعريف المعرفة هي عبر التفريق بين المعرفة الضمنية والصريحة، حيث يمكن النظر إلى هذا التفريق من وجهين:

• المعرفة الصريحة يتم توثيقها وتعميمها وهيكلتها ويكون لها محتوى ثابت يمكن إدراكه وفهمه، أي أن المعرفة الصريحة هي كل ما يمكن التقاطه ومشاركته عبر تقنيات المعلومات.

• المعرفة الضمنية تكمن في عقول الأفراد وسلوكهم وفهمهم فقط. إن المعرفة الضمنية تتطور من خلال تفاعل الأفراد وخبراتهم العملية ومهاراتهم وتطبيقهم وأدائهم في العمل.

إن المعرفة الضمنية مخفية ولا يمكن بسهولة تمثيلها أو حفظها أو توثيقها في تقنيات المعلومات من حاسبات وانترنت وغيرها، حيث أن المعرفة الضمنية تكمن في حدس الأفراد وبديهتهم وقوة بصيرتهم وتعتبر المعرفة الضمنية شيء شخصي تصعب عملية توثيقه وذا حساسية كبيرة للسياق حيث يتمّ إنشائها واشتقاقها بشكل ديناميكي وتعتمد على

خبرة الفرد بشكل أساسي، ويمكن القول أن المعرفة ما هي إلا نتاج التفاعل بين المعرفة الضمنية والمعرفة الواضحة والصريحة.

إن عملية إنشاء وخلق المعرفة تنتج عبر الخطوات التالية:

- تبدأ العملية بمشاركة الأفراد لمعرفتهم الضمنية مع الآخرين أو عبر التقاطها على شكل رقمي أو على شكل تناظري.
- الأفراد الآخرين عند ذلك يقوموا بالإضافة عليها بشكل ذاتي مما يؤدي إلى خلق وإنشاء معرفة جديدة.
- يقوموا هؤلاء الأفراد بعد ذلك بمشاركة هذه المعرفة مع غيرهم وتبدأ العملية مرة أخرى وبشكل لا ينتهي والشكل التالي 4-2 يوضح هذه الفكرة.

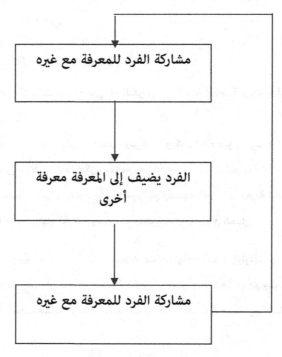

الشكل 4-2 خطوات إنشاء المعرفة

5-4 إدارة المعرفة أداة إدارية

في الكثير من الأحيان يتم وصف إدارة المعرفة كأداة إدارية حيث أنه يمكن القول وبشكل أكثر دقة أن إدارة المعرفة يتم وصفها إما أنها أداة وظيفية أو أداة إدارية إستراتيجية.

وفي سياق إدارة المعرفة فإن المعرفة غالباً ما تعتبر أداة للتغلب على مشاكل المعلومات في التعامل مع عملية إنشاء وإدارة وإعلان المعرفة حيث أن تعريف إدارة المعرفة يتكون من مراحل مرتبطة مع بعضها البعض ومستقلة وهذه المراحل هي :

- اكتساب المعلومات
- يتم إدخال المعلومات إلى أنظمة تخزين ويتم تنظيمها بشكل منطقي، حيث أن كل تعريف لإدارة المعلومات لا بد أن يتضمن على عملية حفظ المعرفة.

إن إدارة المعرفة تتضمن اكتساب المعرفة وتخزين معرفة العمال ومن ثم جعل هذه المعلومات قابلة للتداول من قبل غيرهم من العمال ضمن الشركة، ويتم تحقيق هذا غالباً باستخدام العديد من التقنيات المختلفة مثل تقنية الانترنت وتقنية قواعد البيانات ومن ثم العمل على تحويل المعرفة الضمنية إلى معرفة صريحة.

- وبعد أن يتم حفظ كل المعرفة في قواعد البيانات المختلفة يتم إتاحة المعلومات المحفوظة إلى أكبر عدد من الموظفين ضمن الشركة، حيث انه لا بد من توزيع هذه المعلومات إلى المستخدمين ذوي الصلاحيات وفي الوقت المناسب حيث يتم استخدامها بالشكل الأمثل لمصلحة الشركة.
- المرحلة الأخيرة تتضمن استخدام المعلومات، حيث تبدأ هذه العملية بمشاركة الأفراد للمعرفة بالتحدث والمناقشة مع غيرهم أو عبر تبادل المعلومات على شكل رقمي أو على شكل تناظري.

هناك العديد من المؤتمرات التي تقام في كافة إنحاء العالم والتي تناقش مواضيع متعلقة بإدارة المعرفة، وأيضاً عدد الشركات التي تدعي أنها تعمل مع إدارة المعرفة في تزايد مستمر، وقد بينت العديد من الدراسات المسحية والتي تم تنفيذها من اجل معرفة كم

عدد الشركات التي تعمل والتي تخطط أن تعمل في إدارة المعرفة وما هي الأهداف المرجوة من توظيفها إدارة المعرفة وقد بينت كثير من هذه الدراسات أن هناك العديد من الأهداف والأغراض المتوقعة إنتاجها للشركات التي تعمل ضمن إدارة المعرفة ومن هذه الأغراض :

- إدارة المعرفة يمكن النظر إليها كطريقة لتحسين أداء الشركات
- من أجل زيادة الإنتاجية والتنافس العالمي
- طريقة لتحسين واكتساب ومشاركة واستخدام المعلومات في الشركة
- تعتبر إدارة المعرفة أداة لتحسين عملية اتخاذ القرارات
- طريقة لمعرفة أفضل طريقة لتنفيذ العمل
- طريقة مثالية لتخفيض تكاليف البحث والتأخير
- طريقة لكي تصبح الشركة أكثر تطوراً وتقدماً.

وفي دراسة تمت في الولايات المتحدة الأمريكية لمركز الجودة والإنتاج الأمريكي تبين أن نسبة 89% من المشاركين في الدراسة قالوا أن الجوهر الأساسي لإدارة المعرفة هو لالتقاط ونقل المعرفة من اجل الاستخدام الأمثل في العمل.

وفي دراسة استطلاعية أخرى تمت على أفراد مسئولون عن تنفيذ إستراتيجية إدارة المعرفة تبين من المقابلات أن العوائق الرئيسية للتنفيذ كانت الافتقار لملكية المشكلة (64%) وكانت نسبة الذي قالوا أن قلة الوقت هو العائق الرئيسية 60% والشكل التالي يبين نتائج هذه الدراسة شكل 4-3

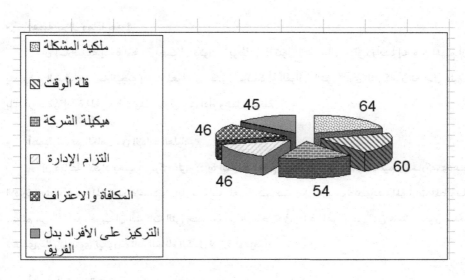

شكل 4-3 عوائق تنفيذ إدارة المعرفة

من أجل أن تتم بنجاح عملية تنفيذ إدارة الجودة فإنه يجب أن يتضمن العديد من العناصر منها :

- يجب أن يتضمن سؤال ماذا بعد؟
- دعم من الإدارة العليا
- الاتصالات الفعالة
- الإبداع
- الثقافة والأفراد
- مشاركة المعرفة
- الحوافز
- الوقت
- التقييم

- **أهمية سؤال وماذا بعد ؟**

إن إستراتيجية إدارة المعرفة يجب أن تكون مربوطة بماذا تنوي الشركة أن تحقق، وأيضاً إنه من المهم أن يتم وضع الهدف من إستراتيجية إدارة المعرفة وما هي الفائدة أو الفوائد التي تنوي الشركة أن تحصل عليها بالعمل ضمن إدارة المعرفة ؟ وكيف ستؤثر على أداء وعمل الموظفين؟

- **أهمية الدعم الكامل من الإدارة العليا:**

إن وظيفة الأفراد يجب أن تركز على الإدارة العليا لتشجيع العمليات التي تحفز التعليم والمشاركة، ودعم الإدارة العليا يتضمن المساعدة لإعداد وتمويل شبكات المعرفة كما تتضمن تعريف وتطويف المهارات المطلوبة للتعلم من الآخرين، حيث أن الشركات التي حققت أعلى النجاحات في إدارة المعرفة هي التي قامت بتعيين مدير تنفيذي عالي المستوى ليكون بمثابة الغطاء الكامل لإدارة المعرفة.

- **أهمية الاتصالات:**

حسب الكثير من المستشارين والخبراء فإن الجزء الأكبر لسبب فشل الشركات في تنفيذ الاستراتيجيات هو القصور في عملية الاتصالات، حيث أن القليل من الشركات قامت بتصميم خطة اتصالات جيدة ليتم الامتثال بها في إستراتيجية العمل التجاري.

- **أهمية الإبداع :**

إن الإستراتيجية الجيدة الموضوعة من اجل العمل بها مع إدارة المعرفة والقضايا الناتجة منها تعبر غير كافة، حيث أن هناك ارتباط كبير بين الإستراتيجية والإبداع، والرابط بينهما يسمح للشركات بأن تستمر وتحيا في المستقبل في بيئة شديدة التنافس، إن تأثيرات الإبداع في بيئة العمل التجاري سوف تعتمد بشكل كبير على نوع الاندماج الذي تم إنشائه بين إدارة المعرفة وبين المهارات الأساسية للإدارة المبدعة.

- **أهمية الثقافة والأفراد:**

إن التنفيذ الناجح لإدارة المعرفة مرتبط ارتباطاً كبيراً لعنصري الثقافة والأفراد، حيث انه وفي دراسات كثيرة بينت وبشكل كبير أهمية الأفراد مقابل استخدام التقنيات

والعمليات حيث بينت الدراسة عند تنفيذ إستراتيجية إدارة المعرفة أن 70% قرروا أن الموظفين هو أهم عنصر، و75% سجلوا انه يجب أن يكون هناك تشديد كبير على الأفراد وأهميتهم في تنفيذ إستراتيجية إدارة المعرفة. ومن منظور أفضل تطبيق في الشركات وجد أن الأفراد والثقافة تشكل القلب في عملية إنشاء شركات مبنية على المعرفة حيث أن الدراسات أثبتت أيضاً أن قضية الأفراد والثقافة من أصعب المشاكل التي تطلب أن تحل ولكنها بالمقابل تنتج أفضل الفوائد.

إن أكبر تحدي لإدارة المعرفة ليس التحدي الفني أو التقني أو عملية استخدام وتبني تقنية المعلومات ولكن تحديث الثقافة والأفراد، فالمهمة الصعبة للتغلب على عوائق الثقافة وخاصة المكان الذي يتم حفظ المعلومات فيه والذي يعتبر أهم بكثير من مشاركة المعلومات، وحيث أن الأفراد ذوي الخبرة والمهارات العالية هم مصدر المعرفة في كافة الشركات لذا فعملية الحفاظ عليهم وتطوير مهاراتهم تعتبر من أكبر التحديات والمصاعب التي تواجهها الشركات.

- **أهمية مشاركة المعرفة:**

إن القدرة على مشاركة المعرفة والتعاون هي عناصر مفقودة في كثير من الشركات وذلك بسبب أن الموظفين في طبيعتهم نزعة التنافس والتي تمنعهم في كثير من الأحيان من مشاركة خبراتهم ومعرفتهم إلى غيرهم من الموظفين في الشركة الواحدة، ومن ناحية أخرى فإن عملية مشاركة المعرفة بين كل الموظفين هي من صالح الشركة ومن صالح الموظفين جميعاً حيث أن الشركة هي مصدر الرزق لجميع أفرادها. وفي دراسات أخرى بينت أن سبب عدم مشاركة الموظفين لخبراتهم ومعرفتهم هي إحساسهم بان المعرفة التي يملكونها لا تفيد غيرهم من الموظفين في الشركة وليست ذا قيمة كبيرة.

لذا لا بد من إدارة المؤسسات أن توظف العديد من الاستراتيجيات من اجل تحفيز الموظفين على مشاركة خبراتهم ومعارفهم وان تبحث عن موظفين ذوي إمكانيات وخبرات ومعارف عالية حيث يجب أن يكون هناك خطة لالتقاط خبرات الموظفين الجدد وتسخيرها لرفع كفاءة الشركة، حيث أن معظم الموظفين الجدد يجلبوا معهم خبرات مفيدة للشركة، وأيضاً لا بد من أن يتم تمرير وتدريب الموظفين الجدد من قبل الموظفين القدامى.

عندما ينتهي عقد موظف ما أو يغادر الشركة فان الشركة تطلب من هذا الموظف مفاتيح المكتب وغيرها من العهدة، إلا أنه من المهم أن يتم مع ذلك إجراء مقابلة مع كل موظف يغادر الشركة من اجل الحصول على بعض المعرفة والمعلومات منهم والتي قد تكون مفيدة للشركة في المستقبل.

• **أهمية الحوافز:**

إن عملية التحفيز هي عملية مباشرة تتعلق بالقوى البشرية التي تعمل في مشروع معين وهي تتطلب وتتعلق بتشجيع كل الأفراد المعنيين لكي يعملوا بشكل جيد وبجد وبنشاط بإرادتهم وفي طريقة اقتصادية ليعملوا لمصلحة الشركة ومصلحتهم.

إن أهداف أي شركة يمكن فقط تحقيقها من خلال الجهود التي يقوم بها هؤلاء الأفراد لذا يحتاج هؤلاء الأفراد إلى حافز وتشجيع من أجل أن يقوموا بعملهم على أكمل وجه ومن اجل أن يقوموا بمشاركة المعلومات والمعرفة لديهم. إلا أن هذا التحفيز أو الحافز قد يختلف من فرد إلى آخر أو من مجموعة من الموظفين إلى أخرى لذا يجب على المدير أن يعرف كيف يقوم بوضح الحافز المناسب لكل فرد أو مجموعة من الموظفين.

إن من أهم القضايا المتعلقة بالعمل مع إدارة المعرفة هي عملية وضع الحافز المناسب للأفراد من اجل أن يقوموا بمشاركة وتطبيق المعرفة، حيث انه يجب أن يكون هناك نظام لمكافأة الموظفين يدعم ثقافة مشاركة المعرفة بين الأفراد في الشركة وبشكل فعال ومسيطر عليه، ولكي يتم تحسين وتطوير هذه العملية لا بد من مكافأة الموظفين الذين يساهمون بخبراتهم وان تعمل هذه الأنظمة على التأكد من أن باقي الموظفين يفهمون بشكل تام فوائد إدارة المعرفة، أن على الشركة أن تسأل نفسها الأسئلة التالية:

• هل يستلم الموظف إشارات تشجعه على مشاركة المعرفة؟

• ما هي المعايير المستخدمة لترقية الموظف؟

• هل تم تجنب الأخطاء عند حدوث نفس الأخطاء في الماضي؟

- **أهمية الوقت**

إنه من المهم أن يتم تسخير الوقت والفرص من اجل تدريب وتعليم الأفراد، ومـن احـد الطـرق الناجحـة لذلك بتأسيس شبكات تعليم وتدريب بحيث أن التطبيقات العملية الفعالة والناجحة يتم تعريفها ونقلهـا بحيـث تصبح جزء من العمل، حيث أن من أكبر أعداء مشاركة المعرفة هو الوقت المطلوب لإدخال وتـداول المعلومـات والافتقار إلى التحفيز بين المستخدمين في الشركة.

- **أهمية التقييم:**

من المهم تأسيس نظام من أجل عملية تقييم المحاولات التي تمّ عملها من أجـل اسـتخدام إدارة المعرفة، حيث أن نظام التقييم من الممكن أن يحتوي على :

- محـاولات غـير رسـمية تتضـمن التحـدث مـع الأفـراد حـول كيفيـة مشـاركة أفضـل الاسـتخدامات والتطبيقات العملية في الشركة
- أو استخدام أدوات متقدمة من أجل قياس النتائج والمخرجات.

لذا ومن أجل تنفيذ وتطبيق إستراتيجية لإدارة المعرفة بشكل ناجح لا بد مـن إنشـاء المعرفـة ولا بـد مـن الارتقاء بهذه المعرفة وتسخيرها من أجل مصلحة الشركة.

الفصل الخامس

حلول إدارة المعرفة

Knowledge Management Solutions

المحتوى للفصل الخامس

الأهداف التعليمية للفصل الخامس:

يهدف هذا الفصل إلى مناقشة أهم التفاصيل المتعلقة بمعاني إدارة المعرفة ومن ثم يتم الإلقاء الضوء على الحلول المستخدمة في إدارة المعرفة والتفاصيل المتعلقة بها والتي تتضمن البنية التحتية لإدارة المعرفة والية إدارة المعرفة والتقنيات والعمليات المتعلقة بإدارة المعرفة.

الأهداف الرئيسية لهذا الفصل هي:

- **التعرف على ما هي إدارة المعرفة وماذا تعني.**
- **التعرف على التفاصيل المتعلقة بحلول إدارة المعرفة.**
- **تفصيل عملية إدارة المعرفة.**
- **شرح وتعريف أهم الأنظمة المتعلقة بإدارة المعرفة وعمل كل نظام.**
- **التعريف بالبنية التحتية لإدارة المعرفة ودورها في عملية إدارة المعرفة.**

الفصل الخامس

حلول إدارة المعرفة

Knowledge Management Solutions

5 - 1 المقدمة

إن عملية إدارة أي مصدر يمكن أن يتم تعريفها على أنها عمل كل شيء ضروري للحصول على أفضل نتيجة ووجه لذلك المصدر، لذا وعلى المستوى البسيط فإن إدارة المعرفة من الممكن أن يتم تعريفها بعمل ما هو ضروري وبحاجة إليه من اجل الحصول على أفضل مصادر المعرفة.

إن هذا التعريف من الممكن أن يتم تطبيقه على كلا من مستوى الأفراد ومستوى المنظمة، وبالاعتماد على هذا المستوى، لذا فإن مصادر المعرفة من الممكن أن تكون تلك المصادر المعرفية التي لها علاقة بكل من القرارات والأهداف والاستراتيجيات لكل من الأفراد أو المنظمة مع العلم بأن المنظمة من الممكن أن تكون شركة أو مؤسسة أو دائرة في شركة أو مؤسسة...الخ. وأيضا فان مصطلح مصادر المعرفة من الممكن أن يكون عبارة عن المعرفة التي يعمل على عرضها أو تقديمها احد الأفراد أو احد المنظمات وأيضاً من الممكن أن تكون المعرفة والتي من الممكن الحصول عليها (بتكلفة معينة عند الضرورة) من أفراد آخرين خارج حدود الشركة أو منظمات أخرى منافسة أو متعاونة.

إن إدارة المعرفة يجب أن تعكس أفضل تأثير على الهدف المراد تحقيقه من قبل الأفراد أو المنظمة، حيث أن هدف إدارة المعرفة هو عملية تحسين المدى والذي من خلاله تقوم المعرفة بعمل التسهيلات من اجل تحقيق الأهداف المتعلقة بالأفراد أو بالمنظمة. إلا أن تحقيق هذه الأهداف يجب أن يتم ضمن الميزانية وضمن التكلفة الموضوعة، حيث أن إدارة المعرفة يجب أن لا تتجاوز الوقت أو التكلفة الموضوعة في الميزانية المقررة.

وأخيراً فإن ما تحتاج إليه الشركات والأفراد في الشركة يعود إلى مجموعة من النشاطات المرتبطة بإدارة المعرفة وهذه النشاطات من الممكن أن تتسع لتشمل :

- اكتشاف معرفة جديدة Discovering new knowledge

- التقاط المعرفة الموجودة Capture New Knowledge
- مشاركة المعرفة مع الآخرين Sharing knowledge
- تطبيق المعرفة Applying Knowledge

5 - 2 إدارة المعرفة وحلول إدارة المعرفة KM and KM Solutions

من الممكن تعريف إدارة المعرفة على أنها عملية تنفيذ النشاطات المتعلقة بالاكتشاف والالتقاط والمشاركة والتطبيق للمعرفة وذلك من اجل دعم عملية التحسين وذلك بالأخذ بعين الاعتبار التكلفة وتأثير المعرفة على تحقيق أهداف الوحدة المعنية في الشركة.

أما حلول إدارة المعرفة فيمكن تعريفها على أنها مجموعة من الطرق أو الوسائل والتي من خلالها يتم تسهيل عملية إدارة المعرفة، حيث يمكن تقسيم حلول إدارة المعرفة إلى أربعة مستويات واسعة (الشكل 5-1) وهذه المستويات الأربعة هي:

- عمليات إدارة المعرفة KM Processes
- أنظمة إدارة المعرفة systems(knowledge Management)KM
- تقنيات واليات إدارة المعرفة KM Mechanism and Technologies
- البنية التحتية لإدارة المعرفة KM Infrastructure

إن عمليات إدارة المعرفة هي عمليات واسعة تساعد في اكتشاف والتقاط ومشاركة وتنفيذ المعرفة، وهذه العمليات الأربعة تكون مدعومة بأنظمة إدارة المعرفة ومدعومة بأنواع العمليات الفرعية لإدارة المعرفة السبعة والتي سوف يتم التطرق إليها لاحقاً في هذه الفصل (مثل عملية التبادل exchange).

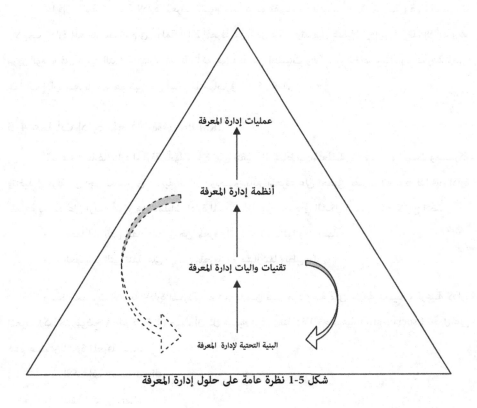

عمليات إدارة المعرفة

أنظمة إدارة المعرفة

تقنيات واليات إدارة المعرفة

البنية التحتية لإدارة المعرفة

شكل 5-1 نظرة عامة على حلول إدارة المعرفة

أما بالنسبة لأنظمة إدارة المعرفة في عبارة عن عملية دمج التقنيات والآليات المختلفة والتي تم تطويرها من اجل دعم عمليات إدارة المعرفة، وسوف يتم مناقشة هذا الموضوع لاحقاً في هذا الفصل.

أما بالنسبة لتقنيات واليات إدارة المعرفة في تستخدم في أنظمة إدارة المعرفة، حيث انه مع كـل اسـتخدام لنظام إدارة المعرفة يتم استخدام مجموعة مضاعفة من التقنيات والآليات، ومـن الممكـن أن يكـون هنـاك نفـس الآلية أو التقنية لإدارة المعرفة قد تستخدم في ظروف مختلفة لدعم مجموعة مضاعفة مـن أنظمـة إدارة المعرفـة. حيث أن آلية وتقنيات إدارة المعرفة تعتمد بشكل كبير على البنية التحتية لإدارة المعرفـة والتـي تعكـس الأسـاس الفني على المدى البعيد لإدارة المعرفة، وفي سـياق المـنظمات فـإن البنيـة التحتيـة لإدارة المعرفـة تتضـمن خمسـة مكونات أساسية منها على سبيل المثال ثقافة الشركة والبنية

التحتية لتقنية المعلومات وسوف يتم مناقشة هذه لاحقاً في هذا الفصل إن شاء الله السميع العليم.

لذا فإن البنية التحتية لإدارة المعرفة تقوم على دعم تقنيات والآليات إدارة المعرفة وهذا التقنيات والآليات لإدارة المعرفة تستخدم في أنظمة إدارة المعرفة من أجل تمكين وتسهيل عمليات إدارة المعرفة، إلا أنه ومع مرور الوقت فإن البنية التحتية لإدارة المعرفة تأخذ فوائدها من التقنيات والآليات الخاصة بإدارة المعرفة ومن عمليات إدارة المعرفة كما هو مبين من أسهم المنحيات في الشكل 5-1.

4-5 عمليات إدارة المعرفة KM Processes.

لقد عرفنا سابقاً إدارة المعرفة بأنها عبارة عن تنفيذ للنشاطات المتعلقة باكتشاف والتقاط ومشاركة وتنفيذ المعرفة من اجل تحسين في فعالية التكلفة وتحسين تأثير المعرفة على تحقيق أهداف الوحدة. لذا فإن إدارة المعرفة تعتمد على أربعة أنواع من عمليات إدارة المعرفة كما هو موضح في الشكل 5-2، وهذه الأنواع تتضمن :

- العمليات التي تنفذ على أي من المعرفة التي تم اكتشافها والتقاطها.
- العمليات التي تنفذ على أي من المعرفة تم مشاركتها وتطبيقها.

وهذه العمليات الأربعة لإدارة المعرفة يتم دعمها من قبل مجموعة من سبعة عمليات فرعية لإدارة المعرفة (كما هو موضح في الشكل 5-2) حيث أن كل عملية فرعية منفردة (الاجتماعيةsocialization) تعمل على دعم عمليتين لإدارة المعرفة هما :

- الاكتشاف discovering
- والمشاركة sharing

من هذه العمليات الفرعية السبعة أربعة منها (الاجتماعية socialization، الذاتية internalization، التجسيد externalization، اتحاد Combination) تركز على الطرق التي من خلالها يتم تحويل المعرفة خلال عملية التبادل بين المعرفة الضمنية والمعرفة الظاهرة.

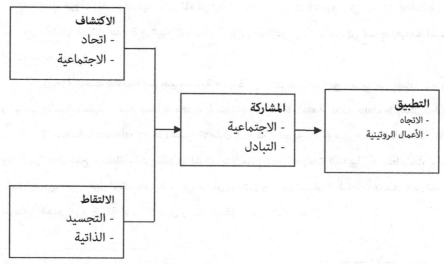

شكل 5-2 عمليات إدارة المعرفة

5-2-1 اكتشاف المعرفة Knowledge Discovery

يمكن تعريف عملية اكتشاف المعرفة بأنها عملية تطوير معرفة ضـمنية tacit أو ظاهريـة explicit مـن بيانات ومعلومات أو من تحليل معرفة أخرى سابقة. حيث تعتمد عملية اكتشاف معرفة جديدة ظاهرة بشكل مباشر على عملية "التركيب " combination وخلال ذلك فان الأقسـام المتعـددة مـن المعرفـة الظاهرة (وأيضاً البيانات والمعلومات) يتم تحليلها من اجل إنشاء المزيد من المعرفة الجديدة الظاهرية والمركبـة complex حيـث انه خلال كل من عمليات الاتصال والاندماج وعمليات التحليل المتقدمة على قطع المعرفة المتعددة الظاهرية يتم إنشاء معرفة ظاهرية جديدة وذلك إما بشكل متزايد incremental أو بشكل أساسي (راديكالي) radically، ومـن خلال المعرفة الظاهرية والحالية إضافة إلى البيانات والمعلومات يتم إجراء العديد من النشاطات عليها مثل إعادة التهيئة Reconfiguration وإعادة التصنيف Reclassification وإعادة سـياقها Recontext وذلك مـن أجـل إنتاج معرفة ظاهرية جديدة.

فعلى سبيل المثال، عندما يتم العمل على إنشاء مقترح جديد لنشـاط مـا في المنظمـة يتم دمج البيانات والمعلومات والمعرفة ضمن مقترحات سابقة من اجل خلق مقترح بشكل

جديد يناسب ظروف المقترح الجديد. ومن الممكن أيضا استخدام تقنيات التنجيم عـن البيانـات Data Mining من اجل اكتشاف علاقات جديدة في البيانات الظاهرية والتي قد تؤدي إلى التوصـل إلى نماذج وقواعـد تسـتخدم لإنشاء معرفة جديدة.

وفي حالة المعرفة الضمنية يتم إنشاء معرفة جديدة من خلال عمليات دمج للعديد من مصادر المعلومات والبيانات والمعرفة السابقة وهذه العملية تحدث باستخدام بطريقة الاجتماعية Socialization (شكل 3-5).

والاجتماعية socialization هي عملية التحليل للمعرفة الضمنية عبر أو مـن خـلال العديـد مـن الأفـراد وعادة من خلال دمج النشاطات التي تقام في الشركة بدلاً من إعطاء التعليمات الشفهية أو التعليمات المكتوبـة بشكل رسمي، فعلى سبيل المثال، عمليـة عـرض بعـض الأفكار والصور لـبعض النشاطات تعمـل عـلى مسـاعدة الموظفين الجدد لفهم طريقة تفكير الآخرين ولفهم طريقة العمل بشكل أفضل

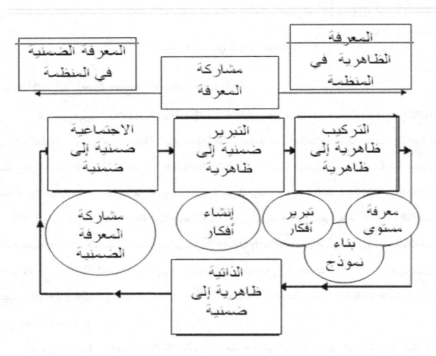

الشكل 3-5 : مشاركة المعرفة وإنشاءها

2-2-5 التقاط المعرفة Knowledge Capture

كما بينا سابقاً فإن المعرفة من الممكن أن تكون موجودة في الناس (أفراد أو مجموعات) وفي ناتج الصناعات (تطبيق العمل، التقنيات أو المستودعات) وفي كائنات المنظمة (أقسام المنظمة، المنظمات، وشبكات العمل الداخلية)، وأيضاً من الممكن أن تكون المعرفة ظاهرية أو ضمنية وأحياناً وعندما تكون المعرفة في عقل الفرد فيجب أن يكون هذا الفرد واعياً لهذه المعرفة من اجل مشاركتها مع الآخرين، وأيضاً من الممكن أن تكمن المعرفة على شكل نموذج ظاهر إلا أن هناك عدد قليل من الأفراد الذين يدركون وجود مثل هذه المعرفة حيث أنها تتطلب خبرة ووعي وقوة الملاحظة. إنه من الضروري الحصول على المعرفة الضمنية من عقول الأفراد ومن المعرفة الظاهرة وذلك ليتسنى لهم مشاركة هذه المعرفة مع غيرهم من الموظفين في المنظمة.

أن عملية التقاط المعرفة من الممكن أن تعرف على أنها عملية استرجاع المعرفة سواء كانت ضمنية أو ظاهرية صريحة والتي تكمن في عقول بعض الأفراد وفي نتاج الصناعة وفي كائنات الشركة وأيضا من الممكن التقاط المعرفة من خارج حدود المنظمة وهذه تتضمن :

- التقاط المعرفة من المستشارين Consultant
- من المنافسين competitors
- من العملاء Clients
- من المزودين Suppliers
- من الموظفين السابقين في المنظمة Pre Employees

إن عملية التقاط المعرفة بشكل أساسي تستفيد مباشرة من عمليتين فرعيتين لإدارة المعرفة هما : التبرير externalization والذاتية internalization حيث تساعد هاتان الطريقتان على التقاط المعرفة سواء كانت معرفة ضمنية أو ظاهرية(شكل 5-3) .

فعملية التبرير externalization ما هي إلا عملية تحويل المعرفة الضمنية إلى معرفة ظاهرة (شكل 5-3) مثل الكلمات والأفكار والصور، حيث تعمل عملية التبرير على المساعدة في عملية تحويل معرفة الأفراد الضمنية إلى معرفة ظاهرية قابل للفهم

بسهولة من قبل باقي المجموعة في قسم ضمن المنظمة وقد تكون هذه العملية صعبة وذلك لان المعرفة الضمنية تكون صعبة الشرح والتبيان، ومثال على عملية التبرير، قيام مستشار الفريق بإنشاء وبكتابة مستند يشرح فيه الدروس التي تعلمها من عملاء المنظمة والطرق التي تم تطبيقها من اجل إكمال العديد من المهام والنشاطات.

أما عملية الذاتية internalization فهي عملية تحويل المعرفة الظاهرة إلى معرفة ضمنية حيث أنها تمثل الطريقة التقليدية في التعلم، أن المعرفة الظاهرية من الممكن أن تكون ضمن العمل أو التطبيق العملي لذا فان الفرد يكتسب المعرفة عبر الخبرة والتمرس والعمل بما قام به من قبله من الأفراد. وأيضا من الممكن أن يكتسب الأفراد المعرفة الظاهرة بطرق أخرى مثل قراءة كتيب التشغيل manual أو قراءة روايات الآخرين وخبراتهم ومثال على عملية الذاتية عملية قراءة التعليمات المتعلقة بتشغيل برنامج أو تطبيق حاسوب.

3-2-5 مشاركة المعرفة Knowledge Sharing

مشاركة المعرفة هي العملية والتي يتم من خلالها إيصال المعرفة الضمنية أو الصريحة إلى الآخرين، وهناك ثلاثة نقاط أساسية متعلقة بعملية مشاركة المعرفة وهذه النقاط تم سردها حسب أولوياتها كما يلي :

- مشاركة المعرفة تعني عملية نقل فعالة، لذا فان متلقي المعرفة يجب أن يفهمها بشكل جيد لكي يعمل ويستفيد منها.
- إن ما يتم مشاركته هو المعرفة وليس التوصيات بناءً على المعرفة، فالعملية تتضمن أن يكتسب المتلقي المعرفة من اجل استخدامها لمصلحة الشركة بينما تكون عملية الإرشاد المقدمة إليه هي عملية استخدام للمعرفة بدون الإدراك الذاتي لعملية مشاركة المعرفة.
- إن مشاركة المعرفة من الممكن أن تكون ضمن الأفراد أو ضمن المجموعات أو ضمن الأقسام أو ضمن المنظمة بشكل عام.

إن عملية مشاركة المعرفة عملية غاية في الأهمية وذلك من أجل تحسين أداء الشركة ومن أجل تطوير عملية الإبداع فيها.

4-2-5 تطبيق المعرفة Applying Knowledge

تساهم المعرفة بشكل مباشر في أداء المنظمة وذلك عند استخدام هذه المعرفة في اتخاذ القرارات وعند تنفيذ المهام، وتعتمد عملية تطبيق المعرفة على المعرفة المتوفرة وعلى العمليات المستخدمة في اكتشاف المزيد من المعرفة والتقاط وحفظ هذه المعرفة. وكلما تمّ تنفيذ عملية اكتشاف والتقاط ومشاركة المعرفة بشكل جيد كلما كانت عملية اتخاذ القرارات أكثر فعالية.

إن من أهم استخدامات المعرفة وتطبيقاتها تتعلق بعملية المساعدة في اتخاذ القرارات الصحيحة في الوقت المناسب وفي المكان المناسب وبشكل صحيح، كما أن استخدام المعرفة يستفاد منه من عمليتين والتي لا تتضمن عملية النقل الحقيقي للمعرفة بين الأفراد في المنظمة وهاتان العمليتان هما :

- الإشراف Direction
- الروتين Routines

فالإشراف عبارة عن العملية والتي من خلالها يقوم الأفراد بعرض وتمرير المعرفة الخاصة بهم والقيام بعملية التوجيه والإشراف للآخرين ولكن بدون عملية نقل حقيقية للمعرفة حيث أن المعرفة تكون ضمنية في عملية الإشراف أو التوجيه.

إن الإشراف هو عبارة عن عملية تستخدم عندما يطلب عامل الإنتاج بعض الخبراء من أجل الاستفسار منهم عن بعض الحلول لبعض المشاكل لماكينة ما ومن ثم يتابع هذا العامل من أجل حلّ المشكلة بناءً على التعليمات التي قدمت له من الخبراء، لذا فهذا العامل قام بهذا الفعل بدون طلب المعرفة مباشرة من الخبراء، لذا فلو حصلت نفس المشكلة في المستقبل فإن هذا العامل لن يستطيع أن يحل المشكلة بدون أن يستدعي الخبراء من أجل أخذ التوجيه والإشراف مرة أخرى لحل المشكلة.

أما الروتين فيتطلب استخدام المعرفة المضمنة في الإجراءات والقواعد والمعايير والتي توجه السلوك والعمل في المستقبل، أن الروتين يعتمد على الاتصال أكثر من اعتماده على عملية الإشراف والتوجيه وذلك لأن الروتين يكون ضمن الإجراءات أو التقنيات، إلا انه يحتاج إلى وقت كبير من اجل تطويره حيث انه يعتمد على التكرار الثابت.

مثال :

يستخدم نظام إدارة المستودع معرفة معتبرة حول العلاقة بين العرض والطلب إلا انه ليس المعرفة وليس الإرشادات يتم توصيلها إلى الأفراد.

5-2-5 آلية إدارة المعرفة KM Mechanism

إن آلية إدارة المعرفة ما هي إلا وسيلة هيكلية أو تنظيمية تستخدم لتعزيز إدارة المعرفة، حيث أن هذه الآليات تدعم من قبل البنية التحتية لإدارة المعرفة ومن قبل الآليات نفسها أيضاً.

إن آلية إدارة المعرفة من الممكن (أو من غير الممكن) أن تستخدم التقنيات إلا أنها تتطلب بعض الترتيبات المنظمة أو الاجتماعية أو وسائل البناء من اجل تسهيل إدارة المعرفة.

فعلى سبيل المثال فقد تتضمن آلية إدارة المعرفة عملية التعلم عبر تنفيذ العمل وعبر الملاحظة وعبر اللقاءات وجهاً لوجه. وعلى المدى البعيد فان آلية إدارة المعرفة تتضمن تعيين مدير مكتب المعرفة chief knowledge officer من اجل القيام بتنفيذ وتوظيف المشروع في الأقسام وتتضمن أيضاً توظيف علاقات هيكلية هرمية تقليدية من اجل عملية اتخاذ القرارات وحل المشكلات وتتضمن وضع معايير وعمليات أولية للموظفين الجدد وعملية تدوير الموظفين عبر كافة الأقسام.

6-2-5 تقنيات إدارة المعرفة Knowledge Management Technologies

تدعم تقنيات إدارة المعرفة أنظمة إدارة المعرفة وتستفيد من البنية التحتية لإدارة المعرفة حيث أن تقنيات إدارة المعرفة تحوي الأنظمة الرئيسية لإدارة المعرفة. والتقنيات التي تدعم إدارة المعرفة تتضمن :

- الذكاء الصناعي Artificial Intelligence (الذكاء الصناعي هو عملية محاكاة الآلة لعمل البشر- مثل أن يقوم الحاسوب بقيادة السيارة، أو أن يقوم الروبوت بتنظيم المنزل) والتي تتكون من:
  - أنظمة تعمل على اكتساب المعرفة.

o أنظمة الاستنتاج المبنية على الحالة Case based reasoning systems

o مجموعة المناقشة الالكترونية Chatting Group

o أنظمة المحاكاة المبنية على الحاسوب Computer Based Simulation Systems

- قواعد البيانات Data base
- أنظمة دعم القرارات Decision support Systems
- أنظمة تخطيط المصادر Resource Planning system
- الأنظمة الخبيرة Experts Systems
- أنظمة إدارة المعلومات Management Information System
- أنظمة تحديد المواقع الخبيرة
- مؤتمرات الفيديو Video Conference

5 – 3 أنظمة إدارة المعرفة Knowledge Management systems

تستخدم أنظمة إدارة المعرفة مجموعة منوعة من الآليات والتقنيات من اجل دعم عمليات إدارة المعرفة والتي تم التطرق إليها في الأقسام السابقة، وبالاعتماد على عملية إدارة المعرفة فان أنظمة إدارة المعرفة يمكن تصنيفها إلى أربعة أنواع هي :

- أنظمة الكشف عن المعرفة Knowledge discovery System
- أنظمة التقاط المعرفة Knowledge Capture system
- أنظمة مشاركة المعرفة Knowledge Sharing System
- أنظمة تطبيق المعرفة Knowledge Applying system

- **أنظمة الكشف عن المعرفة**

يتكون أي نظام من تقنيات المعلومات من برمجيات ومعدات وقواعد بيانات ومن مستخدمين وشبكات حاسوب، حيث أن النظام ما هو إلا مجموعة من العناصر التي تعمل معاً من أجل تحقيق هدف ما.

وكما تم شرحه سابقاً فان أنظمة الكشف عن المعرفة تدعم عملية تطوير المعرفة سواءً كانت المعرفة الظاهرية أو المعرفة الضمنية وذلك من خلال البيانات والمعلومات أو من نماذج تحاليل المعرفة السابقة حيث تدعم هذه الأنظمة نوعين من العمليات الفرعية لإدارة المعرفة والمتعلقة باكتشاف المعرفة وهما :

o التركيب COMBINATION والتي تعمل على تمكين عملية اكتشاف معرفة ظاهرية جديدة.

o الاجتماعية SOCIALIZTION وتعمل على تمكين عملية اكتشاف معرفة ضمنية جديدة.

أما الآلية التي تدعم وتساهم عملية التركيب فهي :

• حلول المشاكل التعاونية

• اتخاذ القرارات المشتركة

• التعاون في عملية إنشاء المستندات

فعلى سبيل المثال وعلى مستوى الإدارة العليا من الممكن إنشاء معرفة ظاهرة جديدة وذلك عبر مشاركة المستندات والمعلومات والمتعلقة بالمنتجات ومفاهيمها وذلك من أجل إنتاج معرفة جديدة حيث تقدم هذه المعرفة الجديدة فهم أفضل للمنتج الشكل (5-5).

أما الآلية التي تسهل وتدعم عملية الاجتماعية فتتضمن :

• عقد المؤتمرات

• تدوير الموظفين ذوي الخبرة الطويلة أو القصير في كافة دوائر المنظمة

• عمليات العصف الدماغي

• المشاريع التعاونية والتي تنفذ من قبل كافة الأقسام في المنظمة

فعلى سبيل المثال من الممكن الحصول على معرفة جديدة عبر عقد عدد من الجلسات ومن ثم تنفيذ عمليات عصف دماغي مشتركة من اجل التوصل إلى مفاهيم ومعرفة جديدة من اجل :

o حل مشاكل مشروع ما

o أو من اجل تطوير منتج جديد

o أو إجراء عمليات تحسين عليه.

- **أنظمة التقاط المعرفة**

تدعم هذه الأنظمة عملية استرجاع أما المعرفة الظاهرة أو المعرفة الضمنية والتي تكون في عقول الأفراد وفي ناتج الصناعات أو في كائنات المنظمة، حيث تعمل هذه الأنظمة على المساعدة في التقاط المعرفة الكامنة إما في داخل المنظمة أو خارج حدود المنظمة والتي تتضمن التقاط المعرفة عبر:

- المستشارين
- المنافسين
- العملاء
- المزودين
- الموظفين السابقين في المنظمة
- الموظفين الجدد

تعتمد أنظمة التقاط المعرفة على الآليات والتقنيات التي تدعم عمليات المعرفة الذاتية internalizationومعرفة التبرير externalization.

أن عملية تطوير النماذج (مثل النموذج الأولي) لمنتج ما وعمليات استنتاج الدروس المستوحاة من خلال التطبيق والعمل هي أمثلة على الآليات التي تدعم وتسهل وتمكن من الحصول على المعرفة " الذاتية "، كما أن اللقاءات التي تعقد وجهاً لوجه والاجتماعات وجلسات المناقشة تعد من الآليات المستخدمة لتسهيل ودعم " الذاتية".

- **أنظمة مشاركة المعرفة**

تدعم أنظمة مشاركة المعرفة عبر توصيل المعرفة الضمنية أو الصريحة إلى أفراد المنظمة وذلك عبر عملية دعم تبادل الخبرات والمعلومات والمعرفة بين الأفراد (مشاركة المعرفة الصريحة) وعبر عملية " الاجتماعية Socialization والتي تسهل مشاركة المعرفة ا لضمنية.

كما أن مجموعة المناقشات عبر شبكات الانترنت أو الانترانت وجلسات الدردشة سواء كانت بالنص أو بالصورة أو بالصوت أيضاً تساهم كثيراً في عملية مشاركة المعرفة وذلك بتمكين الأفراد على شرح معارفهم إلى باقي المجموعة في المنظمة.إضافة إلى ذلك فان أنظمة مشاركة المعرفة تستخدم الآليات والتقنيات والتي تسهل من عملية تبادل المعلومات سواءً كانت الكترونية (برمجيات، حاسبات، قواعد بيانات، شبكات حاسوب...الخ) أو كانت يدوية (مستندات، ملفات، تقارير، ملخصات، كتيبات التشغيل، رسائل، أو محاضرات... الخ).

كما أن الانترنت وصفحات الويب تلعب دوراً كبيراً في عملية مشاركة البيانات والمعلومات والمعرفة حيث تكون هذه المعلومات والمعارف متواجدة في الموقع ومتاحة للأفراد في أي وقت ومن أي مكان.

- **أنظمة تطبيق المعرفة**

هناك نقاش كبير بين الفلاسفة والباحثين حول كيفية التعامل مع المعرفة وتقييم ثمارها ونتائجها حيث يرى الاقتصاديون أن الاقتصاد الحديث يدور حول توليد المعرفة ونموها وكأنها سلعة يمكن بيعها أو شرائها، لذا ينظر إلى المعرفة كأنها مدخل يتم الاتفاق عليه وكمخرج وعوائد يتم اكتسابها والحصول عليها، وقد ظهرت نتيجة لذلك العديد من المنظمات الاقتصادية مهمتها إنتاج المعرفة وتسويقها للجهات التي قد تستفيد منها.

أما المعنيون بإدارة المعرفة وتوظيفها فهم ينظرون إليها باعتبارها إحدى المدخلات التي تتطلبها العملية الإدارية لذا فالمعرفة هنا ليست سلعة مادية نهائية وإنما هي مدخل وسيط تتوقف فاعليته على مدى مساهمته في تحقيق الأهداف الموضوعة والمنشودة.

إن ما نعرفه في الغالب هو حصيلة ما تعلمناه عبر مراحل الدراسة أو ما اكتسبناه بقراءتنا الشخصية أو من خلال البرامج التدريبية أو من اللجان التي نشارك فيها أو بما يقدمه المستشارون والخبراء وما تقدمه البحوث والدراسات أو ما يتم الحصول عليه من قواعد البيانات أو من القيادات العليا على مستوى المنظمات وهذا الكم المتراكم من المعرفة يتباين تبعاً لتباين الأفراد وخلفياتهم ومستوياتهم كما يتباين بتباين المنظمات والمجتمعات التي يعمل فيها الأفراد أو يتعاملوا معها.

إن أنظمة تطبيق المعرفة تسهل وتدعم آليات التوجيه direction مثل :

• العلاقات الهيكلية الهرمية

• الدعم الفني

• مراكز الدعم والمساعدة

إن أنظمة تطبيق المعرفة تعمل بشكل أساسي على دعم وتسهيل التوجيه والأعمال الروتينية (مثل سياسات المنظمة، تطبيق العمل والمعايير) ومن ناحية أخرى فإن التقنيات الداعمة للتوجيه direction والأعمال الروتينية تتضمن توظيف العديد من التقنيات الحديثة مثل :

• الأنظمة الخبيرة Expert systems

• أنظمة دعم القرارات DSS

• الأنظمة الناصحة Advisor System

• أنظمة تشخيص الأخطاء Diagnostic System

• أنظمة الدعم الفني والمساعدة Help Desk and Support

حيث تعمل هذه الأنظمة على دعم وتسهيل التوجيه من أجل عملية البحث عن حلول للمشاكل أو من اجل تحسين المنتجات أو طريقة أداء الخدمة للعملاء.

مثال:

في حالة مثل خدمة العميل والذي يحتاج إلى تعريف البدائل المطلوبة لآلية توصيل وشحن المنتج إلى العميل وذلك أثناء عملية إعداد طلبيه الشحن.

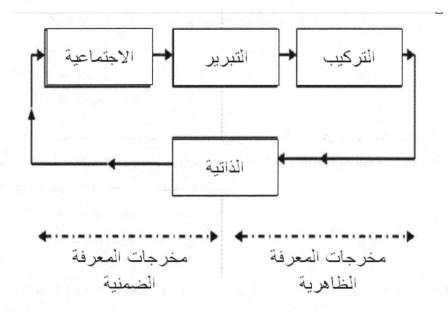

الاجتماعية	التبرير	التركيب

الذاتية

مخرجات المعرفة الضمنية — مخرجات المعرفة الظاهرية

شكل 5-5 خريطة إنشاء المعرفة

5– 4 البنية التحتية لإدارة المعرفة

إن البنية التحتية لإدارة المعرفة هي الأساس الذي ترتكز عليه إدارة المعرفة، فهي تتضمن خمسة مكونات

أساسية :

o ثقافة المنظمة Organization Culture

o البنية الهيكلية للمنظمة Organization Structure

o التطبيقات العملية المشتركة Sharing Practical Application

o البنية التحتية لتقنية المعلومات IT Infrastructure

o المعرفة العامة Public Knowledge

• **ثقافة المنظمة organization cultured**

تعكس ثقافة المنظمة المعايير والمعتقدات التي تعمل على إرشاد سلوك أعضاء المنظمة، فهي ممكن

ومنشط هام لإدارة المعرفة في المنظمة، وفي دراسة مسحية تمت

على مجموعة من الشركات الأمريكية تبين أن التحديات الأكثر أهمية والتي تواجه المنظمات عند تبني وتطبيق إدارة المعرفة تشمل ما يلي:

1. الموظفين في المنظمة لا يملكون الوقت الكافي من اجل إدارة المعرفة.
2. أ ن ثقافة المنظمة الحالية لا تعمل على تشجيع إدارة المعرفة.
3. هناك فهم غير مناسب لإدارة المعرفة ولفوائدها للشركة.
4. عدم القدرة على قياس الفوائد المالية من إدارة المعرفة بشكل عملي ملموس.

إن التحدي الثاني من هذه التحديات قد ذكر بالتحديد ثقافة المنظمة حيث أن كلا من التحدي الأول والثالث أيضاً له علاقة بشكل مباشر على ثقافة المنظمة، حيث أن ثقافة المنظمة تدعم وتساعد في عملية تحفيز الموظفين على فهم الفوائد المتعلقة من توظيف إدارة المعرفة في المنظمة وأيضاً على البحث عن وقت من أجل إدارة المعرفة.

إن ميزات تمكين ثقافة المنظمة تتضمن فهم لقيمة التطبيق العملي لإدارة المعرفة وأيضاً تعمل على تقديم الدعم الإداري لإدارة المعرفة وعلى جميع المستويات والتي تعمل على تمكين مشاركة المعرفة وتشجيع التواصل بين الموظفين من اجل تبادل ومشاركة وإنشاء المعرفة.

- **البنية الهيكلية للمنظمة**

تعتمد إدارة المعرفة بشكل كبير على البنية الهيكلية للمنظمة، حيث أن هناك عدة مظاهر لبنية المنظمة لها علاقة كبيرة بإدارة المعرفة :

أولا : البنية الهيكلية الهرمية للمنظمة تؤثر على الأفراد وعلى كيفية تواصلهم ومشاركتهم للمعرفة كما أنها تؤثر بشكل كبير على كيفية نقل المعرفة ولمن سوف يتم نقل المعرفة من خلال نوع وطريقة التنظيم الهيكلي الهرمي للمنظمة، حيث أن التنظيم الهرمي للمنظمة له دور كبير بعملية دفق المعلومات وسير العمل ونقل المعرفة بين الأفراد.

ثانياً : أن البنية الهيكلية للمنظمة تستطيع أن تسهل إدارة المعرفة من خلال العمل المشترك بين الأفراد. أن العمل المشترك بين الأفراد هو عبارة عن مجموعة منظمة ذاتياً من الأفراد الذين يعملون من مواقع جغرافية منفصلة إلا أنهم يتواصلوا معاً وباستمرار من اجل طرح القضايا ومناقشتها حسب اهتماماتهم المشتركة.

إن تقنية العمل المشترك بين الأفراد تزود بطريقة وصول لمجموعة كبيرة من أو مجموعات الأفراد بشـكل أكبر من الطريقة التقليدية ضمن قسم ما في المنظمة لذا فهي تمكن من اكتساب معرفة من خارج حـدود المنظمـة لمصلحة المنظمة.

الفصل السادس

تأثير إدارة المعرفة على المنظمة

Organizational Impacts on KM

محتويات الفصل السادس

6- 2 التأثير على الناس

6 - 4 التأثير على المنتجات

6 - 5 التأثير على أداء المنظمات

الأهداف التعليمية للفصل السادس:

يهدف هذا الفصل إلى التعريف بأهم المفاهيم المتعلقة بتأثير المعرفة وإدارة المعرفة على المنظمة وشرح أهم المستويات التي تتواجد فيها المنظمة كما يقدم هـذا الفصل شرح لتأثير المنظمة على العديد من الكائنات في المنظمة مثل الناس والمنتج وأداء. كما يهدف هذا الفصل إلى تقديم أهم الحوافز التي تشجع المنظمات على تبني إدارة المعرفة.

الأهداف الرئيسية لهذا الفصل هي:

- التعرف على تأثير إدارة المعرفة على المنظمة والكائنات فيها.

- شرح تأثير إدارة المعرفة في المنظمة على الناس

- شرح تأثير إدارة المعرفة على تعليم الموظفين في المنظمة

- ما هو دور إدارة المعرفة في التأثير عـلى تـأقلم الموظف مع التغير في المنظمات والوضع الجديد.

- ما هي التحديات الإدارية في عمليـة تأسـيس وبنـاء نظام معلومـات متكامـل في المنظمات.

الفصل السادس

تأثير إدارة المعرفة على المنظمة

Organizational Impacts on KM

1-6 تأثير إدارة المعرفة على المنظمة Impact of KM of Organization

إن أهمية المعرفة وعمليات إدارة المعرفة تمّ إدراكها بشكل جيد في العصر الحديث فإدارة المعرفة تؤثر على المنظمات وعلى أداء المنظمات في مستويات عديدة منها شكل 6-1 :

1- الناس People
2- العمليات Processes
3- المنتجات Product
4- أداء المنظمة الكلي Organizational Performance

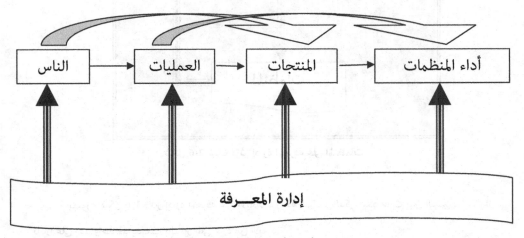

شكل 6-1 أبعاد تأثير إدارة المعرفة على المنظمة

إنه من المهم أن ندرك أن عمليات إدارة المعرفة تستطيع أن تؤثر على المنظمات في هذه المستويات الأربعة وذلك من خلال طريقتين رئيسيتين هما :

1- تستطيع إدارة المعرفة المساعدة في إنشاء المعرفة والتي سوف تساهم في تطوير وتحسين أداء المنظمات عبر الأبعاد الأربعة السابقة الذكر.

2- تستطيع إدارة المعرفة أن تتسبب بشكل مباشر بالتطوير والتحسين عبر هذه الأبعاد الأربعة.

إن هاتين الطريقتين والتي من خلالهما تستطيع إدارة المعرفة التأثير على المنظمات يمكن تلخيصها بالشكل 2-6

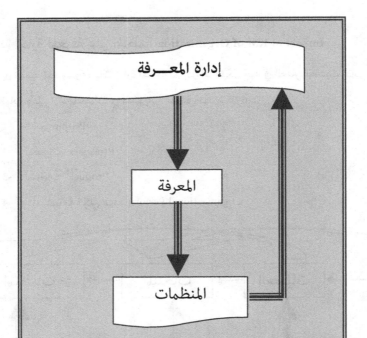

شكل 6-2 كيف تؤثر إدارة المعرفة على المنظمات

يصور الشكل 1-6 تأثير إدارة المعرفة على الأبعاد الأربعة السابقة الذكر أعلاه حيث يبين الشكل كيف أن تأثيراً على بعد واحد قد يتسبب بالتأثير على غيره من الأبعاد.

إن التأثير على ثلاثة من هذه الأبعاد (الأفراد ـ المنتجات ـ والمنظمة) تمّ تقريره بشكل واضح عبر دراسة استطلاعية من قبل مجلة إدارة المعرفة في العام 2001م حيث

اختبرت هذه الدراسة الاستطلاعية حال التطبيق العملي لإدارة المعرفة في عدد من الشركات الأمريكية حيث وجد أن هناك ثلاثة أسباب رئيسية لتبني هذه الشركات إدارة المعرفة وهذه الأسباب هي :

1- الحفاظ على خبرة الموظفين.

2- تحسين رضا الزبون لمنتجات الشركة.

3- زيادة الأرباح والعائدات المالية.

2-6 التأثير على الناس

تستطيع إدارة المعرفة أ ن تؤثر على موظفي المنظمة بطرق عديدة منها :

1- تستطيع إدارة المعرفة تسهيل عملية تعليم الأفراد (التعلم من بعضهم البعض ومن خلال المصادر الخارجية)، حيث يسمح هذا التعليم للمنظمات بأن تزدهر وتنمو بشكل ثابت وتسمح للمنظمات بأن تغير في استجابتها لحالة السوق وللتقنيات الجدية التي تظهر.

2- تتسبب إدارة المعرفة بأن يصبح الموظفين أكثر مرونة وأكثر رضا عن المنظمة وهذا يأتي بسبب تطوير إمكاناتهم بالتعلم حول حلول مشاكل الأعمال التجارية والتي تمّ العمل بها في الماضي وأيضاً تلك الحلول التي لم تكن مجدية لحل المشاكل.

- **التأثير على تعلم الموظفين**

تساعد إدارة المعرفة على تحسين تعليم الموظفين وتحسين عملية اكتسابهم للمعرفة الجديدة في مجال تخصصهم حيث يمكن إتمام ذلك بمختلف الطرق منها:

- التبرير Externalization
- العلاقة الاجتماعية Socialization
- الممارسة والتطبيق العملي Practices
- الذاتية Internalization

إن عملية التبرير ما هي إلا عملية تحويل المعرفة الضمنية إلى المعرفة الصريحة أو الظاهرة أما الذاتية فهي عملية تحويل المعرفة الظاهرية على معرفة ضمنية حيث تعمل كلاً من التبرير والذاتية معاً لمساعدة الأفراد في عملية التعليم.

ومثال على التبرير عملية إعداد تقرير حول الدروس المستفادة من مشروع ما حيث أنه وعند إعداد التقرير يقوم أعضاء الفريق بعمليات التوثيق (الذاتية) حيث يتمّ تحويل المعرفة الضمنية إلى معرفة صريحة خلال تنفيذ المشروع حيث يستطيع الأفراد الذين يتولون مشاريع أخرى استخدام هذا التقرير من أجل الحصول على المعرفة التي تمّ اكتسابها من الفريق السابق حيث يكتسب هؤلاء الأفراد المعرفة الضمنية من خلال عملية الذاتية (من خلال قراءة التقارير الواضحة ومن ثمّ اكتساب خبرة ما جاء بها الآخرون).

إن الأعمال الاجتماعية أيضاً تساعد الأفراد على اكتساب الخبرة ويتمّ ذلك عادةً من خلال دمج نشاطاتهم مثل عقد الاجتماعات وعقد المناقشات الغير رسمية، وهناك طريقة أخرى والتي يستطيع من خلالها الأفراد التعليم عبر الحياة الاجتماعية، ومن خلال استخدام التطبيق العملي في البيئة المحيطة للشركة حيث يستطيع هؤلاء الأفراد الاختلاط مع غيرهم من الأفراد خارج الشركة من أجل الحصول على المعرفة.

- **التأثير على تأقلم الموظف**

عندما تعمل إدارة المعرفة على تحفيز موظفيها من أجل الاستمرار في التعلم من بعضهم البعض فإن الموظفين يميلون إلى عرض المعلومات والمعرفة التي يحتاجون إليها من أجل التأقلم في كل مرة تتطلب فيها ظروف المنظمة ذلك وأيضاً عندما يدرك الموظفون التغيرات الممكنة والمستمرة في المستقبل فإنه من غير المحتمل أن يفاجئوا بالتغيرات الجديدة.

إن الاشتراك بالمناقشات الحرة وجلسات الحوار تعمل على إعداد الموظفين ليستجيبوا بشكل جيد للتغيرات التي تطرأ على الشركة في البيئة المحيطة بها في المستقبل وتجعلهم أكثر قابلية لتقليل هذا التغير لذا فإدارة المعرفة تعمل على تجهيز الموظفين للتأقلم بشكل كبير على الأوضاع الجديدة التي تطرأ.

- **التأثير على الرضا والأمن الوظيفي للموظف**

هناك فائدتان لإدارة المعرفة والتي تمّ اكتسابها من قبل الموظفين حسب ما تمّ مناقشته في النقطة السابقة وهاتان الفائدتان هما :

1- قدرة أفضل للموظفين على التعليم من الموظفين في الشركات الأخرى والتي تفتقر لإدارة المعرفة.

2- إن الموظفين أصبحوا أفضل استعداداً للتغيير. هذه التأثيرات تؤدي إلى شعور الموظف بالرضا والأمن الوظيفي وذلك بسبب اكتسابه للمعرفة وبسبب تحسين مهاراته وبسبب تحسين قيمتهم في السوق نسبة إلى غيرهم من موظفي الشركات.

إذن فإدارة المعرفة تعمل على زيادة معرفة الموظفين وزيادة أدائهم الوظيفي وتحسين تعليمهم واستعدادهم لتقبل التغير في المستقبل.

3-6 التأثير على العمليات

تعمل إدارة المعرفة على تطوير وتحسين العمليات والتعاملات في المنظمة مثل :

- عمليات التسويق Marketing Processes
- عمليات الإنتاج Production Processes
- عمليات المحاسبة Accounting Processes
- عمليات الهندسة Engineering Processes
- عمليات العلاقات العامة Public Relationship Processes

إن تأثيرات إدارة المعرفة يمكن النظر إليها عبر ثلاث أبعاد رئيسية هي:

1- **الاستعداد للعمل Affectivity**: وهي تمثيل العمليات المناسبة واتخاذ أفضل القرارات.

2- **الفعالية Efficiency**: تنفيذ العمليات بسرعة وبتكلفة قليلة.

3- **الإبداعية Creativity**: تنفيذ الأعمال بطريقة جديدة ومبدعة والتي تعمل على تحسين الفعالية والاستعداد للعمل.

تعمل إدارة المعرفة على تحسين المظاهر أو الأبعاد الثلاثة السابقة الذكر لعمليات المنظمة وذلك من خلال العديد من الوسائل منها:

1- معرفة أفضل ما يتمّ منحه للأفراد.

2- من خلال تقديم الحلول المتعلقة بالعمل (عبر روتين العمل والتوجيه والإرشاد).

- **التأثير على عملية الاستعداد للعمل**

تمكن إدارة المعرفة المنظمات من أن تصبح أكثر جاهزية، وذلك بمساعدة الموظفين في عملية اختيارهم الأعمال المناسبة لهم، حيث أن إدارة المعرفة الفعالة تمكن أعضاء المنظمة من جمع المعلومات التي يحتاجون إليها من أجل مراقبة الأحداث الخارجية مما يؤدي إلى تقليل الحاجة إلى تعديل الخطط لوضع طرق أكثر فاعلية من أجل تمثيل المهام، وفي المقابل فإن إدارة المعرفة العاجزة أو الفقيرة تتسبب في الكثير من الأخطاء في كثير من المنظمات وذلك بسبب مخاطرتهم بتكرار أخطأ الماضي أو بسبب عدم توقعهم ورؤيتهم للمشاكل التي قد تطرأ في العمل.

- **التأثير على فعالية العملية Process**

إن إدارة المعرفة بفعاليتها تمكّن المنظمات من أن تصبح أكثر إنتاجية وأكثر فعالية،حيث أن استخدام إدارة المعرفة وتكنولوجيا المعلومات مثل الانترنت يمكّن الشركات من زيادة عائداتها المالية وتقليل تكاليفها اليومية وتحسين عمليات الإبداع في سلسلة تعاملاتها في الشركة وخارجها.

- **التأثير على عملية الإبداع**

تستطيع المنظمات زيادة اعتمادها على مشاركة المعرفة عبر الأفراد من أجل إنتاج حلول إبداعية جديدة للمشاكل، ومن أجل تطوير عملياتها الداخلية والخارجية، وقد ثبت أن إدارة المعرفة تعتبر من المنشطات لعملية العصف الدماغي من أجل اكتشاف المخاطر والتهديدات والتي تطرأ في المستقبل.

6-4 التأثير على المنتجات

تؤثر إدارة المعرفة على منتجات الشركة بشكل واضح حيث يمكن مشاهدة هـذه التـأثيرات عـبر مظهـرين هما :

1- إضافة قيمة للمنتجات

2- منتجات مبنية على المعرفة.

حيث أن التأثير على هذين البعدين يأتي إما من خلال المعرفة أو من خلال إدارة المعرفة مباشرة، حيث أن هذه التأثيرات والتي تظهر بشكل أساسي من المعرفة يتم إنشاؤها من إدارة المعرفة كما نلاحظ في الشكل 6-3

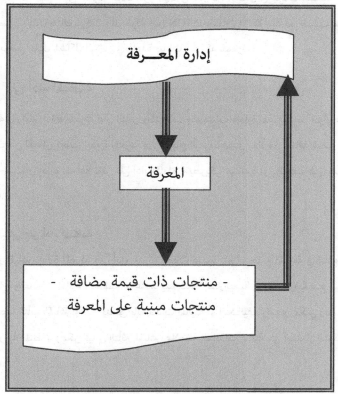

شكل 6-3: تأثير إدارة المعرفة على المنتجات

- **تأثير إضافة قيمة للمنتجات**

تستطيع إدارة المعرفة مساعدة الشركات لعرض منتجات جديدة أو تحسين المنتجات التي تقدمها وذلك بإضافة قيمة إضافية مهمة للمنتج مقارنة مع المنتج السابق.

- **التأثير على المنتجات المبنية على المعرفة**

لإدارة المعرفة تأثيراً كبيراً على المنتجات والتي تكون مبنية ومصنوعة من المعرفة (مثل الاستشارات وتطوير البرمجيات).

إن المنتجات المبنية على المعرفة تلعب دوراً مهماً في كثير من الأحيان في شركات التصنيع التقليدية.

على سبيل المثال هناك شركات مثل شركة صن SUN للحاسبات الالكترونية قد حسنت من مستوى خدمة الزبون وذلك بوضع حلول لمشاكل الزبائن في قاعدة بيانات مشاركة للمعرفة.

5-6 التأثير على أداء المنظمة

إضافة إلى تأثير إدارة المعرفة على الناس والمنتجات والعمليات فإدارة المعرفة أيضاً تؤثر على الأداء الكلي للمنظمة حيث من الممكن تحسين إدارة المعرفة من الأرباح البعيدة المدى بدلاً من إضافة قيمة فقط للشركة في الوقت الحالي حيث أن إدارة المعرفة تؤثر على أداء المنظمة بطريقة مباشرة أو بطريقة غير مباشرة كما سيتم مناقشته حالياً.

- **التأثير المباشر على أداء المنظمة**

التأثير المباشر لإدارة المعرفة على أداء الشركة يحدث عندما يتم استخدام المعرفة في إنتاج منتجات جديدة تزيد من الأرباح والعائدات المالية للمنظمة أو عندما يتمّ ضبط إستراتيجية إدارة المعرفة مع إستراتيجية العمل التجاري مثل هذا التأثير المباشر والذي يتعلق بالعائدات المالية أو التكاليف والذي يمكن ربطه بشكل واضح بإستراتيجية ورؤية المنظمة ويمكن قياس التأثير المباشر بملاحظة العائدات المالية من استثمار الشركة في المشاريع.

- **التأثير غير المباشر على أداء المنظمة**

ينتج التأثير غير المباشر لإدارة المعرفة على أداء المنظمة من مجموعة النشاطات والتي تكون غير مرتبطة بشكل مباشر لرؤية وإستراتيجية وعائدات وتكاليف المنظمة ويحصل هـذا التأثير عـلى سـبيل المثال مـن خـلال استخدام إدارة المعرفة لغرض القيادة والإدارة الفكرية في مجال العمل والتي بـدورها مـن الممكن أن تعمل عـلى تحسين ولاء الزبون، ويمكن أن يحصل هذا التأثير غير المباشر على أداء الشركة من خلال استخدام المعرفة للحصول على فوائد تنافسية نسبة إلى المنافسين وشركاء العمل وعلى عكس التأثير المباشر فإن التأثير غير المبـاشر لا يمكن أن يكون متعلقاً بالمعاملات لذا فلا يمكن قياسه بسهولة.

لذا إن الحصول على فوائد تنافسية مستمرة يمكن أن يكون من خلال تبني إدارة المعرفة وذلك بالسـماح للمنظمة بأن تعرف المزيد عن أشياء معينة أكثر من المنافسين حيث أن المنافسين من جهة أخرى سـوف يحتـاجون إلى وقت كبير لكي يحصلوا على نفس المعرفة والشكل 6-4 يلخص التـأثيرات المبـاشرة وغـير المبـاشرة لإدارة المعرفة والمعرفة على أداء المنظمة.

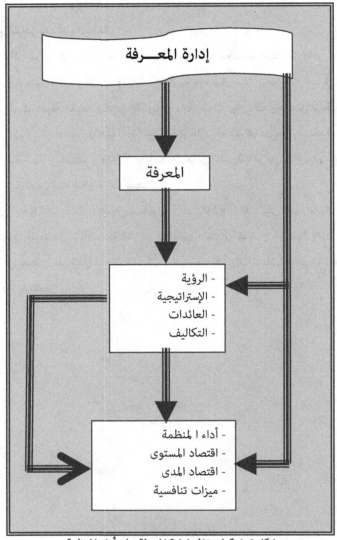

شكل 6-4 كيف تؤثر إدارة المعرفة على أداء المنظمة

الفصل السابع

تقييم إدارة المعرفة للمنظمات

knowledge management ِAssessment of an Organization

المحتوى للفصل السابع

7-1 أهمية تقييم إدارة المعرفة

7-2 أنواع تقييم إدارة المعرفة

7-2-1 وقت تقييم إدارة المعرفة

7-2-2 طبيعة إدارة المعرفة

7-3 حلول تقييم إدارة المعرفة

7-4 تقييم المعرفة

الأهداف التعليمية للفصل السابع:

يهدف هذا الفصل إلى التعريف بأهم المفاهيم المتعلقة بعملية التقييم لإدارة المعرفة كما يشرح وقت التقييم وطبيعة إدارة المعرفة كما يهدف هذا الفصل إلى تقديم الحلول المتعلقة بعمليات تقييم إدارة المعرفة وتقييم المعرفة.

الأهداف الرئيسية لهذا الفصل هي:

- التعرف على الدور الرئيسي لعملية التقييم في إدارة المعرفة وأهميتها.

- شرح أهم الأنواع المختلفة لعملية التقييم والمنتشرة في المنظمات.

- التعريف بأهم الحلول لعملية التقييم لإدارة المعرفة.

- شرح عملية تقييم المعرفة

الفصل السابع

تقييم إدارة المعرفة للمنظمات

knowledge management ِAssessment of an Organization

1-7 أهمية تقييم إدارة المعرفة

في أي مظهر من مظاهر المنظمة وعند أداء الأفراد للمهمات الموكلة إليهم فإنه من الضروري متابعة ما إذا كانت الجهود المبذولة تمكن المنظمة والأفراد من تحقيق الأهداف الموضوعة أم لا، فبدون مثل هذا التقييم يكون من المستحيل تحديد كل من المساهمات التي تقدمها هذه الجهود أو التحسينات التي تحتاج إليها المنظمة، إضافة إلى ذلك فإن تقييم إدارة المعرفة يهدف إلى تقييم الحاجة لحلول إدارة المعرفة حيث أن هذه الحلول تساعد على اكتساب والتقاط ومشاركة وتطبيق المعرفة وتساعد في عملية الحصول على التأثير والحافز والذي يستطيع من خلاله الأفراد أو المنظمة من تنفيذ مهامهم.

إن عملية تقييم إدارة المعرفة تساعد في تأسيس قاعدة لتنفيذ حلول إدارة المعرفة وهذه القاعدة تتضمن البنية التحتية والتقنيات المختلفة التي تساعد كثيراً في عملية دعم هذه الجهود.وبشكل عام إن عملية تقييم إدارة المعرفة تعتبر مظهراً مهماً في تنفيذ إدارة المعرفة حيث أن ما لا يمكن قياسه وتقييمه لا يمكن إدارته بشكل جيد.

هناك عدة أسباب لإجراء تقييم إدارة المعرفة في المنظمات قبل وبعد وأثناء تنفيذ المشاريع ومن هذه الأسباب ما يلي :

1- تقييم إدارة المعرفة يساعد على تعريف المساهمات الحالية التي تنتج من إدارة المعرفة، فهي تساعد على الإجابة على السؤال التالي :

o هل إدارة المعرفة تحسن من قدرة المنظمة أو الأفراد لتنفيذ مختلف المهمات وبالتالي تحسين الاستعداد للعمل والفعالية والإبداع؟.

2- تُحسن عملية تقييم إدارة المعرفة من فهم الجودة للجهود الموظفة في إدارة المعرفة، حيث أنها تساعد على الإجابة على السؤال التالي:

- o هل حلول إدارة المعرفة توظف بشكل مناسب احتياجات الأفراد والمنظمات ؟
- o هل هذه الجهود تنتج رأس مال فكري مطلوب لأداء مهام ا لمنظمة والأفراد؟

3- تساعد عملية تقييم إدارة المعرفة على فهم ما إذا كانت تكاليف جهود إدارة المعرفة مبررة من الفوائد التي تنتج حيث أنها تساعد على الإجابة على السؤال التالي :

- o هل الفوائد المباشرة والغير مباشرة من إدارة المعرفة تزيد أو تساوي مختلف التكاليف العارضة ؟.

4- تساعد عملية تقييم إدارة المعرفة على إدراك الفجوات التي يجب أن يتمّ معالجتها في جهود إدارة المعرفة من قبل المنظمة أو الأفراد فهي تساعد على إجابة السؤال التالي :

- o ما نوع حلول إدارة المعرفة القيمة والمحتملة والتي يفتقر إليها الأفراد والمنظمة ؟

5- تساعد عملية تقييم إدارة المعرفة في عمل خطة عمل تجارية للإدارة العليا في المنظمة وتساعد في القيام بتصميم وعمل حالة تجارية (الحالة التجارية شبيه بالخطة أو دراسة جدوى اقتصادية من اجل التبرير للإدارة القيام باستثمار جديد من المنظمة).

2-7 أنواع التقييم في إدارة المعرفة Types of Evaluation in KM

يمكن تصنيف تقنيات إدارة المعرفة بعدد من الطرق المختلفة وهذه الطرق متعلقة بالمظاهر التالية :

1- متى تمّ تقييم إدارة المعرفة ؟

2- كيف تمّ تقييم إدارة المعرفة؟

3- ما هي مظاهر تقييم إدارة المعرفة؟

7-2-1 وقت تقييم إدارة المعرفة

يمكن تنفيذ عملية تقييم إدارة المعرفة لحالات وظروف مختلفة منها :

1- يمكن تنفيذ عملية تقييم إدارة المعرفة بشكل دوري لكل المنظمة أو لأقسامها أو لقسم منها حيث يكون هدف مثل هذا التقييم هـو لمعرفة جودة حلـول إدارة المعرفة ولتعليم رأس المـال الفكـري وتأثيراتها حيث أن هذا يساعد على تعريف الأقسام التي تحتاج الشركة إلى تطويرها من خـلال إدارة المعرفة، ومثل هذا التقييم يمكن تنفيذه على سبيل المثال بإجراء استطلاع على الموظفين بحيـث يتم طرح العديد من الأسئلة المتعلقة بإدارة المعرفة والمعرفة.

2- يمكن إجراء تقييم إدارة المعرفة عند بداية مشروع إدارة المعرفة وذلك مـن أجل بناء خطة عمـل تجارية أو حالة عمل تجارية من أجل تبرير الاستثمار في مشروع جديد في الشركة ويكون هدف هـذا التقييم تعريف الفجوة في إدارة المعرفة الحاليـة في المنظمـة، ومـن أجـل اسـتنتاج الفوائـد الممكنـة لمشروع إدارة المعرفة المقترح.

3- يمكن إجراء تقييم إدارة المعرفة عند الانتهاء من مشروع إدارة المعرفة حيث يهدف هـذا التقييم إلى تحديد التأثيرات المتعلقة بمشروع إدارة المعرفة.

ومن المظاهر التي يمكن قياسها لمثل هذا التقييم عند انتهاء المشروع ما يلي :

- الملاحظات حول تحسين إدارة المعرفة في الأقسام التي تمّ التركيز عليها من قبل المشروع.

- الملاحظات حول إتاحة المعرفة في الأقسام التي تمّ التركيز عليها في المشروع.

- بعض الأدلة مـن العائـدات الماليـة (تخفيض التكلفـة – زيـادة العائـدات الماليـة – العائـدات مـن الاستثمار).

- زيادة الوعي حول أهمية إدارة المعرفة.

- زيادة الإدراك لمختلف الأقسام للمعرفة وأهميتها للمنظمة.

- مشاركة المعرفة في كل المنظمة

وفيما يلي بعض من الأسئلة الاستطلاعية والتي يمكن طرحها على الموظفين لمعرفة آرائهم حول إدارة المعرفة والمعرفة في المنظمة، حيث يجب على الموظف أن يختار واحدة من الإجابات التالية على كلّ سؤال:

1- موافق بشدة

2- موافق

3- غير موافق

4- غير موافق بشدة

5- محايد

1- أستطيع بسهولة تداول المعرفة في القسم الذي اعمل فيه ؟

2- كل فرد في المنظمة على علم ودراية بخبراء المعرفة في المنظمة.

3- المعرفة المتوفرة في القسم ذات جودة عالية..

4- أنا غالباً ما أؤدي مهماتي بدون الحاجة إلى الوصول إلى المعرفة في الشركة

5- أنا راضي كل الرضا عن المعرفة وإدارة المعرفة في المنظمة.

6- أنا دائماً اعرف أين ابحث عن المعرفة عند الحاجة إليها.

7- الجودة المتوفرة في هذا القسم تساعد على تطوير أداء المنظمة أو القسم.

8- أداء المنظمة أو القسم غالباً ما يكون غير ملائم وذلك لافتقاره للمعرفة في هذا القسم.

2-2-7 طبيعة إدارة المعرفة **the Nature of KM**

يمكن أيضاً تقييم عملية إدارة المعرفة على أساس الطريقة التي من خلالها يتمّ تقييم إدارة المعرفة حيث أن هناك طريقتين مختلفتين ومهمتين لتنفيذ عملية تقييم إدارة المعرفة هما :

- التقييم النوعي Qualitative Assessment
- التقييم الكمي Qualitative Assessment

تهدف عملية التقييم النوعي إلى تطوير مفهوم أساسي فيما إذا كانت جهود إدارة المعرفة تعمل بشكل جيد حيث أن هذه التقييمات تتكون من مهام بسيطة كالمشي حول القاعة والمباني للمنظمة، وبشكل غير رسمي عملية الدردشة مع الموظفين حول كيفية سير الأمور بالنسبة إليهم، وأيضا تتضمن مثل هذه التقييمات مقالات رسمية مبنية على مقابلات معدّ مسبقاً لإجرائها مع أفراد يتم اختيارهم بحرص كبير، وبغض النظر عن رسمية مثل هذه الحوارات إلا أنها تهدف إلى قياس جودة جهود إدارة المعرفة من أجل الحصول على النتائج المرجوة، وجودة القرارات المتخذة والإبداعات ونقل التكنولوجيا على مستوى المنظمة كما تهدف إلى التركيز على قضايا متعلقة بتطوير الوظائف ومواكبة التقدم التكنولوجي على مستوى الأفراد والمنظمة.

إن مثل هذا التقييم النوعي يمكن تنفيذه على فترات زمنية محددة في بداية المشروع أو عند الانتهاء من المشروع.

من ناحية أخرى فإن التقييم الكمي لإدارة المعرفة ينتج عنه مقاييس رقمية تدل على جودة أداء المنظمة أو أقسامها أو أداء الأفراد نسبة إلى إدارة المعرفة. إن مثل هذا التقييم الكمي يمكن أن يكون مبنياً على إجراء دراسة مسحية يتمّ من خلالها طرح العديد من الأسئلة الموضوعية ومن ثم تحليل الاستجابات وتسجيل النسب الكمية لتقييم إدارة المعرفة.

إن عملية التقييم الكمي أكثر صعوبة خلال المراحل الأولى في عملية توظيف إدارة المعرفة، لذا يفضل استخدام المقاييس النوعية من أجل تقييم إدارة المعرفة.

3-7 تقييم حلول إدارة المعرفة

إن عملية تقييم حلول إدارة المعرفة تتطلب قياس مدى المعرفة المكشفة والملتقطة والمشاركة والتي تمّ شرحها في الفصل السادس في هذا الكتاب :

يبين الجدول 7-1 المقاييس الأربعة المستخدمة في تقييم حلول إدارة المعرفة وهذه المقاييس هي :

- اكتشاف المعرفة
- التقاط المعرفة

- مشاركة المعرفة

- تطبيق المعرفة

البعد	توضيح المقاييس
اكتشاف المعرفة	• عدد المشاريع الموظفة في الأقسام مقسومة على عدد أقسام الشركة. • مدى استخدام مختلف الأفراد ذوي الخبرة المختلفة لنقل المعرفة. • تدوير الموظف (عدد الموظفين الذين يتنقلوا بمختلف أقسام الشركة كل عام). • عدد مرات جلسات العصف الدماغي. • عدد براءات الاختراعات المنشورة لكل موظف.
التقاط المعرفة	• معدل عدد نقاط النجاح السنوية. • عدد الاشتراك في المجلات العلمية لكل موظف. • حضور الأفراد للمؤتمرات والمناقشات. • عدد المحاضرات السنوية لكل موظف. • مدى استخدام عملية التعليم بالتطبيق العملي والعمل.
مشاركة المعرفة	• كمية المعلومات المستخدمة والمتاحة في صفحات الوب • كمية معلومات الشركة المحفوظة في قواعد البيانات. • حجم قواعد البيانات المتعلقة بالمناقشات. • عدد المستندات المشتركة السنوية والمنشورة لكل موظف.
تطبيق المعرفة	• تكرار النصيحة لكل موظف. • عدد اقتراحات التطوير السنوية المنفذة لكل موظف. • مستوى استخدام أنظمة دعم القرارات والأنظمة النيرة. • مدى تكرار النجاح على إدارة المعلومات في مواقع صفحات الوب.

جدول 7-1 المقاييس الأربعة المستخدمة في تقييم حلول إدارة المعرفة

4-7 تقييم المعرفة Knowledge Assessment

إن عملية تقييم المعرفة تتطلب خطوتين :

1- تعريف بالأقسام المختلفة للمعرفة والتي لها علاقة بالمنظمة أو بالقسم المعني.

2- تقييم مدى توفر المعرفة لكل الأقسام المعنية في المنظمة.

الخطوة الأولى يتمّ تنفيذها بإجراء مقابلات مع المدراء وغيرهم من الموظفين في المنظمة أو الأقسام حيث أنه من المهم تعريف عوامل النجاح الحاسمة للمنظمة أو القسم حيث أن هذه العوامل تضمن نجاح الأداء للشركة.

بعد أن يتمّ تعريف مساحات المعرفة فيجب أن يتمّ تقييم جودة هذه المعرفة المتوفرة وذلك بإجراء دراسات مسحية أو مقابلات لموظفي الشركة حيث يطلب منهم تقييم لبعض العناصر والمتعلقة بالمعرفة.

الفصل الثامن

استخدام التقنيات في إدارة المعرفة: الذكاء الصناعي

Technologies to Manage Knowledge: Artificial Intelligence

محتوى الفصل الثامن

الأهداف التعليمية للفصل الثامن:

يهدف هذا الفصل إلى التعريف بأهمية استخدام تقنيات الذكاء الصناعي في أدارة المعرفة ووظائفها من عمليات إنشاء المعرفة واكتسابها وحفظها ومشاركتها كما يتم التطرق إلى بعض الأنظمة المبنية على المعرفة وشرح وجهات النظر المختلفة لها.

الأهداف الرئيسية لهذا الفصل هي:

- **التعرف على دور التقنيات الحديثة في إدارة المعرفة**
- **ما هو الذكاء الصناعي وفوائده للإدارة المعاصرة**
- **شرح وتقديم مفصل للأنظمة المبنية على المعرفة من وجهات نظر مختلفة.**
- **شرح وجه نظر مطورين الأنظمة المبنية على المعرفة ووجهة نظر المستخدم النهائي لهذه الأنظمة.**

الفصل الثامن

استخدام التقنيات في إدارة المعرفة : الذكاء الصناعي

Technologies to Manage Knowledge: Artificial Intelligence

1-8 مقدمة

لقد أصبح اقتصاد المعرفة أحد التوجهات الاقتصادية الرئيسية إن لم نقل أحد أهم التوجهات الاقتصادية في عالم اليوم في الدول المتطورة، والدول النامية. ويتميز اقتصاد المعرفة بسرعة تطوره ونمائه، وديناميكيته، وعدم اعتماده على أصول رأسمالية تقليدية كبيرة. إضافة إلى أنه اقتصاد عالمي لا يعرف الحدود الجغرافية، ولا الانتماء الوطني. وبما إن آليات نقله وتطويره بسيطة وعالمية الطابع وصعبة الضبط، لذا لا بد للمنظمات الصناعية بشكلٍ عام، والبحثية الصناعية بشكلٍ خاص، من استثمار رأسمالها المعرفي، وتسخيره وتطويره والاستفادة من الفرص المتاحة له كما لا بد لها من استثمار أفضل التقنيات الحديثة من اجل توظيفه بشكل أكثر كفاءة وفاعلية لتحقيق أفضل طريقة للوصول إلى الأهداف.

2-8 إدارة المعرفة والبحث العلمي Scientific Research and KM

تتشكل المعرفة، بتوفر المعلومة الصحيحة، وتلقيها من قِبَلِ باحث أو فريق عمل متخصص وقادر، ووجود حاجة فعلية لتطبيق هذه المعرفة في تطوير فكرة أو منتج، أو حل إشكالية معينة، فالمعلومة مهما بلغت دقتها، أو صحتها لا تعني شيء لباحث أو فريق عمل غير مختص، وذلك بسبب أن مردودها قليل إذا أن الباحث أو فريق العمل، غير معني مباشرةً في حل مسألة مرتبطة بماهية المعلومة المتوفرة. كما أن البحث والتطوير يهدف إلى تطوير المعرفة في المؤسسات لأهداف مختلفة، ومن خلال استراتيجيات تتمحور جميعاً حول التفوق والتميز، وزيادة الأرباح، ومن أهم هذه الاستراتيجيات:

1- استراتيجيات تطوير المعرفة في الصناعة:

2- إستراتيجية تطوير المعرفة لتطوير قطاع الأعمال.

3-إستراتيجية زيادة القدرات المعرفة العلمية والثقافية في المؤسسة.

4 -إستراتيجية زيادة القدرات المعرفية الفردية في المؤسسة.

5- إستراتيجية خلق معرفة جديدة.

إن عملية تطوير المعرفة في مراكز البحث والتطوير المستقلة عن المنظمة يتم من خلال العديد من النشاطات أبرزها :

- طلب محدد من جهة محددة
- تطوير معارف محددة ونقلها إلى الصناعة.
- تطوير معارف مشتركة.

كما أن آليات إدارة المعرفة في مراكز البحث والتطوير وتهدف إدارة المعرفة بشكلٍ عام إلى:

- تأمين إمكانية إغنائها بالملاحظات، والتعديلات المقترحة من خلال التطبيق (الأعمال التصحيحية، والأعمال الوقائية).
- تأمين سهولة استخدامها في عملية تطويرها، أو توليد معارف جديدة مبنية عليها
- تأمين سهولة الوصول إليها من قِبَلِ الباحثين العاملين في المؤسسة أو مراكز البحوث المتعاونة، دون أن يؤثر ذلك على التفريط بسرية الجوانب الحرجة فيها

إن إدارة المعرفة تعني بخلق علاقة تفاعلية بين العاملين في المؤسسة، أو بين المؤسسات المشاركة في برنامج إدارة المعرفة من جهة، وتطوير الإرث المعرفي، والواقع العملي من جهةٍ أخرى، لما فيه خير جميع الأطراف المشاركة. وتتمحور أعمال إدارة المعرفة في مراكز البحث والتطوير حول محوريَن رئيسيَن:

- إدارة المعرفة الواضحة وتطويرها
- إدارة المعرفة الضمنية وتطويرها

إذا أردنا إدارة المعرفة في هذيَن المحوريَن، لا بد لنا من معالجتهما بطريقةٍ مناسبة لآلية الإدارة المتوفرة في المؤسسة، يدوية كانت، أو إلكترونية. ففي الحالة الأولى يجب أن تعالج المعطيات بالطرق الورقية، أما في الحالة الثانية فيجب أن يتم استخدام تقنيات المعلومات الحديثة كالحاسوب والانترنت وبرمجياته المختلفة ويجب على العاملين في المؤسسة إتقان استخدام هذه التقنيات المستخدمة للتعامل مع المعلومات المعرفية، وهذا يتطلب إعادة هيكلة المؤسس والهيكلية التنظيمية والتجهيزات، حيث تمتاز تقنية المعلومات كالحاسوب بالعديد من الميزات تجعل منها الوسط المناسب للعمل في إدارة المعرفة ومن هذه المميزات :

- سرعة في الوصول إلى المعلومات.
- سهولة في التعديل.
- سهولة في الاستخدام.
- سهولة في النقل.
- انخفاض في الكلفة.
- ضمان أعلى لأمن المعلومات.

كما أن للحاسوب فوائد واستخدامات كثيرة يصعب علينا ذكرها في هذا الكتاب وهذه الفوائد تنبع من مميزاته التي يمتاز بها ومن أهم هذه الميزات:

1- سرعته في معالجة البيانات وإخراج النتائج.

يستطيع الحاسوب إجراء مليارات من العمليات الحسابية والمنطقية في ثواني بسيطة، لقد أصبحت الحاسبات سريعة جداً بحيث يتواجد حاسبات سرعتها تفوق أربعة مليارات عملية حسابية او منطقية بالثانية الواحدة 4GHz وهو ما لا يستطيع الإنسان ان يقوم به، وتعمل السرعة العالية على توفير الوقت والجهد والمال مما أدى إلى استخدامه في الشركات بسبب سرعته في استرجاع البيانات ومساعدته للإدارة في اتخاذ القرارات وإجراءه للعمليات والحركات التجارية بشكل سريع وفعال.

2- **والدقة المتناهية في إجراء العمليات الحسابية والمنطقية.**

إن الحاسوب يستطيع أن يخرج النتائج بدقة متناهية قد تصل إلى مئات الخانات على يمين الفاصلة العشرية، وهذه النتائج تكون خالية من أي أخطاء إذا تم إدخالها بشكل صحيح، وإذا كان الحاسوب يخلو من الأعطال أو الفيروسات والتي تعمل على تدمير البيانات والبرامج، ويجب أيضاً وضع الحاسوب في بيئة مناسبة بحيث تكون درجة الحرارة غير مرتفعة أو منخفضة حتى لا تؤدي إلى تمدد أو تقلص بعض الدارات الالكترونية الموجودة فيه مما يؤدي إلى عدم دقة في النتائج.

3- **القدرة على حفظ كميات هائلة من البيانات.**

إن أهم ميزة يمتاز بها الحاسوب هي القدرة على حفظ البيانات واسترجاعها بسرعة ودقة فائقة على أقراص ضوئية أو أقراص مغناطيسية Magnetic Disk أو أقراص صلبة Hard Disk بحيث يمكن حفظ ملايين الكتب في جهاز كمبيوتر واحد. وقد أدت هذه الميزة إلى استخدام الحاسوب في الإدارة واتخاذ القرارات لسرعة الحصول على البيانات والمعلومات منه مما أدى إلى ازدياد استخدام الحاسبات الالكترونية في إدارة أنظمة المعلومات Management Information System بشكل كبير، بحيث أصبح أداة أساسية للمدير تساعده في التخطيط والتنظيم والتنسيق والمراقبة بشكل دقيق وفعال لإعماله كلها.

4- **القدرة على العمل بشكل متواصل بدول ملل أو كلل.**

إن الحاسوب الحديث تمّ تصميمه ليعمل 24 ساعة في اليوم بدون الحاجة إلى صيانة أو الوقوع في أخطاء بحيث أصبحت الحواسيب تقاس اليوم بالسنوات بعد أن كانت قديماً تقاس بالساعات.

ونظراً لصعوبة إدارة المعرفة الضمنية آلياً، فلا بد من القيام بذلك بشكل يدوي يعتمد بشكل أساسي على:

- o عقد لقاءات أو ندوات علمية داخلية محددة بموضوع محدد.
- o تنظيم حلقات حوار لفرق عمل متخصصة بهدف تطوير أحد معارف المؤسسة.
- o تنظيم حلقات حوار متخصصة، وغير متخصصة لدى إدخال واعتماد معارف جديدة في المؤسسة.
- o تشجيع رفع المقترحات التطويرية ومكافأتها لأي سببٍ كان.
- o توثق جميع هذه النشاطات بشكل إلكتروني.

3-8 الذكاء الصناعي :تعريف ومنظور تاريخي

تعتبر الحاسبات أدوات ممتازة في تنفيذ المهام المتكررة والمنطقية مثل العمليات الحسابية المعقدة وحفظ واسترجاع البيانات , حيث أن الحاسوب يتكون من معدات وبرمجيات، وهذه البرمجيات بدورها تعمل على تعريف الحاسوب ومكوناته وتشغيله والاستفادة منه وهذه البرمجيات مركبة على شكل برمجيات (تعليمات) يتم تغذيتها للحاسوب.

وهذه البرمجيات يتم تصميمها من قبل مصممي البرامج حيث أنه هناك برمجيات ذكية تعمل من خلال الحاسبات الالكترونية على اختلاف أنواعها من محاكاة سلوك البشر في بعض أعماله.

لذلك يمكن تعريف الذكاء الصناعي بأنه مجال دراسة يتكون من تقنيات حاسوبية لتنفيذ مهمات تتطلب ذكاءً عند تنفيذها من قبل البشر.

إذن فالذكاء الصناعي عبارة عن تقنيته لمعالجة المعلومات تتعلق بعمليات مثل:

- o الاستنتاج Conclusion
- o التعلم learning
- o الفهم Observation
- o محاكاة أعمال البشر Human work Simulation

كما انه يمكن تعريف الذكاء الصناعي بدقة أكثر على أنه العلم الذي يمد الحاسبات بالمقدرة على تمثيل ومعالجه الرموز لكي يتم استخدامها في حلّ المشكلات المستعصية الحلّ وذلك من خلال برمجيات ونماذج محسوبة.

إن معظم أنظمة الذكاء الصناعي تمّ إنشاءها بناءً على الذكاء المتعلق بالمعرفة وهذه المعرفة متعلقة بالرموز والتي يتم معالجتها وذلك من أجل حلّ المشاكل. حيث أن فكرة آليات الذكاء كانت موجودة منذ بدء عصر المعلومات في الخمسينات حيث كان التركيز على أبحاث الذكاء الصناعي المتعلقة بألعاب الكمبيوتر وترجمة الآلة للغات البشرية.

ومن الأمثلة على ألعاب الذكاء الصناعي لعبة الشطرنج حيث يتطلب إعداد هذه اللعبة قدرات وذكاءً كبيراً.

وهناك أيضاً الكثير من الأبحاث المتعلقة بالذكاء الصناعي والتي تمّت على العديد من المواضيع مثل :

- فهم لغات البشرNatural Language
- التصنيف Classification
- التشخيص Diagnostic
- التصميم Learning
- تعليم الآلة Machine Learning
- التخطيط وجدولة المهام Planning and Scheduling
- الروبوتات Robotics

4-8 الأنظمة المبنية على المعرفة Knowledge Based System

يمكن تعريف النظام المبني على المعرفة بأنه نظام محوسب يستخدم مجال المعرفة للوصول إلى حلّ مشكلة ضمن هذا المجال وهذا الحلّ يتم استنتاجه من قبل شخص خبير ذو معرفة بهذا المجال.

للأنظمة المبنية على المعرفة الكثير من الفوائد والمساوئ بالمقارنة مع غيرها من الحلول مثل البرمجيات التطبيقية التقليدية أو تقديم الحلول من قبل البشر بدون الحاسوب ومن أهم فوائد الأنظمة المبنية على المعرفة:

1. توزيع عالمي واسع للخبرة والمعرفة

تعمل الأنظمة المبنية على المعرفة على إعادة إنتاج المعرفة والمهارات المقدمة من الخبراء والذين لهم معرفة كبيرة بمجال معين وهذه القدرة لهذه الأنظمة تسمح بتوزيع هذه الخبرة إلى كافة أنحاء العالم بتكلفة معقولة.

2. سهولة التعديل

يمكن التعديل على هذه الأنظمة المبرمجة وتطويرها بسهولة وعلى فترات دورية.

3. الثبات في تقديم الإجابات

حيث أنه لكل خبير طريقة مختلفة للإجابة على نفس المشكلة وحيث أنه من الممكن تقديم أكثر من حلّ لنفس المشكلة لذا فإنه وفي ظروف مختلفة قد يؤدي كل ذلك إلى حدوث أخطاء وعثرات، ومن ناحية أخرى فإن استخدام الأنظمة المبنية على المعرفة تقدم إمكانيات حلّ المشاكل بشكل ثابت حيث تقدم الأجوبة بشكل موحد في كل الأوقات.

4- الوصول والإتاحية Availability

تزود الأنظمة المبنية على المعرفة بوصول كامل للمعلومات طيلة اليوم ولمدة 24 ساعة في اليوم و7 أيام في الأسبوع حيث أن هذه الأنظمة تعمل بالحاسوب فهي لا تمرض ولا تستريح ولا تأخذ أي إجازة.

5- حفظ الخبرات

حيث تحفظ هذه الأنظمة معارف وخبرات الخبراء الذين على وشك أن يتقاعدوا أو الذين لا يتمتعون بصحة جيدة.

6- حلّ المشكلات يتطلب بيانات غير كاملة

إن الأنظمة المبينة على المعرفة لها قدرات على حلّ المشكلات حتى لو كانت البيانات غير كافية وهذه فائدة جيدة وذلك لأن البيانات نادراً ما يتم توفيرها بشكل كامل إلى العالم الحقيقي.

7-تفسير الحلّ

تعمل الأنظمة المبينة على المعرفة على متابعة المعرفة المستخدمة لتوليد الحلول لذا فعندما يستعلم بعض المستخدمين عن بعض الإيضاحات عن كيفية اشتقاق النتائج , تقوم هذه الأنظمة بمساعدة المستخدم وتعمل على توضيح وتبرير النتائج له بشكل كامل.

بالرغم من كل هذه الفوائد للأنظمة المبنية على المعرفة إلا أنها غير كاملة ولديها العديد من المساوئ والتي لا بد من مستخدم هذه الأنظمة أن يدركها.

1- **الإجابات قد لا تكون دائماً صحيحة.**

حيث أنه في كثير من الأحيان قد يخطأ الخبراء وبالتالي فإن هذه الأنظمة التي قد تمّ تغذيتها بهذا الخطأ قد تقدم حلول خاطئة حيث يكون تكلفة هذه الأخطاء عاليةً جداً مثل التقارير المتعلقة بالضرائب أو أنظمة المراقبة للمعدات الثمينة أو غيرها.

2- **عدم المقدرة على إدراك حدود هذه الأنظمة**

تقدم الأنظمة المبنية على المعرفة دائماً حلولاً حتى ولو كانت هذه الحلول ليست من ضمن مجال الخبير, وبالنتيجة فإنه قد تنتج العديد من الإجابات الخاطئة.

3- **الافتقار إلى الحسّ العام**

إن المعرفة المتعلقة بالحس العام لا يمكن تمثيلها بشكل سهل في الأنظمة المبينة على المعرفة , بعض بمقاييس الحس العام يمكن تمثيلها لكن لابد من القيام بذلك بشكل واضح على سبيل المثال: أنه من المعلوم وتحت ظروف طبيعية إذا قمنا بإلقاء طوبة من نافذة الدور العشرين فإنها سوف تسقط على الأرض وإنها سوف تؤدي إلى إصابات أو إلى دمار، لذا فإنه إذا ما تمّ بوضوح اختبار المطور للأنظمة المبنية على المعرفة بهذه القاعدة فإن هذه الأنظمة لن تعرف أو تدرك هذه الأمر وذلك لأن هذه الحقيقية هي معرفة عامة وليست ضمن المجال.

إن الذكاء الصناعي والأنظمة المبينة على المعرفة تمد بتقنيات معلومات مهمة تساعد في تغذية ونمو إدارة المعرفة والسبب في ذلك هو أن الذكاء البشري ليعتمد بشكل كبير على المعرفة والذكاء الصناعي والأنظمة المبنية على المعرفة تتفاعل بشكل كبير مع

المعرفة فهما يوظفان المعرفة بمختلف الأنواع وذلك لمواجهة وحلّ المشكلات، وحقيقةً فإنه يمكن أن يقال أن ظهور مثل هذه التقنيات زود بالشعلة التي أدن إلى ظهور الأنظمة المختلفة لإدارة المعرفة والتي تمّ مناقشتها في الفصل السادس من هذا الكتاب.

إن طرق الذكاء الصناعي تتعلق بعمليات بحث من أجل الوصول للحل وهذا البحث المبني على أساليب الذكاء الصناعي بعمل على مسح المجال من أجل البحث عن ممر أو طريق يوصل بين الوضع الحالي والوضع المنشود المراد تحقيقه حيث أن هذا الممر يمثل سلسلة من الخطوات والقرارات والإجراءات والتي توصل إلى الهدف الموضوع.

إن النسخ الحديثة من أساليب الذكاء الصناعي والموجودة حالياً في الأسواق أضافت معارف عامة على شكل وظائف تقييم فعالة من أجل البحث عن أفضل ممر أو طريق وصول إلى الهدف. لذا فإن استخدام مثل هذه المعرفة ضروري جداً في تسهيل البحث عن الممر المناسب والصحيح للوصول إلى الهدف إلا أن هذه الوسائل ما زالت غير كافية لحلّ المشكلات المستصعبة والتي يسهل حلّها من قبل البشر.

5-8 الأنظمة المبنية على المعرفة من وجهات نظر مختلفة

إن الأنظمة المبنية على المعرفة تذكرنا بقصة الخمس أشخاص فاقدي البصر، واللذين لأول مرة واجهوا فيلاً ضخماً في طريقهم حيث أن كل واحد منهم تحسس هذا الفيل ووصفه حسب وجهة نظره، فالذي تحسس الذيل قال إن هذه أفعى، والذي تحسس قدم الفيل قال إن هذه شجرة كبيرة، والذي تحسس جسم الفيل قال إن هذا جدار, والذي تحسس أذن الفيل قال إن هذه مروحة.

وبشكل مشابه فإن الأنظمة المبنية على المعرفة من الممكن أن تظهر بطريقة مختلفة وذلك بالاعتماد على وجهات نظر مختلفة كما في قصة الفيل والأشخاص الخمس فاقدي البصر.

إن كل رجل أعمى قد اختبر مظهراً محدداً حول الفيل وشكُل انطباعه بناءً على المعلومات الثابتة والمحفوظة لديه والخاصة به، لذا فعندما نتعلم الأنظمة المبنية على المعرفة يجب أن نكون حذرين وأن نتعامل مع الشكل الكلي وليس الجزئي للمعلومات والبيانات والأحداث وبدون ذلك قد نكون كهؤلاء الرجال الخمسة.

وهناك وجهتي نظر مختلفتين متعلقة بالأنظمة المبنية على المعرفة هما :

1- وجهة نظر المستخدم النهائيEND USER للنظام المبني على المعرفة.

2- وجهة مطور Developer النظام المبني على المعرفة.

1-5-8 وجهة نظر المستخدم النهائي للنظام المبني على المعرفة

وجهة النظر هذه تخص المستخدمين النهائيين للنظام وهم الأفراد الذين من أجلهم تمّ تطوير النظام المبني على المعرفة شكل 8-1يبين وجهة النظر هذه.

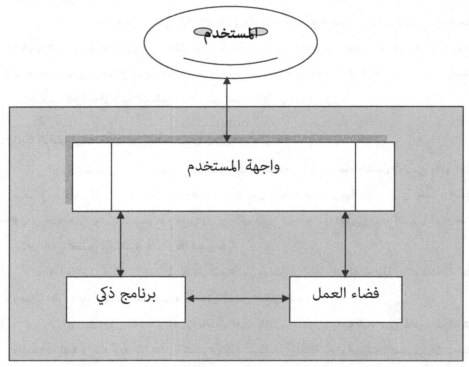

شكل 8- 1 وجهة نظر المستخدم النهائي للنظام المبني على المعرفة

ومن وجهة نظر المستخدم النهائي فإن النظام المبني على المعرفة يتكون من ثلاث مكونات أساسية هي :

1- البرنامج الذكي Intelligent Program

وهو قلب النظام المبني على المعرفة من وجهة نظر المستخدم النهائي فهو الذي يقدم الحلول لمشاكل المستخدمين، وطريقة عمله لا تهم المستخدمين حيث أن المستخدم يهتم أن هذا النظام يعمل ويلبي طلبه وبشكل فعّال.

إن المستخدم النهائي ينظر إلى البرنامج الذكي على أنه صندوق أسود يحتوي على المكونات التي تعمل على تعليم المعرفة من أجل حلّ المشكلات والإجابة على الأسئلة أو تحقيق الأهداف المتعلقة بالأنظمة المبنية على المعرفة.

2- واجهة المستخدم User Interface

وهي نافذة المستخدم إلى هذا البرنامج ومن خلال هذه الواجهة يستطيع المستخدم التحكم في النظام لحل مشكلاته الحالية، حيث تزود واجهة المستخدم بالعديد من الوظائف التي تسمح للمستخدم بتعليم المعرفة، إلا أنها لا تزوده بالوصول إلى هذه المعرفة ومن الأمثلة على الوظائف التي يستطيع المستخدم القيام بها من خلال واجهة المستخدم هذه:

أ- تمكين البرنامج الذكي لعرض أسئلة على المستخدم تتعلق بالمشكلة.

ب- تزود المستخدم بتوضيحات حول أسئلة معينة.

ت- تسمح للمستخدم بالاستعلام من البرنامج الذكي حول لماذا وكيف تمّ اتخاذ قرار معين ؟

ث- عرض وطباعة النتائج

ج- تزود المستخدم بنتائج على شكل مخططات ورسومات بيانية.

ح- تسمح للمستخدم بحفظ وطباعة النتائج.

3- قاعدة البيانات المتعلقة بالمشكلة Problem specific Dbase

وهذه تحتوي على المكونات النهائية المرئية للمستخدم النهائي حيث أن قاعدة البيانات هذه تشكل فضاء العمل والذي من خلاله يقوم النظام بقراءة المدخلات وطباعة المخرجات له فهي تحتوي على كل المعلومات والتي يتم تزويدها إما بشكل تلقائي أو عبر لوحة المفاتيح حيث تحتوي قاعدة البيانات هذه على معلومات حول المشكلة الحالية

(المدخلات) وتحتوي أيضاً على النتائج التي يقوم البرنامج الذكي باستنتاجها حيث تضم هذه النتائج الحلول المطلوبة من المستخدم.

2-5-8 وجهة نظر المطورين للنظام المبني على المعرفة

يسمى مطوري النظام المبني على المعرفة بمهندسي المعرفة Knowledge Engineer حيث من الممكن أن يبني مهندس المعرفة النظام المبني على المعرفة وذلك للتواصل الشخصي مع خبير المجال أو مع غيره من الأشخاص ذوي المعرفة بالمجال ويتم ذلك من خلال سلسلة من المقابلات يجريها مهندس المعرفة مع هؤلاء الأفراد حيث يعمل هذا المهندس على استخلاص المعرفة من الأفراد وتوظيفها في النظام المبني على المعرفة وذلك باستخدام برامج تمثيلية للنظام مثل :الأطر والمعايير والقواعد -----الخ. شكل 8-2

وحالياً يتوفر العديد من الأدوات المؤتمتة والتي تساعد مهندس المعرفة في عمله مما توفر عليه الكثير من الوقت إلا أن هناك الكثير من الوقت يضيع في إجراء سلسلة المقابلات مع الأفراد المعنيين.

ويتوفر في الأسواق التجارية العديد من الأدوات المستخدمة في الأنظمة المبنية على المعرفة وهذه الأدوات عبارة عن برمجيات تساعد مهندس المعرفة في تطويره للأنظمة المبنية على المعرفة وهذه الأدوات تسمى برامج الأنظمة الخبيرة حيث تتوفر هذه البرامج بأسعار تتفاوت بين العشرة إلى مئة الف دولار أمريكي، حيث يعتمد سعر هذه الأدوات على الميزات والفوائد التي تقدمها هذه الأدوات ويمكن تصنيف هذه الأدوات إلى أربعة أصناف هي :

1- **البرامج الاستهلالية**

وهذه البرامج تزود مهندس النظم بأمثلة عن الحالات مع تبيان تأثير نتائجها.

2- **برامج مبنية على القاعدة**

وهي من البرمجيات الشائعة الاستخدام حيث تتنوع من البسيطة إلى المعقدة حيث تمتاز هذه البرامج بواجهات مستخدم حيث تضم أشجار القرارات، حيث تعمل على حلّ

مشاكل بسيطة نسبياً ومن الممكن أن تتنوع هذه البرمجيات لتحل مشاكل أكثر تعقيداً (باستخدام قاعدة إذ----
إذاً).

3- البرامج الهجينة

وهي أكثر البرامج تعقيداً وتدعم أنواع عديدة من المعرفة حيث تسمح لهندسة المعرفة بتمثيل المعرفة
بقواعد وإطارات.

4- برامج الأغراض الخاصة

وهي مصممة لحلّ أنواع محددة من المشاكل مثل المراقبة والتشخيص.

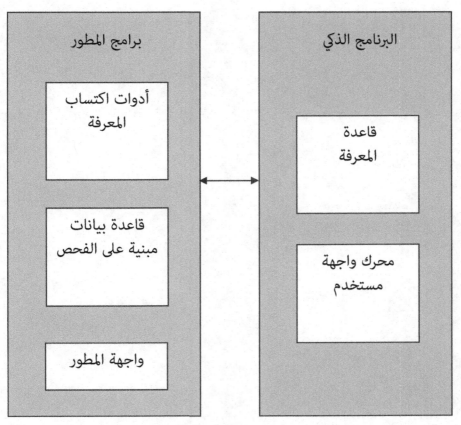

شكل 8-2 وجهة نظر المطور للأنظمة المبنية على المعرفة

الفصل التاسع

تقنية الانترنت والمعرفة

And Knowledge Internet Technology

المحتويات

الأهداف التعليمية لهذا الفصل:

يهدف هذا الفصل إلى تقديم أهم التقنيات المتطورة في الشركات العصرية الرقمية ومن ضمنها الانترنت والتي تستخدم كقاعدة وأساس العديد من الأعمال التجارية الالكترونية وكوسيلة اتصالات فعالة في العملية الإدارية، حيث يفصل هذا الفصل أساس الشبكات والبنية التحتية لها وشرح للكثير من القضايا والمصطلحات المهمة.

بعد إتمامك لهذا الفصل سوف تكون قادراً على :

• التعرف على مفهوم الانترنت والانترانت والاكسترانت

• التعرف على مدى التجارة الالكترونية وخصائصها العامة.

• التعرف على تقنية البنية التحتية للتجارة الالكترونية.

• التعرف على كيفية التخطيط لبناء الانترنت ودور الاتصـالات والبريـد الالكـتروني في التجارة الالكترونية.

• التعرف على مفهوم مبدأ الخادم/عميل وعملية الدعم الفني والإداري لهذا المبدأ.

• التعرف على دور كل من الانترانت والاكسترانت في التجارة الالكترونية.

• التعرف على بعض النقـاط المهمـة والتـي يجـب أخـذها بعـين الاعتبـار عنـد تبنـي التجارة الالكترونية.

الفصل التاسع

تقنية الانترنت والمعرفة

And Knowledge Internet Technology

1-9 مقدمة

إن العديد من إدارة المعرفة تتطلب عمليات توصيل المعرفة بين الأفراد، ومؤكد أن المعرفة يجب أن يتم تطبيقها حتى تصبح مفيدة حيث أنه كلما كان تطبيق المعرفة أوسع كانت الفائدة للمؤسسة، إن مثل هذا التطبيق المنتشر للمعرفة يأتي من عملية توصيل للمعرفة على طبيعتها أو على شكل يتم تمثيله الكترونياً إضافة إلى ذلك فإن إدارة المعرفة تستفيد من المساهمات العالمية والتي من الممكن تحصيلها من وسائل الاتصالات المختلفة حيث انه سوف يتم التطرق إلى العديد من تقنيات الاتصالات والتي تسمح بزيادة فاعلية توصيل المعرفة للمنظمات والأفراد.

في العصر الحديث وفي عصر ما قبل المعلومات كانت هناك طريقتين للاتصالات يتم تفعيلها عبر خطوط الهاتف حيث أنه من الممكن للأطراف المتصلة عبر الهاتف التحدث معاً وفي نفس الوقت وفي الوقت الحقيقي كما لو أنهما يتقابلان وجه لوجه وهذه طريقة اتصالات جيدة كانت متوفرة في ذلك الوقت.

وفي بيئة الأعمال التجارية للعصر الحديث أصبحت هناك العديد من الوسائل الرقمية والتي تستخدم للتواصل بين الأطراف حتى وان لم يكونوا متواجدين للرد على الهاتف مثل استخدام جهاز الرد الآلي والذي أصبح شائعاً ومستخدماً بشكل كبير وقد بقيت الاتصالات محدودة إلى أن ظهرت الحاسبات الالكترونية الرقمية والانترنت والشبكة العنكبوتية حيث أوجدت ثورة في الاتصالات ومشاركة المعلومات عبر شبكات الحاسوب السلكية واللاسلكية

9 - 1 الانترنت والاكسترانت Internet and Extranet

- **ما هي الانترانت؟ What is Intranet**

إن الكثير من الشركات الصغيرة استفادت وتمتعت كثيراً بفوائد العمل عبر بيئة الشبكات المحلية الانترانت وذلك لأنهم وجدوا طريقة جديدة للتعاون والتنسيق فيما بينهم أثناء العمل وعلى مدار الساعة، إن الانترانت ببساطة هي مجموعة من أنظمة توزيع للمعلومات Information Distribution Systems تقوم بتطبيق تكتولوجيا الانترنت والمعايير الخاصة بها عبر شبكة محلية داخلية للشركة أو المؤسسة، إن هذه الشبكة تربط كل مصادر الشركة من معلومات وملفات وقواعد بيانات وأجهزة مثل الطابعات والماسحات الضوئية وأجهزة الفاكس مودم وبرامج مثل البريد الالكتروني المحلي وغيرها بحيث يتم تبادل المعلومات وتداولها بطريقة منظمة كل حسب صلاحيته المعطاه له. إن شبكة الانترانت تعتبر طريقة مثالية لأداء العمل الجماعي بطريقة سهلة وسريعة وشيقة.

إن الانترانت ما هي إلا مشروع للاتصالات بين الموظفين في الشركات وفي مختلف الأقسام والأفرع المختلفة للشركة، ولا بد من وجود فريق فني كامل للشبكة يتكون هذا الفريق من :

- مدير للشبكة Administrator كي يقوم بكل العمليات المطلوبة مثل عملية اعطاء اسماء الحسابات accounts والكلمات السرية Passwords وحلّ المشكلات Troubleshooting الفنية والبرمجية والتي قد تطرأ أثناء العمل على الشبكة.
- مدير لقاعدة البيانات Database administrator وهو مسؤول عن إدراة قاعدة البيانات وتنظيمها في الحاسبات الرئيسية.
- فريق فني للصيانة وحل المشكلات التي قد تطرأ عند المستخدمين.
- فريق للنسخ الاحتياطي وللتزويد بالمستلزمات الضرورية للشبكة من أقراص نسخ وأوراق وحبر للطابعات وعمليات صيانة دورية وتنظيف للأجهزة والخادمات وغيرها من الوظائف المتعلقة بالشبكة.

إن شبكة الانترانت تعتمد على مبدأ الخادم / عميل Client/Server حيث تتكون الانترنت من ملايين من أجهزة الحاسوب المتصلة مع بعضها البعض فمنها أجهزة خاصة صغيرة يقوم الأفراد بالشبك بالانترنت عبرها، مثل جهاز الكمبيوتر الشخص أو جهاز الهاتف النقال وهناك أيضاً أجهزة كبيرة تقوم بخدمة هؤلاء الأفراد حيث تلبي كل طلباتهم مثل خادمات البريد الالكتروني Mail Server حيث تقوم على الإشراف والإدارة لكل عمليات ارسال وتلقي البريد الالكتروني وخادمات الويب Web Serve حيث تعمل على تحميل الصفحات إلى أجهزة المستخدمين من قواعد البيانات المحفوظة في أجهزة كمبيوتر كبيرة ذات قدرات كبيرة. يتم الاتصال والتواصل بين كل أجهزة الكمبيوتر حول العالم في الانترنت باستخدام بروتوكول TCP/IP وبروتوكولات أخرى تعتمد على نظام التشغيل المستخدم تساعد في عملية نقل المعلومات ومشاركتها بين مختلف الأجهزة، كما وأن هناك جدر نارية Firewalls تمنع شبكات أخرى ومستخدمين غير مصرح لهم من الوصول إلى شبكات محلية خاصة تمنعهم من استخدام مصادرها.

الانترانت مفيدة جداً في الأعمال الالكترونية وخاصة من النوع B2B أو التعاملات التجارية بين الشركات، حيث تعمل على مشاركة المعلومات والتنسيق بين أقسام الشركة المختلفة مثل قسم الحسابات والمبيعات والانتاج والتسويق بشكل فعّال وسريع وبدون إعاقات، وتعمل على تقليل الجهد والتكلفة اللازمة لإجراء مختلف الأعمال والحركات التجارية المطلوبة.

9 – 1 – 1 فوائد الانترانت Benefits of Intranet

منذ فترة طويلة والشركات تبحث عن وسيلة فعالة وغير مكلفة لزيادة الاتصالات بين الموظفين داخل الشركة وذلك لزيادة عملية التنسيق والتنظيم لتوزيع المعلومات وإجراء المخاطبات بين الموظفين من جهة والموظفين والإدارة من جهة اخرى والانترانت تعتبر الوسيلة المثلى لذلك فهي غير مكلفة ولا تحتاج إلى أجهزة ثمينة مثل أجهزة الفاكس القديمة والتي كانت تأخذ وقتاً وجهداً للارسال والاستقبال، والانترانت تعمل على الوصول الفعّال والسريع للمعلومات ومصادر الشركة وعلى مدار الساعة بطريقة منظمة من قبل

المستخدمين وكل حسب الصلاحيات المعطاه له وذلك للوصول إلى تطبيق أو ملف أو معلومة معينة مخزنة في جهاز الخادم الرئيسي Main Server.

إن الانترانت تعتبر وسيلة لتجميع المعلومات والمعرفة في مكان رئيسي داخل الشركة مما يمثل مصدر للمعلومات وخبرات الشركة متاح لكل من الإدارة والموظفين حيث يستطيع المدراء الحصول على المعلومات وتحليلها عن طريق برامج ذكية وبالتالي تساعده في اتخاذ القرارات بشكل أسرع وفعّال ومفيد للشركة لتحقيق أهدافها. لذا يمكن تلخيص فوائد الشبكات المحلية الانترانت إلى الفوائد التالية:

- مشاركة مصادر الشبكة من طابعات وأجهزة الفاكس والملفات والمجلدات بين كل المستخدمين في الشبكة.
- كفاءة الاتصال والتنسيق بين مختلف أقسام الشركة وأفرعها مما يسهل عملية الإدارة والتحكم بكل النشاطات والعمليات داخل الشركة وخارجها.
- الوصول إلى المعلومات المطلوبة بشكل سريع وفعّال من قبل كل المستخدمين في الشركة.
- تعتبر الانترانت وسيلة فعّالة لإجراء عمليات التدريب ونشر المعرفة والوعي والارشادات المتعلقة بالعمل والمنتجات في الشركة.
- تعتبر الانترانت وسيلة اتصالات بين الموظفين وبمختلف الأقسام وبتكلفة بسيطة جداً مقارنة مع استخدام أجهزة أخرى كالفاكس أو أجهزة التلفون.
- تساعد الانترانت في عمليات المراقبة والتحكم بالأجهزة والموظفين.

2-1-9 لماذا تحتاج الشركات إلى الانترانت Why Companies Need Intranet

الشركات الصغيرة والتي يقل عدد الموظفين فيها عن 10 موظفين لا تحتاج إلى الانترانت، إن الانترانت تقلل من استخدام الهواتف وأجهزة الفاكس وبالتالي تقلل من التكلفة وتعمل على تحسين التنسيق بين أفرع الشركة المختلفة حيث قامت الكثير من الشركات بإنشاء وبناء شبكة الانترانت بسبب كثرة الطلب من الموظفين وخاصة في قسم مصادر القوى البشرية بسبب طبيعة عملهم والتي تعتمد على كثرة الاتصالات وتبادل

المعلومات والإجابة على الكثير من الأسئلة والتي تتكرر باستمرار مما يؤدي إلى الملل وسوء الخدمة لذا فإن الشركات في العالم تحتاج إلى الانترانت وذلك للأسباب التالية:

1- عندما تكون للشركة كمية ضخمة من المعلومات والمطلوب مشاركة هذه المعلومات مع الموظفين، فهي الطريقة الفعالة لإلغاء تكلفة الاتصالات ولإلغاء تكلفة نشر وبث المعلومات بين الموظفين، إن الانترانت تساعد الموظفين على ترتيب وتخزين كميات ضخمة من البيانات والتي قد تحتاج إلى مئات الآلاف من الملفات الورقية والتي يصعب تنظيمها والحصول على المعلومات المطلوبة منها عند الحاجة وفي الوقت المناسب وبشكل سريع.

2- لأن تكلفة توزيع المعلومات من خلال الانترانت تتم بتكلفة قليلة جداً فالانترانت تعتبر ذات كلفة بسيطة جداً وتعمل بفعالية وسرعة حيث يتم تداول المعلومات بثواني بدلاً من دقائق أو حتى ساعات بالطريقة اليدوية.

3- الانترانت تستطيع العمل مع مختلف أنظمة التشغيل مثل نظام التشغيل يونيكس **UNIX** ونظام التشغيل أبل ماكنتوش **Apple Mac** ونظام التشغيل ويندوز من مايكروسوفت **MS-Windows** فهي الطريقة السهلة لوصل مختلف المستخدمين مع مختلف انظمة التشغيل معاً.

4- إن المعلومات الموجودة على الانترانت يمكن تحديثها وتعديلها بسرعة مما تبقي الموظفين على اتصال بالمعلومات الحديثة والمعدلة بوقت قصير.

2-9 مكائن البحث **Search Engine**

وهي عبارة عن برمجيات تساعد المستخدم في الحصول على المعلومات من الانترنت وقد تكون هذه المعلومات المراد البحث عنها في أحد الصور التالية:

- بيانات نصية
- بيانات صورية
- مقاطع فيديو
- أصوات
- أفلام

وهناك طرق عديدة للبحث في مكائن البحث منها :

1. عبر طريقة تصنيف عناوين مواقع الويب في مجموعات مختلفة تدعى المحررات البشرية Human Editors حيث يستفاد منها للحصول على المعلومات تبعاً للموضوع ومن هـذه المكائن أو مـا تسـمى بمحركات البحث :

- موقع ياهو yahoo.com
- موقع هوت بوت

2. تتم في هذه الطريقة القراءة من مواقع الويب بشكل تلقائي وتتم عمليـة تخـزين النصـوص حيـث تسمى هذه بالزواحف الاتوماتيكية Automatic Crawlers حيث يستفاد منها في الحصول على معلومات معينة ومن أشهر هذه المحركات.

- محرك google.com
- محرك آلتا فيستا Altavista.com
- محرك اكسايت Excite.com

3. وتتم في هذه الطريقة إرسال طلب المستخدم إلى عدد من محركات البحث المختلفة وتدعى بعمليـة البحث الرمزي meta search ويستفاد من هذه الطريقة في الحصول على معلومات مختلفة ومنوعة ومـن أشـهر هذه المواقع :

- موقع Askjeeves
- موقع Savvy

9 – 3 البنية التحتية للتقنية Technical Infrastructure

إن الانترانـت تعتمـد علـى بروتوكـول TCP/IP لنقـل المعلومـات وتبادلهـا بـين مختلـف أنظمـة أجهـزة الكمبيوتر وبروتوكل الانترنت IP يناسب التقنيات الجديدة والتـي تـمّ تطويرهـا واستخدامها في شبكة الانترنت والشبكات المحلية مثل تقنيات خادم/عميل Client/server، إن مبدأ الخادم والعميل يعتمد على المستخدم user فيعطيه مرونة كبيرة في استخدام المعلومات لاتخاذ القرارات بوقت قصير.

4-9 أساسيات الخادم/عميل Client/server basics

إن مبدأ الخادم/ العميل والذي تبنى عليه الانترانت يعتمد على وجود بنية تحتية متكاملة لتسهيل عملية تداول واستخدام المعلومات بمرونة وبسرعة وهي تعتمد على واجهة استخدام رسومية Graphical User Interface حيث السهولة والمتعة في الاستخدام والتي تعتمد على مبدأ الرسومات التي تمثل كائنات صورية صغيرة تدل على نشاطات أو تطبيقات معينة وتعتمد أيضاً على اختيار الأوامر من قوائم باستخدام الفأرة Mouse، إن المصطلحات والعناصر المبني منها مبدأ الخادم/عميل يمكن تلخيصها بالنقاط التالية (أنظر الشكل 9 – 1).

- **العميل Client** : وهو الذي يقوم بالعمل على الشبكة ويطلب خدمة معينة من الخادم مثل الموظف أو المدير.
- **الخادم Server** : وهو جهاز كمبيوتر ذو قدرة عالية على تنفيذ التعليمات وحفظ المعلومات حيث يقوم بتزويد الخدمة والملفات وبيانات قواعد البيانات وغيرها إلى المستخدمين بسرعة وفاعلية كبيرة.
- **التبادلية Interoperability** : وهي قدرة اثنين أو أكثر من الأنظمة على تبادل المعلومات واستخدامها فيما بينهما.
- **التوسع Scalability** : وهي سهولة عملية التعديل والتطوير والتوسع بإضافة المزيد من الأجهزة.
- **واجهة المستخدم الرسومية GUI** :ميزات سهلة تستخدم للعمل على نظام التشغيل تستخدم مبدأ الرسومات واختيار الأوامر من القوائم Menu باستخدام الفأرة.
- **بناء الخادم/عميل Client/server Architecture** : وهو نموذج يقدم خدمة خادم قاعدة البيانات Database server وخادم الملفات File server، حيث يقوم بتلبية طلبات استعلامات المستخدمين Clients مباشرة باستخدام مبدأ الاستجابة عن طريق الاستعلام Query response بدلاً من نقل كل الملف بالكامل فيؤدي إلى تخفيض زحمة مرور البيانات وزيادة سرعة تبادل البيانات.
- **استدعاء إجراء بعيد Remote Procedure Call** : وهي مبنية على نظام الخادم/العميل بتوزيع خدمة برنامج معين إلى أكثر من عميل وبمختلف أنواع الأنظمة

التشغيلية وهي أيضاً تخفض من التعقيدات في تطوير التطبيقات والتي تحتاج إلى أنظمة تشغيل مضاعفة

وتحتاج أيضاً إلى برتوكولات إضافية تؤدي إلى زيادة الازدحام في نقل البيانات.

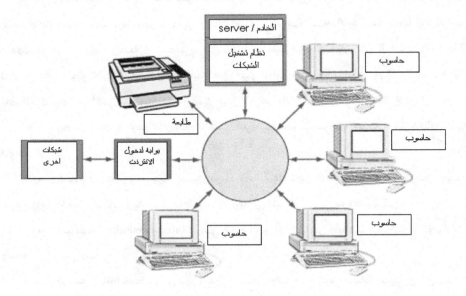

الشكل 9 – 1   شبكة محلية (انترانت) لربط ومشاركة أجهزة كبيوتر وملحقاتها مع الخادم

9 – 5   تخطيط الانترانت   Intranet Planning

بوجود التقنيـات الحديثـة مـع وجـود متطلبـات العمـلاء المختلفـة وضخامة المعلومـات المتبادلـة وكثرة

التطورات والتغييرات في تقنية المعلومات Information Technology وبشكل سريع يحتاج إلى إدارة فعّالة

تتضمن تخطيط وتنظيم وتنسيق مع تبني استراتيجية فعّالة بوجود موظفين ذوي خبرة ومهارة عالية، مما يؤدي إلى

انشاء بنية تحتية قوية ومرنة تعمل بدون عوائق وقابلة للتوسع ومواكبة التطورات الحديثة في تقنية المعلومات.

إن التخطيط ضروري في عملية التصميم لشبكة الحاسوب المحلية وعملية التنفيذ والحفاظ على شبكة انترانت قوية، إن عملية التخطيط تتطلب الإعداد والتنفيذ لكل من الخطوات الستة التالية:

1. **الإعداد ووضع الخطط وتحديد الأهداف: Preparation, Plan ahead and setting goals**

إن الخطوة الأولى يجب أن تبدأ بوضع الأهداف من إنشاء شبكة الانترانت والتخطيط لكل التقنيات المرتبطة بها وتحديد نوع المعدات ومصدرها. وهذا يتطلب الكثير من التحضير، حيث يجب أن يتم تجهيز كشف بالمتطلبات كلها مع وجود عملية توثيق لكل خطوة حتى الانتهاء من عملية إنشاء الانترانت بالكامل. يجب في هذه الخطوة تعريف من هم المستخدمين للشبكة وما طبيعة المعلومات وما هي البرامج التي يجب ربطها بالشبكة ونوع الربط للشبكة وما هي المعلومات والمحتويات والتي يجب أن يتم مشاركتها على الشبكة وكيفية تداولها والصلاحيات المرتبطة بها.

يجب أن يضع المصممون بعين الاعتبار المخاطر التي قد تواجه هذه المعلومات من ضياع أو تلف بسبب فيروسات الحاسوب او تلف للأجهزة او وسائط التخزين كما يجب ان يكون هناك اجهزة لمنع انقطاع الكهرباء بشكل مفاجيء كما يجب التفكير بجدية ببرامج للحماية من لصوص وقراصنة الحاسوب والتخطيط لعمليات وبرامج النسخ الاحتياطي وكيفية حفظ هذه النسخ في خزائن مقاومة للحريق كما يجب ان تكون هناك خطط في حال انهيار النظام بشكل كامل، كل ذلك يحتاج إلى تخطيط وفريق كامل يعمل على وضع الخطط في حال حدوث أي مشكلة وذلك للعمل على حل المشكلة بشكل سريع.

2- **الحصول على دعم من الادارة وتبرير لانشاء الشبكة Management Provide Justification and support**

تحضير دراسة تبرر الفوائد والعوائد المكتسبة من إنشاء الشبكة لكسب الدعم الإداري للمشروع وذلك بحساب الفوائد والعائدات المالية ورداسة مدى قدرة شبكة الحاسوب على توفير الجهد والوقت والأيـدي العاملـة وحساب مجموع التكاليف ومقارنتها

مع العائدات المالية والفوائد مع الأخذ بعين الاعتبار سهولة تحديث الشبكة وتطويرها في المستقبل وسهولة استخدامها.

3- البدء ببناء الشبكة اما بكادر محلي او بالاستعانة بطرف ثاني Start building the Intranet In-house or by second party

بعد موافقة الإدارة العليا على الخطة الرئيسية لبناء شبكة الانترانت يجب اتخاذ القرار بشأن بناء الشبكة باستخدام طاقم من الفنيين من داخل الشركة أو بالاستعانة بشركة أخرى للقيام بتنفيذ المشروع وفي هذه الحالة يفضل الاستعانة بمستشار حاسوب Computer consultant وذلك ليقوم هو باختيار أحد الشركات الموثوق فيها بحيث يتم التعاقد معها على طريقة بناء الشبكة بفترة زمنية يتم تحديدها والاتفاق عليها وأيضاً يجب الاتفاق على كيفية إجراء الصيانة وخدمة ما بعد البيع وعملية تدريب العاملين والموظفين على كيفية العمل على الشبكة وكيفية القيام بالصيانة وغيرها من الأمور التقنية المطلوب إجراءها عند بناء الشبكة.

إن عملية اتخاذ القرار لبناء الشبكة محليا أو بالاستعانة بشركة أخرى تعتمد على العديد من العوامل ومنها:

- هل هناك مصادر متوفرة من العنصر البشري والمعدات لبناء الشبكة محليا؟
- يجب دراسة من منهما أقل تكلفة بناء الشبكة محليا أم الاستعانة بطرف اخر؟ واختيار الأفضل.
- هل المعدات والبرمجيات والتي تدعم الشبكة متوفرة ؟
- هل هناك تمويل كافي لدعم عملية انشاء الشبكة بالكامل أم لا؟

وهناك أيضاً نقاط كثيرة يجب اخذها بعين الاعتبار في حالة بناء الشبكة محلياً هي :

- o يجب على الموظفين أن يكونوا على علم كافي بسياسة الشركة وعملياتها وبأهدافها وبما تحتاج إليه الشركة.
- o هناك بيانات ومعلومات تكون سرية ويمكن الحفاظ على سريتها اكثر عند إنشاء الشبكة بطاقم محلي.
- o عملية الصيانة والتحديث والتحسين سوف تكون أسهل

o مع وجود البنية التحتية المناسبة فإن عملية التحديث في المستقبل سوف تكون أسرع وأسهل.

3 - تشكيل فريق لشبكة الانترانت Form a Team for the Intranet network

في هذه المرحلة يجب بناء قسم تكنولوجيا المعلومات أو دائرة الحاسوب وفيها مختلف الموظفين من مدراء ومهندسين ومدير صيانة الشبكة وفنيين وغيرهم، يراعى في اختيار الموظفين في هذه الدائرة العديد من النقاط منها :

- الخبرة
- الكفائة
- الأمانة
- عدم الانتماءات السياسية والتي قد تؤثر على الشركة وعملها في المستقبل.

وحيث أن دائرة الحاسوب تعتبر مركز للمعلومات من كل أقسام الشركة اي أنها تعتبر الشرايين الرئيسية في الشركة وهي أكثر الأقسام حساسية لأن كل المعلومات تصب فيها، لذا يجب أن تتم عملية التخطيط للصلاحيات وتداول البيانات بشكل دقيق وعلمي مدروس.

4- بناء نموذج واختباره Building and Testing the Prototype

يفضل قبل البدء بإنشاء شبكة الانترانت كاملة أن يقوم الفريق ببناء جزء أو نموذج أولي حيث يتم اختباره منفرداً من قبل الموظفين بوضع بعض البرامج والملفات عليه ثم القيام ببعض المهمات والوظائف على الشبكة ومن ثم اعطاء تغذية راجعة وذلك قبل البدء ببناء مشروع الشبكة ككل (الشكل 9-2).

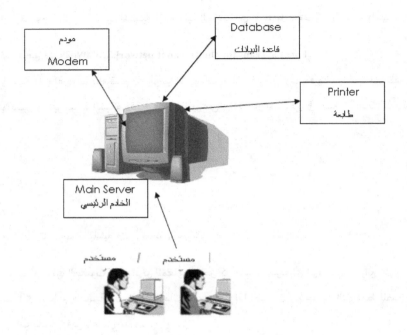

الشكل 9-2 نموذج أولي بسيط لتجربة الشبكة والتطبيقات عليها.

5- الصيانة الفعالة والدورية للنظام Effective maintenance

عملية تحديث المعلومات من العمليات المهمة وذلك على مدار الساعة لضمان فعالية الشبكة وكذلك إذا كانت الصيانة ضعيفة فإنها سوف تعطي انطباعا سيئاً للموظفين بأن هذه الشبكة لم تجلب أي شيء جديد وان الوضع القديم أفضل حالاً.

إن الصيانة تعني استمرارية عمل الشبكة حسب المقاييس والمعايير التي وضعت من أجلها عند التخطيط لها في باديء الأمر.

9 – 6 البريد الالكتروني والانترانت e-mail and the Intranet

البريد الالكتروني e-mail عبارة عن ارسال وتلقي رسائل الكترونية عبر شبكة الانترنت او عبر شبكات لاسلكية مثل الهاتف النقال حيث يمتاز البريد الالكتروني بالعديد من الميزات منها:

- انه آني instant اي ان الرسائل تصل بمجرد النقر على أمر إرسال أي بسرعة الضوء.
- انه شبه مجاني وغير مكلف ولا يحتاج إلا إلى بعض الإعدادات البسيطة للبرامج المستخدمة في تلقي وارسال الرسائل.
- أنه يمكن ارسال نفس الرسالة إلى أكثرمن عنوان وفي نفس الوقت
- انه يمكن اتمتة الرد على الرسائل بشكل آلي وبدون تدخل العنصر البشري.
- انه اكثر التقنيات استخداما لغاية الاتصال والتخاطب بين مختلف الأفراد والشركات عبر العالم بأسره.
- أصبح البريد الالكتروني جزءاً أساسياً لا يمكن الاستغناء عنه وخاصة في عمليات التسويق والبيع داخل الشركات وللأفراد على حد سواء.
- إن إدارة البريد الالكتروني باستخدام برامج الحاسوب أفضل وأكثر فعالية من استخدام الكميات الضخمة من الأوراق ورسائل الفاكس وغيرها.
- أصبح البريد الالكتروني أكثر شعبيه مثله كمثل جهاز الهاتف الخلوي حيث هناك مئات الملايين من المشتركين حول العالم بأسره يستخدمونه كل يوم.

هناك بروتوكول لدعم البريد الالكتروني في شبكة الانترانت وهو بروتوكول SMTP أي Simple Mail Transport Protocol او بروتوكول نقل البريد الالكتروني البسيط وهذا البرتوكول تم اشتقاقه من برتوكل TCP/IP وهو مسئول عن عملية تنظيم الرسائل وارسالها إلى العناوين المناسبة ومسئول عن عملية استقبال الرسائل الالكترونية ووضعها في صندوق البريد الخاص بالمستقبل.

مع وجود كل الفوائد السابقة الذكر إلا أن البريد الالكتروني يعتبر الوسيلة الكبيرة لنشر الفيروسات عبر شبكة الانترنت ولذا يجب وضع استراتيجيات لحماية مصادر الشركة من هذه الفيروسات كوضع ماسحات للفيروسات Viruses scan لمنع الرسائل التي تحمل الفيروسات من اختراق الشبكة كما يجب أن تكون هناك استراتيجية في عملية النسخ الاحتياطي الدورية وذلك ان بعض البيانات قد يتم فقدها بسبب أو بآخر فيتم الرجوع إلى النسخ الاحتياطية لاستعادتها مرة أخرى.

7-9 ما هي الاكسترانت؟ What is Extranet?

عندما يكون للشركة أكثر من فرع في أكثر من مكان وفي كل فرع شبكة انترانت فعند ربط هاتين الشبكتين بواسطة الانترنت فعندئذ تسمى هذه الشبكة بالاكسترانت. إذن فالاكسترانت ما هي إلا استخدام تقنية الانترنت لربط أكثر من شبكة انترانت معاً. الانترانت هي شبكة محلية يتم فيها تبادل المعلومات محلياً داخل الشركة ويتم نقل البيانات فيها بشكل سريع وفعّال. إن الاكسترانت تستخدم لربط فروع الشركة معاً كما أنها تربط شركاء العمل وأطراف اخرى معها بطريقة فعّالة وسريعة وعند استخدام شبكة الاكسترانت يجب على جميع الأطراف استخدام نفس برنامج التطبيق في عملية الاتصال، فمثلاً لا يجوز ان يكون احد الأطراف يستخدم برنامج نتسكيب نافيجيتر Netscape Navigator والطرف الآخر متصفح مايكروسوفت اكسبلورر Microsoft Explorer.
إن الاكسترانت تعتبر العمود الفقري لمستقبل الأعمال التجارية الإلكترونية في كل أنحاء العالم. إن الهدف الأساسي من الاكسترانت هو سرعة التنسيق والاتصال بين الفروع، وأن عملية توظيف الاكسترانت تعتمد اعتماداً كاملاً على فهم العمليات والحركات المتعلقة بالعمل التجاري من طلبيات وبيع وتسليم وغيرها من النشاطات التجارية (الشكل 9 – 3).

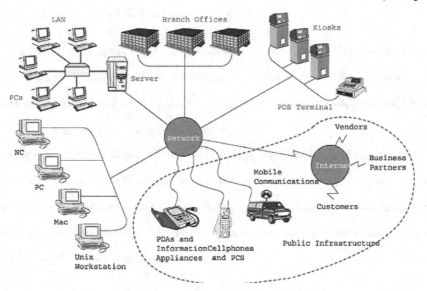

الشكل 9-3 توضيح فكرة الاكسترانت لربط اكثر من شبكة عبر الانترنت

المصدر (laudon, 2006)

9- 8 نقاط يجب أخذها بعين الاعتبار Key Considerations

عند الشروع في توظيف الاكسترانت يجب الأخذ بعين الاعتبار العديد من النقاط منها:

1- تعريف المستخدمين لشبكة الاكسترانت.

2- يجب عمل قائمة بكل المتطلبات والتقنيات المطلوبة.

3- يجب تحديد كل المتطلبات الأمنية Security Requirement

4- يجب توضيح وفهم عملية إدارة شبكة الاكسترانت Extranet Administration

5- يجب فهم الوظائف المختلفة لشبكة الاكسترانت.

6- يجب تحديد الملفات والمجلدات والمعلومات اللازمة مشاركتها في الشبكة.

إن مستخدمين شبكة الاكسترانت عادة هم من الموظفين والزبائن والممولين والموزعين والمستشارين والبائعين وغيرهم حيث يجب تحديد اولويات الدخول والصلاحيات والإجراءات الأمنية لكل فئة من المستخدمين من أجل تأمين تبادل البيانات بشكل سليم وأمن وذلك باتباع طرق أمنية لنقل البيانات مثل التشفير وكلمات المرور ونوع خطوط الاتصالات وعملية مراقبة الشبكة بين الحين والآخر ويجب أن يتم اختيار موظفين من ذوي الخبرة العالية والأمانة لإدارة الشبكة.

كما يجب على الشركة أن تتأكد من طريقة استخدام الشبكة من قبل الزبائن ومدى سهولة استخدامها وهل يتطلب استخدامها بعض التدريب الخاص؟ ويجب الأخذ بعين الاعتبار البرامج المطلوبة والتي يجب على العملاء استخدامها من أجل التواصل مع الشبكة.

وأخيراً يجب على الشركة أن تختار الإدارة الجيدة والتي تقوم بإدارة شبكة الاكسترانت بشكل فعّال كما يجب على الإدارة استخدام استراتيجية معينة لجذب الموظفين ذوي الخبرة العالية وذلك بوضع حوافز معينة كأجور عالية وغيرها وذلك لتأمين بناء شبكة قوية تخدم الشركة وكل أصحاب المصالح.

المراجع :

- Dr. Febrache, A Pathology of computer viruses, Pringer – Velag, New York , 1991.

- H. Highland, computer virus Handbook, Elsevier Advance tech. Oxford, UK(1990)

- Matt Bishop, Introduction to computer security, 2005 Pearson education inc. ISBN:
  0-321-24744-2

الفصل العاشر

اكتشاف معرفة جديدة: التنقيب عن البيانات

Discovering New Knowledge:

Data Mining

محتويات الفصل العاشر:

الأهداف التعليمية للفصل العاشر:

يهدف هذا الفصل إلى التعريف بأهم المفاهيم المتعلقة بعملية التنقيب أو التنجيم عن البيانات وذلك من اجل الحصول على المعرفة (معلومات مفيدة، نماذج وقواعد جديدة، معادلات ونسب رياضية...الخ)، حيث ان هذه التقنية الحديثة لها دور فعال في اكتشاف معارف وعلوم جديدة، حيث يهدف هذا الفصل إلى التعريف بأهم التحديات التي تواجه عملية التنقيب عن البيانات كما يقدم بشكل مفصل المهام الرئيسية لعملية عن التنقيب عن البيانات وعلاقتها بقواعد البيانات، كما يتم التطرق إلى القضايا الشائكة لتنقيب البيانات وأنظمة دعم القرارات.

الأهداف الرئيسية لهذا الفصل هي:

- **التعرف على ماهية عملية تنقيب البيانات وأهميتها في المنظمات**

التعرف على الدور الرئيسي لعملية تنقيب البيانات وعلاقاتها بإدارة المعرفة

- **تقديم وشرح المهام الرئيسية لعملية تنقيب البيانات**
- **شرح وتفصيل التحديات التي تواجه عملية تنقيب البيانات في المنظمات**
- **التعريف بأنظمة دعم القرارات وأهمتها للإدارة المعاصرة.**
- **ما هي التحديات الإدارية في عملية تأسيس وبناء نظام معلومات متكامل في المنظمات؟**

الفصل العاشر

اكتشاف معرفة جديدة : التنقيب عن البيانات

Discovering New Knowledge: Data Mining

1-10 مقدمة

إن التقدم السريع والكبير في جمع المعلومات وتقنيات حفظها مكنت المنظمات من جمع كميات ضخمة من البيانات على مدى سنوات طويلة، إلا إن استخلاص معلومات مفيدة أو معارف جديدة يعتبر من أكبر التحديات التي توجها المنظمات على اختلاف أنواعها وأحجامها، وغالباً فإن أدوات التحليل التقليدية المستخدمة في تحديد البيانات وغيرها من التقنيات لا يمكن استخدامها بشكل فعّال وذلك بسبب حجم البيانات الضخمة، وفي كثير من الأحيان فإن طبيعة البيانات الغير تقليديه تعني إنه لا يمكن استخدام الطرق التقليدية في استخلاص المعرفة والمعلومات المفيدة حتى وإن كان حجم البيانات صغيراً، وفي غيرها من المواقف، الأسئلة التي يحتاج إلى الإجابة عليها لا يمكن تحقيقها باستخدام تقنية تحليل البيانات الحالية لذلك هناك حاجة كبيرة لتطوير وسائل جديدة لهذا الغرض.

التنقيب عن البيانات (تنقيب البيانات) عبارة عن تقنية تعمل على خلط وسائل تحليل البيانات التقليدية مع خوارزميات معقدة تستخدم من أجل معالجة كميات ضخمة من البيانات وذلك من اجل استخلاص معلومات مفيدة أو قواعد جديدة أو نماذج أو معادلات ونسب رياضية.

لقد فتحت هذه التقنية ألجديدة فرص مفيدة للاهتمام لاكتشاف المعرفة وتحليل أنواع جديدة من البيانات.

إن تقنيات التنقيب عن البيانات لا يمكن استخدامها في دعم العديد من تطبيقات الأعمال التجارية مثل:

- انشاء ملفات العملاء
- إدارة دفق السواق
- استهداف الأسواق
- كشف الغش والخداع

أيضاً تساعد تقنيات التنقييب عن البيانات بائعي التجزئة على الإجابة على العديد من الأسئلة المتعلقة بالعمل التجاري مثل:-

- من هو أكثر عميل مربح للشركة ؟
- ما هي المنتجات الأكثر مبيعاً ؟
- ما هي العائدات المتوقعة للسنة القادمة؟
- ما هي المنتجات أو المنتج الأكثر ربحاً في الشركة ؟

2-10 ما هي عملية تنقيب البيانات Data Mining؟

تنقيب البيانات هي عملية أتمتة اكتشاف معلومات مفيدة ومعرفة جديدة في مستودعات بيانات Data warehouse ضخمة.

مستودعات البيانات Data warehouse: عبارة عن قواعد بيانات ضخمة منزوعة من قواعد بيانات مفصولة عن العمل اليومي للمنظمة.

إن تقنيات تنقيب البيانات تمّ توظيفها لمسح مستودعات البيانات من أجل البحث عن نماذج جديدة مفيدة أو معادلات جديدة والتي من الممكن أن تبقى غير مكتشفة إذا لم تستخدم تقنية تنقيب البيانات هذه، كما أن تقنية تنقيب البيانات تزود بإمكانيات التنبؤ عن نتائج أو مخرجات في المستقبل مثل التنبؤ ما إذا كان العميل الجديد القادم سوف ينفق أكثر من 100 دولار في متجر الشركة.

لا تعتبر كل مهمات اكتشاف المعلومات الجديدة تنقيب البيانات، فعلى سبيل المثال عملية البحث في سجلات الموظفين باستخدام نظام إدارة قواعد البيانات (مثل برنامج أم أس أكسس ms-access أو أوراكل Oracle) كما أن عملية البحث عن صفحة ويب محددة، في مكينة بحث الانترنت تعتبر عمليات استرجاع للمعلومات Information Retrieval وليس عملية تنقيب بيانات.

إلا إن تقنية تنقيب البيانات عملت على تحسين أداء أنظمة استرجاع البيانات إلا أن تنقيب البيانات تتطلب استخدام خوارزميات Algorithm ذكية ومعقدة تعتمد على تقنيات علوم الحاسوب وعلى خواص البيانات

3-10 تنقيب البيانات واكتشاف المعرفة

إن تقنية تنقيب البيانات هي جزء أساسي في اكتشاف المعرفة ضمن قواعد البيانات والتي تعمل على تحويل البيانات الخام الى معلومات مفيدة شكل 10-1

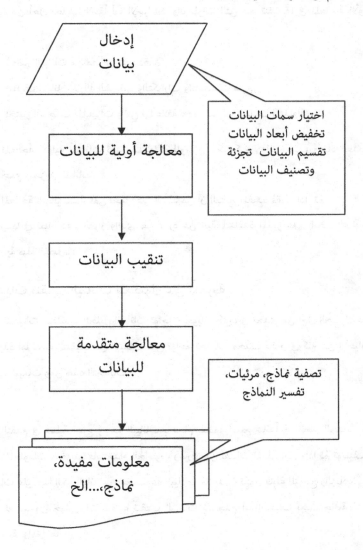

شكل 10-1 عملية اكتشاف المعرفة في قواعد البيانات (مستودعات البيانات)

يمكن حفظ البيانات المدخلة بصورعديدة (ملفات، جداول الكترونية، جداول علائقية) ومن الممكن نشرها عبر القيام بتوزيعها عبر العديد من مواقع وصفحات الانترنت.

من الشكل 10-1 فإن الهدف من المعالجة الآولية للبيانات هو من أجل تحويل البيانات المدخلة الخام إلى شكل مناسب من أجل تحليلها لاحقاً أما الإجراءات والخطوات التي يتمّ تنفيذها في المعالجة الأولية للبيانات فتتضمن :

1- تحضير البيانات من مصادر متعددة.
2- تنظيف البيانات لإزالة الشوائب والتكرارات والتناقضات منها.
3- اختيار السجلات والمميزات والتي لها علاقة بمهمة تنقيب البيانات المتداولة.

إن المعالجة الأولية للبيانات تعتبر مستهلكة للوقت بشكل كبير وذلك بسبب وجود العديد من اطرق المستخدمة لجمع وتخزين البيانات.

أما المعالجة النهائيـــــة فهي تعمل على التأكد من أن النتائج المفيدة فقط إذا تمّ

توظيفها في نظام دعم القرار والذي هو عبارة عن آلية لمساعدة المدير على اتخاذ القرارات حيث تم تفصيله في نهاية هذا الفصل،.

10-4 تحديات تنقيب البيانات للحصول على المعرفة

إن التنقيبات التقليدية لتحليل البيانات تواجه صعوبات كثيرة في تحدي من اجل الحصول على معلومات مفيدة وجديدة أما تقنية التنقيب عن البيانات فهي تواجه تحديات محددة تكون في كثير من الأحيان عائقاً كبيراً لتقنية تنقيب البيانات ومن هذه التحديات:-

1- التوسع

إن التقدم في عملية انتاج وجمع البيانات بأحجام ضخمة أصبح شائعاً في العصر الحديث نظراً لسهولة وسرعة جمع المعلومات وتخزينها باستخدام الحاسوب وغيرها من تقنيات المعلومات، فإذا تمّ توظيف خوارزميات تنقيب البيانات على هذا الكم الهائل من مجمموعة البيانات فلا بد أن تكون قابلة للتوسع والزيادة.

إن العديد من خوارزميات تنقنية تنقيب البيانات تستخدم استراتيجيات بحث خاصة لتولي مشكلات البحث المتعددة والمتراكمة.

2- تعدد الأبعاد ذات المستوى العالي

أنه من الشائع في هذا الوقت مواجهة مجموعة بيانات تحتوي مئات السمات والخصائص لذا لابدّ من استخدام خوارزميات شديدة التعقيد من أجل تنقيب بيانات ذات خصائص وأبعاد متددة حيث أن تقنيات تحليل البيانات التقليدية تمّتصميمها لتعالج بياتات ذات أبعاد متدنية وليس لها القدرة على العمل نع البيانات متعددة ا لأبعاد بمستوى عالٍ.

3- بيانات متجانسة ومتعددة

إن الأساليب التقليدية لتحليل البيانات تتعامل مع مجموعة من البيانات ذات سمات من نفس النوع، أما دور تنقيب البيانات في تطبيقات الأعمال التجارية والعلوم والطب وغيرها من المجالات قد نما بشكل كبير لذا لابد من تقنيات تستطيع أن تتعامل مع البيانات بسمات متجانسة (مختلفة النوع).

4- ملكية البيانات وتوزيعها

في كثير من الأحيان فإن البيانات المراد تحليلها لا تكون مخزنة في موقع واحد أو تكون مملوكة لمنظمة واحدة، بل تكون موزعة في أماكن جغرافية عديدة ومملوكة من العديد من المنظمات حيث تكون تقنيات تنقيب البيانات قادرة على معالجة البيانات وتوزيعها من وإلى أماكن مختلفة.

ومن التحديات الرئسية التي تواجهها خوارزميات تنقيب البيانات الموزعة (أماكن متعددة):ـ

أ- كيف يمكن تقليل كمية الاتصالات المطلوبة لتنفيذ العمليات الحسابية الموزعة ؟

ب- كيف يمكن دمج نتائج تنقيب البيانات والتي تمّ الحصول عليها من مصادر متعددة ؟

ت- كيف يمكن مواجهة القضايا الأمنية للبيانات؟

5- تحليل غير تقليدي

إن عمليات التحليل التقلدية مبنية على الفرضية والاختبار، أما مهمات تحليل البيانات الحالية فتتطلب إنتاج وتقييم آلاف الفرضيات لذا فإن عملية تطويرتقنيات البيانات لتقوم بأتمتة إنتاج هذه الفرضيات وتقييمها.

5-10 مهام تنقيب البيانات الأساسية

في الفقرات التاليةسوف يتم شرح وظائف تنقيب البيانات حيث أن عملية التنقيب عن البيانات تتكون من المهام والوظائف التالية :-

1- التصنيف

يعمل التصنيف على وضع خارطة للبياتات في مجموعات معرفة مسبقاً أو فئات حيث تسمى هذه العملية أيضاً بالتعلم الموجه وذلك لان الفئات يتم تحديدها قبل عملية فحص البيانات وتدقيقها. إن خوارزميات التصنيف تتطلب أن يتم تعريف الفئات بناءاً على قيم صفات البيانات، وغالباً ما يتمّ وصف هذه الفئات بالنظر ألى خصائص البيانات المعروفة مسبقاً والتي تنتمي إلى الفئات.

إن عملية التعرف على النموذج هي نوع من التصنيف حيث يتمّ تصنيف نموذج مدخل إلى مجموعة من الفئات بناءً على تشابهها مع هذه الفئات؟

مثال

تعمل محطة بشاشة مراقبة لأمن المطار على تحديد ما إذا كان المسافر إرهابي أو مجرم، ولعمل ذلك فإنكل وجه من المسافرين يتمّ مسحه لانشاء نموذج أولي يتم خلاله قياس المسافة بين العينين، شكل وحجم الفم، شكل الرأس، شكل الأنف، عرض وطول الوجه ---إلخ، حيث يتمّ مقارنة هذا النموذج الأولي مع كائنات (نماذج) مخزنة في قواعد البيانات فإذا كان هناك تطابقاً فذلك يعني أن المسافر إما يكون مجرماً أو إلاهابياً.

2- وضع الارتداد Regressing

إن عملية الارتداد تستخدم لتعيين عنصر بيانات إلى متغير للتنبؤ بالقيمة الحقيقية حيث تتطلب هذه العملية عملية تعليم الإقتران الذي يقوم بعملية التالتعيين حيث أن عملية التقييم تفترض أن القيمة ا لمستهدفة تناسب بعض أنواع الإقترانات المعروفة (اقترانات خطية – لوجستية----) ومن ثم يتم تحديد أفضل اقتران لهذا النوع من النماذج للبيانات المعطاة، وهناك بعض أنواع تحليل الخطأ تستخدم لتحديد افضل اقتران.

مثال

يرغب أحد اساتذة الجامعات بالوصول إلى مستوى معين من التوفير قبل تقاعده وعلى فترات، توقع هذا الأستاذ بأن مدخرات التقاعد سوف تكون مبنية على القيمة الحالية وعلى عدة قيم من الماضي حيث قام هذا الأستاذ باستخدام معادلات تقييم خطة بسيطة للتنبؤ بهذه القيمة وذلك بوضع سلوك الماضي في اقتران خطي ومن ثم استخدام هذا الإقتران للتنبؤ بقيم الفترات في المستقبل وبناءً على هذه القيم قام الأستاذ بتعديل ملفه الاستثماري.

3- تحليل في متسلسلات الوقت time series analysis

باستخدام تحليل سلسلة الوقت فإن قيمة السمة يتمّ اختبارها كما لو أنها تتغير عبر الزمن ن يتم عادة الحصول على القيم عبر نقاط زمنية محددة بأحداث يومي، أسبوعي، كل ساعة ---إلخ.

الشكل 10- 2 يوضح سلسلة وقت مستخدمة لتصوير أداء مجموعة من الشركات حسب الوقت حيث نستطيع أن نرى في هذاالشكل النقاط المبينة على محور السينات والصادات والتي تمثل بـ X وZ والتي يكون لها نفس السلوك بينما نلاحظ أن قيمة X لها أقل انحراف ويوجد ثلاثة اقترانات أساسية يتم تنفيذها في عملية تحليل سلسلة الوقت هي :

1- في هذه الحالة يتم قياس المسافة والتي تستخدم لتحديد نقاط التشابه بين مختلف سلاسل الوقت.
2- بنية الخط يتم اختبارها لتحديد أو تصنيف سلوكها.
3- استخدام مخططات سلاسل الوقت التاريخية المحفوظة للتنبؤ بالقيم المستقبلية./

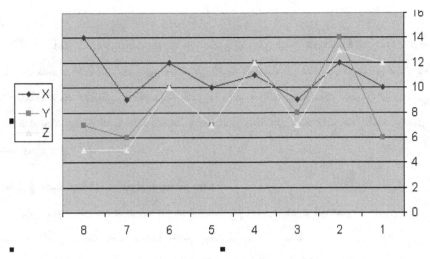

الشكل 10- 2 يوضح سلسلة وقت مستخدمة لتصوير أداء مجموعة من الشركات

مثال :

يحاول أحد أساتذ الجامعات تحديد إحدى الشركات (X، Y، Z) منأجل شراء أسهم حيثقام هذا الأستاذ ولمدة شهر برسم مخطط بياني لأسعار الأسهم لكل شركة. والشكل 10-3 يبين نقاط الوقت للشركات الثلاث والتي قام هذا الأستاذ بتوليدها باستخدام هذا المخطط والمعلومات المتوفرة من مستشار المضاربة الخاص به قرر الأستاذ أن يشتري اسهم الشركة (X) وذلك بسبب قلت التطايرات والإنحرافات العميقة، وأيضاً نمو أسهم الشركة X تظهر بأنها أكثر من أسهم الشركات الأخرى وفي واقع الأمر إن أسهم الشركة Y، Z لهما نفس السلوك، فسلوك الشركة Y بين اليوم الثالث واليوم السادس مطابق للشركةZ.

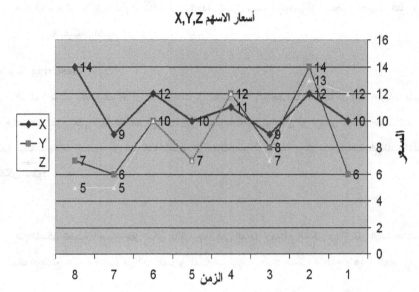

أسعار الاسهم X,Y,Z

الشكل 10- 3 يوضح سلسلة وقت مستخدمة لتصوير أداء وأسعار اسهم ثلاثة لشركات X,Y,Z

4- التنبؤ Prediction

العديد من تطبيقات تنقيب البيانات في العالم الحقيقييمكن النظر إليها كعملية تنبؤ لحالات بيانات المستقبل بناءً على بيانات الماضية والحالية ويمكن النظر على التنبؤ بأنه نوع من الصنيف.

ونلاحظ بأن مهمة تنقيب البيانات تختلف عن نموذج التنبؤ وأيضاً تعتبر مهمة التنبؤ نوع من أنواع نموذج التنبؤ، والفرق بين تنقيب البيانات والتنبؤ هو أن التنبؤ يعمل على التنبؤ بحال المستقبل وليس الحالة الحالية، ويعتبر هذا نوع من التطبيقات وليس نوعاً من طريقة نمذجة طريقة البيانات، وهناك العديد من تطبيقات التنبؤ والتي تتصمن :

• التعرف على الكلام

• تعلم الآلة

• التعرف على النماذج

- أيضاً يمكن التنبؤ بالقيم المستقبلية باستخدام تحليل سلسلة الوقت أو بستخدام تقنيات التقييم.
- التنبؤ بفيضان الأنهار

5- العنقدة Clustering

العنقدة شبيه بالتصنيف إلاّ أن المجموعات في العنقدة لا يتمّ تعريفها مسبقاً بل يتمّ تعريفها بالبيانات فقط. فالعنقدة تقوم على مبدأ تقسيم البيانات إلى مجموعات والتي يمكن أو لايمكن فصلها حيث تتم عملية العنقدة بتحديد نقاط التشابه بين البيانات باستخدام سمات معرفة مسبقاً حيث يتمّ عنقدة البيانات المتشابهة على شكل عنقود.

مثال

من الممكن تجميع العملاء على شكل عناقيد بناءً على الدخل ومواقع السكن وبناءً على الاهتمامات حيث يمكن استخدام نتائج هذه العنقدة من أجل تسويق المنتجات لهؤلاء الأفراد حسب دخلهم واهتماماتهم.

6- التلخيص Summarization

تقوم عملية التلخيص على تعيين البيانات إلى مجموعات جزئية مصاحبة لوصف بسيط لهذه البيانات حيث تعمل هذه الطريقة على اشتقاق معلومات تمثيلية حول قواعد البيانات ويتم هذا باسترجاع أقسام من البيانات، في النهاية فإن المعلومات الملخصة مثل الوسط الحسابي والمجاميع تمّ اشتقاقها من البيانات حيث تعمل هذه التلاخيص على وضع خصائص لمحتويات قواعد البيانات.

7- قواعد العلاقة Association Rules

إن عملية تحليل الروابط أو العلاقات تسمى بقواعد العلاقات وهي عبارة عن إحدى مهمات تنقيب البيانات من أجل اكتشاف العلاقات والروابط بين البيانات، حيث تستخدم هذه الطريقة في مؤسسات بيع التجزئة لتعريف العناصر التي يتمّ شراؤها معاً باستمرار.

مثال

تمّ اكتشاف علاقة في المتاجر الأمريكية الكبرى بين عنصر حفائظ الأطفال وشفرات الحلاقة حيث تبين أن المرأة الأمريكية عندما تشتري حفائظ لطفلها فإنها تشتري شفرة حلاقة لزوجها.

8- اكتشاف التسلسل Sequence Discovery

إن عملية اكتشاف التسلسل أو تحليل التسلسل تستخدم لتحديد نماذج متسلسلة في البيانات وهذه النماذج تكون مبنية على تسلسل الزمن في الأعمال وأيضاً هذه النماذج شبيهة بالعلاقات في تلك البيانات أو الأحداث إلا أن العلاقات في اكتشاف التسلسل تكون مبنية على الوقت.

6-10 تنقيب البيانات واكتشاف المعرفة في قواعد البيانات

إن المصطلحين تنقيب البيانات واكتشاف المعرفة في قواعد البيانات غالباً ما يستعملان بشكل متبادل للدلالة على نفس الهدف، وحقيقة تمّ إعطاء العديد من الأسماء لمثل هذه العملية من اكتشاف نماذج مفيدة مخبأة في البيانات منها :

- استنباط المعرفة knowledge extracting
- اكتشاف المعلومات knowledge discovery
- تحليل بيانات الاكتشاف Data Discovery Analysis
- حصاد المعلومات Data harvesting

وعبر السنوات الماضية تمّ استخدام المعرفة في قواعد البيانات كعملية تتكون من العديد من خطوات، بنما تتكون عملية التنقيب عن البيانات من خطوة واحدة وقد تمّ تعديل التعاريف التالية بناءً على هذه الحقيقة.

1- اكتشاف المعرفة في قواعد البيانات هي عملية البحث عن معلومات مفيدة ونماذج في البيانات.

2- تنقيب البيانات هي استخدام الخوارزميات لاستنباط المعلومات والنماذج والتي تمّ اشتقاقها من عملية اكتشاف المعرفة في قواعد البيانات.

أما الخطوات التي تتكون منها عملية اكتشاف المعرفة في قواعد البيانات فهي :-

- **الاختيار Selection**

إن البيانات المطلوبة لإكمال عملية تنقيب البيانات يمكن الحصول عليها من مصادر منوعة ومختلفة حيث يتمّ في هذه الخطوات الحصول على البيانات من عدة قواعد بيانات وعدة ملفات ومن مصادر أخرى غير الكترونية.

- **المعالجة الأولية Preprocessing**

إن البيانات التي سوف يتمّ استخدامها في العملية يمكن أن تحتوي على بيانات ناقصة أو غير صحيحة أو من الممكن أن تكون بيانات مجهولة من عدة مصادر تتألف من عدة أنواع من البيانات والمقاييس لذا يتم في هذه الخطوة تصحيح الأخطاء وتعبئة البيانات الناقصة أو المفقودة وذلك باستخدام مجموعة من الأدوات البرمجية المستخدمة في تنقيب البيانات.

- **التحويل Transforming**

يتم تحويل البيانات من عدة مصادر إلى شكل شائع من أجل معالجتها حيث يمكن تحويل بعض البيانات إلى شكل أكثر استخداماً أو من الممكن أن يتمّ ترميزها.

- **تنقيب البيانات Data mining**

بناءً على مهمة تنقيب البيانات التي يتمّ تنفيذها فإن هذه الخطوة تتطلب خوارزميات يتم تنفيذها على البيانات المحملة لتوليد النتائج المرجوة.

- **التفسير والتقييم Evaluation and Interpretation**

يتم قياس نتائج تنقيب البيانات وتمثيلها للمستخدمين حيث تعتبر هذه الخطوة غاية في الأهمية وذلك لأن قيمة الفائدة من النتائج تعتمد على هذه الخطوة.

7-10 قضايا تنقيب البيانات DM Issues

هناك العديد من قضايا التنفيذ المهمة المتعلقة بتنقيب البيانات ومن أشهر هذه القضايا:

1- التدخل البشري Human Interaction

بما أن مشاكل تنقيب البيانات غالباً لا يتمّ التصريح عنها بدقة لذا فهناك حاجة إلى واجهات لكل من المجال والفنيين، حيث يقوم الخبراء الفنيون بتشكيل ووضع الاستعلامات والمساعدة في تفسير النتائج وهناك أيضاً حاجة لمستخدمين من أجل تعريف البيانات والنتائج.

2- تفسير النتائج

تحتاج نتائج تعقب البيانات إلى خبراء من أجل تفسير النتائج بشكل صحيح وإلاّ فإنها سوف تكون بلا معنى لمستخدم قواعد البيانات.

3- عرض النتائج

من أجل عرض وفهم نتائج تعقب البيانات فإن الخوارزميات وعرض النتائج ممكن أن تساعد بشكل كبير.

4- مجموعة بيانات ضخمة

إن الحجم الكبير للبيانات المتعلقة بتعقب البيانات تخلق مشاكل عند تنفيذ الخوارزميات المصممة لقواعد بيانات صغيرة.

5- بيانات وسائط متعددة

إن معظم خوارزميات تعقب البيانات السابقة صممت لكي تعمل كبيانات عادية (أعداد، حروف، رموز ----الخ)، لذا فإن استخدام بيانات الوسائط المتعددة تعمل على زيادة تنفيذ الخوارزميات.

6- البيانات المفقودة

حيث يتمّ التعويض عن البيانات التعويض عن البيانات المفقودة ببيانات تخمينية مما يؤدي إلى نتائج غير مقبولة في خطوة تنقيب البيانات.

7- بيانات ليس لها علاقة

هناك العديد من البيانات في قواعد البيانات من الممكن أن لا تكون مهمة لوظيفة كتعقب البيانات.

8- البيانات المزعجة Noisy Data

بعض قيم البيانات من الممكن أن تكون غير مقبولة أو صحيحة حيث يتم غالباً تصحيح هذه البيانات قبل تطبيق تنقيب هذه البيانات.

8-10 أنظمة دعم القرار Decision Support System

أنظمة دعم القرار عبارة عن أنظمة كمبيوتر شاملة وأدوات مرتبطة مع بعضها البعض تعمل على مساعدة المدراء في عملية اتخاذ القرارات وحلّ المشكلات فهدف هذه الأنظمة هو تطوير عملية اتخاذ القرار وذلك عبر التزويد بالمعلومات المعينة المطلوبة من الإدارة حيث تختلف هذه الأنظمة عن أنظمة قواعد البيانات التقليدية حيث أن أنظمة دعم القرارات تعمل على تزويد استعلامات متعددة وبيانات حسب الطلب.

وبطرق عديدة فإن أنظمة دعم القرارات أوسع بكثير من عملية تنقيب البيانات حيث أن أنظمة دعم القرارات عادة تحتوي على أدوات تنقيب البيانات، وعلى عكس ذلك فإن أدوات تنقيب البيانات لا تحتاج أن تحتوي على نظام دعم القرارات.

الفصل الحادي عشر

إدارة المعرفة والتغييـــر

محتويات الفصل الحادي عشر:

الأهداف التعليمية للفصل الحادي عشر:

يهدف هذا الفصل إلى التعريف بأهم المفاهيم المتعلقة بإدارة التغيير :

ومن أهم أهداف هذا الفصل:

- التعرف على أهمية الحاجة إلى الحوسبة.

- التعرف على مراحل اختيار النظام المناسب.

- التعرف على مراحل تنفيذ النظام الجديد.

- التعرف على مواقف الموظفين حول النظام الجديد.

- التعرف على أنظمة الدفاع ضد الكود التخريبي.

الفصل الحادي عشر

إدارة المعرفة والتغييـــر

1-11 الحاجة إلى التغيير

من أجل أن تحافظ الشركات على بقائها واستمرارها وتنافسها في العصر الحالي عصر الحاسوب وعصر التغير وعصر المعرفة والعلوم، لا بد لها من أن تتبنى مشاريع مستمرة من اجل التغير والتطور، حيث أن الشركات لا يمكنها أن تتبنى أنظمة إدارة المعرفة الحديثة والمتطورة بدون أن تكون مبنية على بنية تحتية قوية من تقنيات المعلومات كالحاسوب والانترنت... الخ. فإدارة المعرفة في العصر الحالي تتطلب استخدام أفضل التقنيات المتوفرة وتسخيرها للأفراد من اجل استغلالها في تسهيل عملية إدارة المعرفة وتسهيل عملية التقاطها وحفظها ومشاركتها.

إن العديد من المنظمات في هذا العصر قد تأسست مع نظام حاسوب كمكون جوهري وأساسي. حيث إن نظام الحاسوب هو قلب المنظمة وجميع الأعمال والنشاطات تعتمد عليه حيث أن نظام الحاسوب في مثل هذه الشركات عنصر مهم وأساسي ولا يمكن لهذه المنظمة أن يتم إجراء أي عمل أو نشاط إذا ما توقف الحاسوب أو تعطل النظام ومثال على هذا التعطل:

- انقطاع في الطاقة الكهربائية
- تلف البيانات
- انهيار نظام التشغيل
- فقدان البيانات نتيجة لفيروسات أو عملية هجوم لصوص الحاسوب

إن نظام الحاسوب الذي تم إعداده في المنظمة لا بد له من التغيير أو التعديل أو التحديث كلما تغيرت الظروف وتغيرت متطلبات العمل وتغيرت تقنيات المعلومات في العالم وللأسف هناك العديد من الشركات تفتقر فيها الإدارة ولأسباب عديدة إلى :

- قلة التمويل المالي مما يؤدي إلى العكوف عن القيام بأي نشاط للتغيير والتطور.

- قلة الخبرة باستخدام الحاسوب وتقنيات المعلومات، حيث يتكون الخوف الكبير من التكنولوجيا والخوف من الفشل في استخدامها أو الخوف من عدم توفر الكفاءات والخبرات المناسبة في الوقت المناسب وحسب قدرة وميزانية المؤسسة.
- عدم الإقدام على التغيير من الأنظمة المجربة اليدوية إلى أنظمة الحاسوب وتكنولوجيا المعلومات، حيث أن المؤسسة مطمئنة لوضعها الحالي باستخدام الوسائل اليدوية، حيث ينعدم عندها التفكير العميق بتأثير عدم استخدام التقنيات الحديثة على وضعها التنافسي في المستقبل حيث أن استخدام التقنيات الحديثة لها فوائد عديدة منها :
  - قلة التكلفة في عمليات وتكاليف الإنتاج والمنتجات.
  - قلة الموظفين حيث أن استخدام التقنيات الحديثة يوفر العديد من الأيدي العاملة في المؤسسات.
  - الوصول إلى أسواق جديدة وتوسيع الأعمال
  - زيادة الطاقة الإنتاجية أضعاف مضاعفة.
  - قلة الأخطاء والمشكلات الناتجة من خطوات العمل وخط الإنتاج.

إن المؤسسات وللأسباب أعلاه لن تقوم بالتغير إلى منظمات رقمية تعتمد على الحاسوب والتقنيات الحديثة في كافة أعمالها الداخلية والخارجية.

وعلى كلّ حال فإن الأفكار والظروف دائماً في تغير وفي الغالب بشكل سريع وخاصة في الشركات التجارية المعاصرة، حيث أن هناك العديد من الأسباب المختلفة والتي تقود الشركات إلى التغيير والأخذ بعين الاعتبار حوسبة أعمالها التجارية اليدوية أو حتى تطوير وتحديث الأنظمة المحوسبة لديها إلى أنظمة أكثر تقدماً ومن هذه الأسباب:

- توسع الأعمال التجارية أو أحوال التغير في السوق قد تجلب معها العديد من المشكلات الجديدة والتي لم يتم مواجهتها في السابق.
- في كثير من الأحيان يقوم أحد المنافسين بحوسبة نظام الشركة وبكل بساطة فإن هناك شركات لا تستطيع أن تتحمل أن تبقى متخلفة ولا تتبنى التقنيات الحديثة كما فعلت الشركات المنافسة.

- ربما تكون الدراسات والأبحاث العلمية حول استخدام الحاسوب وفوائده في الأعمال التجارية والشركات وفي كافة الصناعات قد أدى إلى إدراك الإدارة لفوائد التقنيات الحديثة والتحسينات التي تسببت بها هذه التقنيات.

- إن الموظفين الجدد حديثي التخرج وخاصة على المستوى الإداري يمتلكون خبرة كبيرة باستخدام الحاسوب والتقنيات الحديثة حيث انه من الممكن أن يكون لديهم أفكار جديدة معاصرة بما يخص استخدام تقنية المعلومات والحاسوب في الشركات.

- أو أن هناك فهم عام وإدراك كبير للفوائد المحتملة والتحسينات والتي يمكن الحصول عليها من عملية الحوسبة واستخدام تقنية المعلومات في الشركات.

مها كانت الأسباب ففي كل الحالات انه لمن المهم وفي المراحل المبكرة أن يتم تشكيل وتقديم الأفكار حول الموضوع وبشكل متماسك وذلك لتدرك الإدارة النقاط التالية :

- أن عملية الاستثمار في الحاسوب وتقنية المعلومات هو قرار مالي مهم جداً.

- الأنظمة الكبيرة الحيوية تتطلب عملية التغيير وبشكل دوري في وظائف الأفراد وفي طريقة عملها وإدارتها للمشاريع.

إن الطريقة المتعبة في عملية التغيير قد تختلف وذلك حسب طبيعة عمل الشركة وطبيعة الأعمال التي يقوم بتنفيذها نظام الحاسوب والمصادر المتوفرة في المؤسسة.

إن الوظائف الأساسية للإدارة والتي تتضمن التخطيط والتنظيم والتنسيق والتحفيز والتحليل والمراقبة أيضاً يجب أن يتم توظيفها وأخذها بعين الاعتبار وذلك عند اختيار وتطبيق وتنفيذ نظام الحاسوب.

إن النجاح في عملية تقديم نظام حاسوب جديد أو في عملية تحديث النظام إلى نظام أكثر تقدماً يعتمد وبشكل أساسي على عمليات التحضير والتخطيط والتي يجب الاعتماد على تطبيقها قبل البدء بالتغيير.

2-11 مراحل اختيار النظام المناسب

إن التغيير عملية ضرورية من أجل مواكبة التقدم العلمي ومن أجل التمكن من التنافس مع الشركات المتقدمة، إن عملية التغيير ليست عملية سهلة فهي تحتاج إلى الوقت والتمويل المالي وتحتاج إلى الخبرات والكفاءات وقدرات الإدارة ومهاراتها في إدارة عملية التغيير، حيث عملية اختيار النظام المناسب ليست عملية سهلة فهي تحتاج إلى تخطيط وتنظيم ودراسة مسبقة، وعلى العموم فإن هناك ستة مراحل يتم من خلالها اختيار النظام الصحيح والمناسب للمؤسسة وهذه المراحل هي :

- تحليل احتياجات المشروع
- تحديد وتعريف الأقسام التي سوف تتأثر بالتغيير
- تقييم الخيارات والبدائل المتوفرة
- إعداد وتطوير كشف بالمتطلبات
- البحث عن مزود مناسب
- تقييم العروض المقترحة والقيام باختيار النظام المناسب النهائي.

حيث أن الوقت الذي سوف يخصص لكل مرحلة من المراحل أعلاه سوف يختلف وذلك حسب المشاكل التي ستواجه المشروع والتي يتطلب حلها وقت معين وفي بيئة معينة وحسب قدرات وخبرات الإدارة وفريق العمل المخصص لهذا المشروع حيث أن التشديد في هذه الأقسام سوف يكون مركزاً على :

- التحليل الدقيق والشامل على كل الاحتياجات ومشاكل ا لمشروع.
- التوثيق الواضح الشامل لكل المراحل أعلاه.

أولاً : تحليل احتياجات المشروع

إن الهدف الرئيسي لهذه المرحلة هو عملية مراجعة وتحري وتدقيق للمشروع على أنه مبني حسب الوقت الحالي وذلك من أجل تسهيل عملية تعريف مناطق ومساحات المشاكل الرئيسية وهذه عملية ضرورية وذلك لسببين رئيسين هما :

- يجب أن يكون هناك نظام الكمبيوتر المناسب وذلك ليلبي حاجات الأفراد لمشروع معين في المنظمة.
- في كثير من الأحيان وعندما تكون هناك عدة أقسام من الممكن أن تستفيد من عملية تغيير النظام والحوسبة لا يمكن أن يتم حوسبة أو تغيير نظام هذه الأقسام بنفس الوقت وذلك لأسباب عديدة منها :
  - الوقت
  - المصادر
  - التنظيم
  - قابلية التطبيق والتطور والنمو
  - التكلفة

إن عملية تحليل النظام الحالي للمؤسسة أو المشروع ووضعه التقني والتجاري والعملي له هدفين رئيسين هما :

- لكي يتم تزويد إطار عمل على أساسه يتم التخطيط لتوظيف التطبيق المناسب للنظام الجديد المقترح.
- لكي يتم تأسيس وتكوين قواعد وأسس للمتطلبات الأساسية للنظام الجديد المقترح وذلك لاختيار المزودين والذين سوف يتمّ التعاقد معهم لشراء المعدات المطلوبة للنظام الجديد.

إن النظام الجديد المقترح لا بد أن يتضمن العديد من المعلومات والتي تكون مهمة جداً في عملية تحويل النظام الحالي إلى النظم الجديد المتطور والذي سوف يتمّ توظيفه وتطبيقه في النهاية ومن المعلومات التي يجب أن يتضمنها النظام الجديد المقترح :

أ- شرح مفصل للمشروع يتضمن المعلومات التالية:

a. نوع وطور النشاطات في المشروع

b. عدد الموظفين ويتمّ تصنيفهم حسب أصنافهم ومراكزهم وأهميتهم.

c. أهداف العمل التجاري للسنوات الثلاثة القادمة.

d. حجم العمل المتوقع الحالي وخلال السنوات الثلاثة القادمة.

e. نوع وعدد العملاء والمزودين والمنتجات وخطوط الإنتاج... الخ

ب- أي تفاصيل أخرى أو ميزات أو خدمات أو ظروف خاصة والتي لها علاقة بالمشروع والتي يتمّ تمييزها عن الخدمات الأخرى وذلك في نفس مجال خط العمل التجاري.

جـ- تفاصيل إضافية أخرى عن المشروع والطريقة التي يتمّ من خلالها تنظيم وإدارة شئونها، حيث تبين هذه التفاصيل :

f. النشاطات المتعلقة بمختلف الأقسام.

g. تفاصيل عن عملية تدفق المعلومات وخطوات العمل.

h. أي نسخ لمستندات تمّ استخدامها

ثانياً : تعريف المناطق التي ستتأثر في التغيير

في هذه المرحة فإن الإدارة لم تتخذ أي قرار حاسم حول ما إذا أرادت أن تنفذ سياسة التغيير والتطور وتحديث النظام أم لا، لذا فإنه من المفيد أن تتمّ عملية المراجعة والتدقيق لكل الدوائر والمساحات وذلك لتعريف الفوائد المجناة والتي من الممكن أن تأتي من عملية التغيير والتطوير.

إن عملية المراجعة والتحليل من هذا النوع من الممكن أن تؤدي إلى الإدراك بأن هناك مساحات معينة من الشركة قد يكون معيار الوقت والفعالية في عملية التغيير أقل منها في مساحات أخرى من الشركة لذا يجب أن يتمّ ملاحظة هذه المساحات مع التي تمّ ملاحظتها في الأصل، حيث يتطلب ذلك عرض بعض الاقتراحات منها :

- هل من الممكن أن يتم إرسال الفواتير وكشوفات الطلبات في الفترة القريبة.
- هل من الممكن أن تصبح عملية الدفع النقدي للديون أكثر فعالية.
- هل عمليات التأخير في عمليات التسليم والشحن سببها نقص في المواد الأولية والخام أم في النقص في المنتجات النهائية.
- هل يمكن التنبؤ في هذه النواقص وهل يمكن للمساعدة وعملية التغير والحوسبة أن تتعامل بشكل فعال مع هذه النواقص.
- هل يمكن التعامل مع طلبيات العملاء بشكل أسرع.

- هل أفضل صفقة تجارية تمّ الحصول عليها هي عندما نجد المزود المناسب لكل نوع من المنتجات أو المواد الخام.

يجب أن يتم إصدار تقرير يضم على الأقل النقاط أعلاه ويضم الفوائد الممكنة والمجناة من عملية التغيير وعملية تطوير النظام الحالي إلى نظام أكثر تطوراً وأكثر اعتمادية على تقنيات المعلومات حيث في النهاية يتم وضع أولويات للطلبات والتي يتطلب شراءها من مجموعة من المزودين.

بالإضافة إلى ذلك من الممكن أن يكون هناك خصائص وميزات والتي لا يوجد مساحات لها في النظام الحالي والتي من الممكن أن تتمّ الفوائد المجناة من النظام الجديد وعلى سبيل المثال، الشاشات الرسومية والإحصائيات وغيرها من عمليات التحسين والتي لا يمكن أن تتم عملية توظيفها بدون نظام حاسوب متطور، وفي النهاية نرى إن هناك بعض المزايا لا يمكن أن تكون قابلة للتطبيق وذلك لتنوع للثوابت والإمكانيات المتوفرة.

لذا إنه من الضروري في المساحات التطبيقية أن نقوم بشكل واضح بوضع علامة على :

- أي من المساحات تعتبر الأكثر أهمية والتي يجب أن تشكل أساس النظام الجديد المتطور والمحوسب.
- أي من المساحات من الممكن أن يكون التغيير فيها مفيداً ولكن يمكن أن يتم تأجيل ذلك إلى المستقبل القريب.

لذا في نهاية المرحلتين الأولى والثانية يجب أن تكون هناك صورة واضحة تخرج حول الاحتياجات الضرورية والأولويات لهذه الاحتياجات للشركة والمصاحبة لكل المعلومات التي يجتاح إليها من أجل إكمال عملية التغيير والتطور، لذا من الممكن على الإدارة أن تبدأ البحث عن حلول معينة لهذه الاحتياجات والتي تؤدي إلى تغير ناجح وبأقل التكاليف والجهد والوقت المطلوب.

ثالثاً : تقييم الخيارات المتاحة:

إن الخيارات المتنوعة والتي ظهرت في هذه المرحلة على فرض أن النظام اليدوي والنظام القديم هو النظام الوحيد الذي يعمل في هذه اللحظة، هذه الخيارات يمكن تصنيفها على النحو التالي إما في نفس التسلسل أو بتسلسل مختلف:

- **الخيار الأول :** الإبقاء على النظام الحالي اليدوي أو المحوسب وتطوير بعض نشاطاته والقيام بعملية تحسين لفعاليته وذلك بدون تقديم نظام حاسوب جديد.
- **الخيار الثاني :** الحصول على نظام حاسوب يتمّ تطويره من داخل المؤسسة حيث تمّ حوسبة وتغيير بعض أو كل المساحات في الشركة.
- **الخيار الثالث :** تبني حلّ إداري ذو منافع متعددة يتمّ من خلالها تغيير وحوسبة مساحات معينة من الشركة.

إن محتوى كشف المتطلبات والذي يجب أن يضم الحقائق والاستنتاجات التي تمّ اشتقاقها من المرحلتين الأولى والثانية وذلك بعدما وأثناء عملية التحليل.

لاحتياجات المشروع وتعريف المساحات التي يجب أن تتأثر بهذا التغيير، لذا إنه لمن المهم التطرق إلى بعض المزودين والذين سوف يقومون بتزويد المشروع بالمعدات والتقنيات اللازمة لعملية التغيير بالإضافة إلى ذلك فإن كشف المتطلبات لا يحتوي على وصف لكل النشاطات ولكل المشكلات المتعلقة بالمشروع، إن تفاصيل ومعلومات كشف المتطلبات لعملية التغيير لا بد أن يلبي ويراعي بعض الخصائص والميزات منها :

- نوع وحجم البيانات والتي سوف يتمّ استخدامها في النظام، فعلى سبيل المثال ما هي التفاصيل والتي نحتاج إليها والمتعلقة بالعملاء والمزودين والمنتجات وقسم المحاسبة وغيرها؟. حيث أنه أفضل طريقة لتجميع تلك المعلومات هو عبر تدقيقها وتدقيق كل السجلات اليدوية ومن ثم ملاحظة محتوياتها وكيفية العمل على تطويرها وتحسينها.
- حجم البيانات والتي سوف يتمّ توظيفها في النظام الجديد وذلك في الوقت الحاضر ومن الممكن في المستقبل، وعلى سبيل المثال عدد الزبائن أو العملاء

عدد المزودين وعدد خطوط الإنتاج...الخ بالإضافة إلى عدد التعاملات التجارية أو الإدارية والتي تتمّ يومياً وأسبوعيا وشهرياً.

- أي ميزات خاصة والتي تم ذكرها مسبقاً وإذا كان ممكناً فيكن تضمين بعض المخططات فهي ستكون مفيدة جداً للإدارة في إدارة عملية التغيير.
- مخرجات النظام والنماذج المستخدمة مثل التقارير والرسائل والتحاليل والفواتير... الخ وتكرارها المطلوب والذي سوف يتمّ استخدامها في النظام المقترح وأيضاً يجب أن يتضمن هذا القسم جودة الطباعة المطلوبة للمستندات الداخلية والخارجية المستخدمة في النظام.

يجب أن يتضمن مع كل ذلك صورة واضحة لنوع وطبيعة ومدى وقت النظام المطلوب للمشروع حيث أن هذا الوقت يكون مناسباً من أجل عملية البحث عن النظام المناسب والمزود الذي سوف تتعامل معه المؤسسة من أجل إكمال وسدّ حاجات المشروع.

خامساً : البحث عن المزود المناسب

يجب أن يتمّ التذكير والتشديد دائماً أن أهم ميزات أي نظام يجب أن يتمّ استخدامه في المشروع لا بدّ أن يلبي متطلبين هامين هما :

- أنه موثوق ويمكن الاعتماد عليه للقيام بكل نشاطات المؤسسة الرئيسية والفرعية.
- أنه ينبغي أن يقوم بالأعمال والنشاطات كلها المنوط بها بدون إعاقة أو قصور أو توقف وبشكل فعال.

إن ميزة الاعتمادية تتعلق بشكل أساسي بالبرمجيات والمعدات بينما الأداء والفعالية تتعلق بشكل أساسي بالبرمجيات، حيث أن أثمن وأعقد حاسوب أو قطعة من المعدات لا يمكن أن تعمل بدون أن يكون هناك برمجيات تقوم بتشغيلها للاستفادة منها، لذا لا بد للإدارة من تذكر أن المعدات مرتبطة ارتباطاً كبيراً بالبرمجيات لذا يفضل أن يتمّ توفير المعدات والبرمجيات من نفس المزود أن كان ذلك ممكناً.

إن من المهم أن تقوم الإدارة بالبحث عن المزود الجيد الأمين ذو الخبرة المسبقة في حوسبة وتحديث الأنظمة والموثوق بها حيث يفضل كما أسلفنا أن يكون المزود هو نفسه الذي يزود بالمعدات والبرمجيات بالإضافة إلى عمليات التدريب على النظام وكيفية استخدامه كما يكون المزود مسئولاً عن عملية الإعداد والتنصيب وتركيب كل الأجهزة والبرمجيات وأنظمة التشغيل الخاصة بالشبكة والتطبيقات وغيرها. كما لا بدّ من الاهتمام بقضية الضمان وخدمة ما بعد البعد لما لها من أهمية كبيرة في حال كان هناك أخطاء أو حدوث أعطال في ا لنظام وذلك لكي يتمّ التأكيد بأن يبقى النظام عاملا بدون توقف أو إعاقة.

إن عملية اختيار المزود المناسب هي عملية حيوية ومهمة جداً لذا إنه لمن المستحب أن يتمّ اتخاذ القرار بالنسبة إلى طبيعة الأجهزة والبرمجيات حول مصدرها حيث أن هناك خيارات عديدة منها :

- شراء المعدات من مزودين أصليين وهي الأكثر تكلفة وهي في العادة تكون شركات كبيرة وعالمية وتعتبر منتجاتها معتمدة ومستوى خدماتها جيداً إلا أن أسعارها تكون أكثر من باقي السوق.
- يمكن أن يتم تصميم البرامج محلياً داخل الشركة وهذا يتطلب وجود مهندسين وفنيين ذوي كفاءة وخبرة عالية في عمليات البرمجة وكيفية تصميم الأنظمة حتى أنه يمكن محلياً تجميع قطع أجهزة الحاسوب المراد شراءها وذلك من قبل المفنيين المحليين وهذا طبعاً يحتاج إلى إعدادات كبيرة من اجل القيام بذلك.
- يمكن أن يتمّ ذلك حسب الطريقتين أعلاه، أي أنه يمكن شراء بعض الأجهزة والبرمجيات ويمكن في نفس الوقت القيام محلياً بتجهيز بعض البرمجيات من قبل الموظفين الفنيين في الشركة.

سادساً : تقييم الخيارات والقرار النهائي

إذا تمّ قبول العروض فإنه من المستحسن في هذه المرحلة أن يقوم المدير أو من له علاقة باتخاذ القرارات بأن يحضر عرض للنظام المقترح من قبل المزود أو المبني محليا

وذلك باستخدام بيانات من الشركة إذا كان ذلك ممكناً أو من كل مزود اقترحها من عنده، حيث يجب أن يتمّ الأخذ بعين الاعتبار النقاط التالية عند الاتفاق مع المزود:

- يجب أن تكون مسئولية التزويد والتركيب والتدريب والدعم ومن ضمنها ترتيب عقود الصيانة كل تلك يجب أن تكون من مسئولية المزود.
- المزود يجب أن يقدم مراجع معتمدة تدل على خبرته وعمله مع شركات كثيرة من قبل.
- إن النظام يجب أن يتمّ توثيقه بشكل واضح ويجب أن يتمّ توضيح مع من سوف يتمّ الاتصال لتلبية احتياجات الشركة من صيانة ودعم فني وغيرها.
- يجب أن يتم دمج المتطلبات التي تمّ إعدادها مسبقاً في العقد.

في هذه المرحلة تتمّ مقارنة كل الأنظمة المقترحة وفائدة ومزايا ونواقص كلّ منها حيث عند الانتهاء من دراستها من الممكن أن تتخذ الإدارة القرار النهائي بشأن المزود وبشأن النظام ا لمقترح المنوي تطبيقه في المؤسسة.

من الممكن للإدارة في هذه المرحلة أن تقوم بتعيين مستشار أنظمة لديه خبرة كبيرة يمكن استغلالها في اتخاذ القرارات بشأن النظام المقترح، حيث أنه هناك الكثير من الفوائد من تعيين مستشار أنظمة أو مستشار حاسوب ومن هذه الفوائد :

- قدرة المستشار على الإمداد بالتعليقات والملاحظات على المشروع بدون تحيز نحو الحلّ المقترح المحوسب.
- مقدرته على تعريف المشاكل وإضافة وسرد متطلبات أخرى مفيدة للمشروع وتقديمه النصائح المتعلقة بعملية التغيير.
- مقدرته على شرح العديد من مصطلحات الحاسوب إلى المسئولين بلغة سهلة وواضحة وشرح مبدأ عمل العديد من الأجهزة والمعدات والتي تكون متوفرة من اجل توظيفها في النظام الجديد.
- المعرفة والخبرة بالبرمجيات المتوفرة في السوق وجودة كل منها.
- المقدرة على تقييم كل من المزودين وعملية دعمهم بالمعدات والبرمجيات المناسبة.

إن عملية استخدام وتوظيف مستشار تكون مفيدة وغالباً عندما تكون الإدارة مشغولة كثيراً حيث أن تعيين المستشار من الممكن أن يساهم :

- توفير وقت الإدارة والذي يجب أن يتم استغلاله في المهمات والأنشطة المهمة من أجل إدارة وتنظيم المشروع.
- توفير النظام الصحيح للمشروع والشركة من خلال قرارات مبنية على النصائح والتوصيات من قبل متخصص وخبير مثل هذا المستشار.

3-11 مراحل تنفيذ النظام الجديد:

تحضير خطة للتنفيذ

عندما يتمّ استلام المقترحات من عدة مزودين وقبل عملية اتخاذ القرار النهائي من قبل الإدارة حول أي الأنظمة سيتمّ اختيارها من بين البدائل المختلفة فمن الممكن أن يتمّ التحضير لوضع خطة تمهيدية لعملية النظام الذي سوف يتمّ في النهاية توظفيه في المؤسسة وفي بعض أو كل أقسام الشركة. الوجه العام للخطة يمكن تطبيقه على أي نظام سوف يتمّ تنفيذه إلا أن التفاصيل بالطبع سوف تختلف حسب نوع وحجم المشروع وحجم العمليات الداخلية للمؤسسة للمشروع المعين.

كما بينا سابقاً فإن عملية التخطيط هي من أهم الوظائف الأساسية للإدارة وهي أيضاً مهمة جداً في عملية التغيير وتطوير المؤسسة إلى نظام أفضل متقدم، إن عملية التنظيم والتنسيق والمراقبة سوف تكون كلها عمليات ضرورية ومهمة وأساسية خلال فترة التنفيذ كما أيضاً عملية تحفيز الموظفين والذين من الممكن أن يكون لدى بعضهم تحفظات ومعارضة لهذا التغيير.

إن عملية تنفيذ التغيير عملية كبيرة وتحتاج إلى وقت وجهد كبير من أجل الوصول إلى الوضع الجديد المثالي، ويمكن تقسيم مراحل عملية التنفيذ إلى المراحل التالية:

1- تعيين مدير المشروع، ليكون هو المسئول عن المشروع والتفاوض على بنود العقد قبل التوقيع حيث التقرير المقدم منه سوف يكون ذو أهمية كبيرة بالنسبة للإدارة العليا.

2- التنسيق مع المزود من أجل نشاطات التحضير والتسليم والتدريب والإعداد والتنصيب.. الخ.

3- تنظيم وتحضير الموقع وفي حالة بناء شبكة حاسوب لا بدّ من تحديد وتجهيز مواقع مختلف المكونات المتعلقة بنظام الشبكة والحاسبات والخادمات والطابعات والماسحات الضوئية... الخ حيث يتطلب إعداد الموقع المزيد من قوابس الكهرباء وبنية تحتية لخطوط شبكة الحاسوب والكابلات المتصلة بها.

4- القيام بعمليات طلب القرطاسية والمستلزمات المستهلكة التي يحتاج إليها فريق العمل.

5- يجب أن يتمّ الاتفاق على مواصفات النظام وخاصة في حالة تصميم البرمجيات حسب طلب المؤسسة.

6- إعادة تنظيم الموظفين والتحضير من أجل تعيين بعض الموظفين بشكل مؤقت من أجل القيام بإدخال البيانات إلى الحاسوب.

7- تنظيم البيانات اليدوية وذلك كعملية تحضير من أجل تغذيتها إلى الحاسوب.

8- متابعة ومراقبة عمليات التسليم في النظام والشروع في التحضير والإعداد من أجل حضور جلسات التدريب على النظام.

9- تدريب كل الموظفين المعنيين سواء كان موظفين دائمين أو بعمل مؤقت والقيام بالإعدادات من أجل التحضير لعملية وإجراءات التوثيق لكل خطوات التنفيذ خطوة بخطوة.

10- اختبار النظام باستخدام بيانات اختبار وضعت خصيصاً لعملية الاختبار.

11- القيام بإدخال البيانات الحية والبيانات الرئيسية إلى النظام وهذه البيانات تكون ثابتة ولا تتغير.

12- القيام بإدخال البيانات المتحركة والتي تخص العمل والعملاء وهي على الأغلب تتغير حسب العمليات التي تجرى عليها، حيث في هذه الخطوة يكون كلا النظامين بعملين النظام القديم والنظام الجديد بشكل متواز.

13- عندما تتمّ الخطوة السابقة (12) بشكل ناجح مئة بالمائة يتم هجر النظام القديم والعمل بالنظام الجديد فقط (انظر الشكل التالي : 11-1)

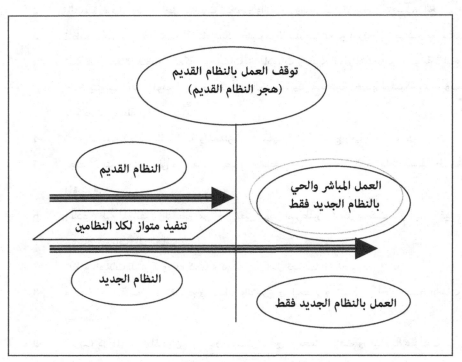

شكل 11-1 العمل المباشر بالنظام الجديد

11-4 مواقف الموظفين

تختلف مواقف الموظفين حول النظام الجديد حيث يمكن تقسيمها إلى ثلاثة مواقف :

• موقف معارضين ومتشددين للنظام الجديد

• موقف مؤيد بشدة للتغيير والتطور والنظام الجديد

• مواقف محايدة وليس لها رأي واضح حول التغيير.

على مدير المشروع أن يلم بهذه المواقف وأن يعمل على توحيدها وجرها نحو تشجيع التغير والتطور لذا عليه أن يضع إستراتيجية وخطة من أجل القيام بذلك وهذه الخطة من الممكن أن تنبني على أساس النقاط التالية:

- عقد الاجتماعات واللقاءات والتي يشرح من خلالها مدير المشروع أهمية التغير والتطور وأهمية استخدام الحاسوب والتقنيات الحديثة في تطور الشركة ونجاحها ونجاح الموظفين وتطورهم.

- بيان أهمية الحاسوب للعمل وبيان خصائص الحاسوب وفوائده للمشروع وبيان وشرح استخداماته.

- يجب على المدير أن يشرك الموظفين في تنفيذ المشروع وتسهيل عملية التشاور معهم لأخذ آرائهم واقتراحاتهم مما يشجعهم كثيراً على العمل بتنفيذ المشروع بشكل اقوي واكبر.

- على المدير أن يبين للموظفين أن استخدام الحاسوب وتوظيفه في المؤسسة لا يعني الاستغناء عن خدمات الموظفين بل على العكس حيث يعتبر الحاسوب أداة بيد الموظف كالآلة الحاسبة لتسهيل وتسريع العمل وجعله أكثر كفاءة وفعالية.

- يجب على المدير عقد الدورات التدريبية للموظفين وحثهم علي حضورها مما يزيد من إقبالهم على قبول النظام وعدم الخوف من استخدام الحاسوب.

الفصل الثاني عشر

إدارة المعرفة والجودة

محتويات الفصل الثاني عشر:

1-12 الجودة وإدارة المعرفة

2-12 تكلفة الجودة

الأهداف التعليمية للفصل الثاني عشر:

يهدف هذا الفصل إلى التعريف بأهم المفاهيم المتعلقة بإدارة الجودة :

ومن أهم أهداف هذا الفصل:

- **معرفة المقصود بمفهوم الجودة.**
- **التعرف على النشاطات المتعلقة بإدارة الجودة.**
- **التعرف على النقاط المتعلقة بعملية التحكم ومراقبة الجودة.**
- **التعرف على مراحل تخطيط الجودة.**
- **التعرف على عملية مراقبة الجودة.**
- **التعرف على ماهية المراجعات التقنية الرسمية.**
- **التعرف على المقاييس والمعايير المتبعة لقياس االجودة.**
- **التعرف على الخطوات التي تتمّ من أجل التحقق من معايير الجودة للمشاريع.**

الفصل الثاني عشر

إدارة المعرفة والجودة

1-12 الجودة وإدارة المعرفة Quality and KM

إن إدارة المعرفة تتطلب من الشركة أن توفر للأفراد والموظفين البيئة المثالية للعمل من اجل أن تكون شركة ناجحة تؤدي عملها على أكمل وجه، أن تطبيق نظام الجودة في الشركة يؤدي إلى ريادة الشركة وبقائها في أعلى قمة التنافس ويضمن لها رضاء العملاء والمزودين وكل من له علاقة ومصلحة مع هذه الشركة، كما أن تطبيق الجودة في العملية التجارية داخل الشركة وفي تعاملها يؤدي إلى ثبات الشركة وبقاءها وتخطيها لكل العقبات التي تواجهها سواء كانت عقبات داخل الشركة أو خارجها. فتطبيق الجودة يؤدي بالأفراد إلى أن يبذلوا أقصى ما عندهم من اجل مصلحة الشركة ومصلحتهم، حيث تمثل تطبيق الجودة الحافز الفعال لهم من اجل اكتساب المزيد من المعرفة والتي تعمل على تحسين المنتجات وإنشاء منتجات جديدة.

قد عرّف قاموس التراث الأمريكي الجودة بأنها خصائص أو سمات الشيء، أما اليابانيون فقط عرفوا الجودة بأنها " الرضاء المطلق للزبون أو العميل " ورضاء الزبون يشمل رضاه عن المنتج ذو الجودة الجيدة ورضاه عن عملية الشحن والتوزيع ضمن الميزانية والوقت المناسب، ورضاه عن طريقة العملية التجارية وبنود العقود وغيرها.

وهناك تعريف واسع الانتشار للجودة تمّ تزويده من قبل منظمة المعايير الدولية والتي تسمى بمنظمة ISO (International Organization Standardization) وهي منظمة تعنى بإصدار نشرات ومعلومات تخص المعايير والمقاييس العالية الجودة لمختلف القطاعات الصناعية كالهندسة والطب والكمبيوتر والاقتصاد وغيرها وقد عرفت منظمة الآيزو الجودة كما يلي:

الجودة عبارة عن مجموعة من السمات أو الخصائص لمنتج أو خدمة معينة والتي تظهر مقدرتها على تلبية الحاجات الضمنية والصريحة. ويمكن سرد بعض هذه الخصائص التي يجب أن يتميز بها المنتج أو الخدمة المقدمة من المؤسسات ومنها :

- الاعتمادية (وهي قوة المنتج في تلبية الحاجات حيث يمكن الاعتماد عليه بشكل موثوق).
- إعادة الاستخدام (يمكن إعادة تدويره وإعادة استخدامه مرة أخرى).
- السلامة والأمن Security
- الرشاقة والقوة Robustness and Power
- البساطة وعدم التعقيد Simplicity
- قابل للتعلم Learnability
- قابل للاستخدام Usability
- قابل للفهم Understandability
- قابل للتأقلم (يعمل تحت ظروف كثيرة وعديدة) Adaptability
- الفعالية Efficiency
- مقسم إلى أجزاء (سهل التركيب والفك والحمل والنقل...الخ) Segmental
- قابل للاختبار Testability
- قابل للنقل Portability

2-12 تكلفة الجودة Quality Cost

إن عملية ضمان الجودة لا تأتي بسهولة إذ لا بد من عملية تخطيط وتنظيم وإدارة من قبل مدير المشروع، وهناك ثلاثة نشاطات رئيسية تتعلق بإدارة الجودة وهذه النشاطات الثلاثة:

- تأكيد ضمان الجودة : وتتم من خلال تأسيس إطار عمل من الإجراءات أو النشاطات والمعايير والتي تؤدي إلى منتجات ومشاريع ذات جودة عالية.
- التخطيط للجودة: وتتم من خلال اختيار إجراءات مناسبة واختيار مقاييس من خلال إطار العمل هذا والذي يتم توظيفه من قبل طبيعة المشروع الجاري إدارته.

- مراقبة الجودة: وهي عملية تعريف وسن العمليات والتي تضمن أن فريق أعضاء المشروع يقوموا بعملهم حسب مقاييس ومعايير الجودة.

هناك ما يسمى بتكلفة الجودة وهي الثمن أو الضريبة التي لا بدّ من القيام بها لكي نضمن أن يتم إدارة وتنظيم المشروع بجودة عالية،وهذه التكلفة من الممكن أن يتم تقسيمها إلى ما يلي:

- **تكاليف وقائية.هذه التكاليف تتضمن:Preventative Cost**
  - التخطيط للجودة
  - مراجعات فنية رسمية ودورية لقياس نسبة الجودة
  - استخدام معدات اختبار
  - التدريب لكل الأفراد على الامتثال للمقاييس والمعايير وأداء العمل بشكل فعال.

- **تكاليف الفشل أو الخطأ أو الخلل الداخلي وهذه التكاليف تتضمن :**
  - إعادة العمل مرة أخرى من الصفر
  - إصلاح الخطأ أو الخلل
  - عملية تحليل طور الخلل أو الخطأ

- **تكاليف الفشل أو الخطأ الناتج من خارج الشركة**
  - شكاوي ناتجة من خارج الشركة (العملاء، المزودين، شركاء العمل..الخ)
  - إعادة المنتج أو عملية استبداله
  - تكاليف الدعم الفني والمساعدة
  - تكاليف عمليات الضمان وا لصيانة لفترة ما بعد البيع.

3-12 نموذج ضمان الجودة للمشاريع Quality Assurance Model

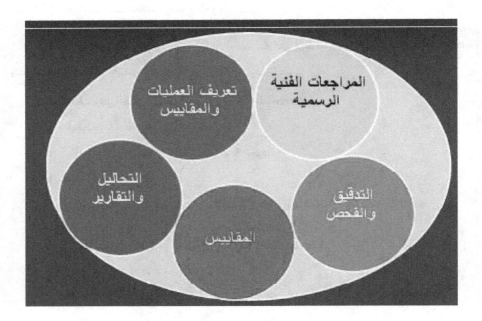

شكل 12-1 نموذج ضمان الجودة

إن عملية التحكم بالجودة تتطلب كثيرا من المراقبة لأداء فريق العمل لضمان تحقق الجودة حسب المقاييس والمعايير والإجراءات، حيث في نهاية كل مرحلة يجب أن يتم قياس ما تمّ تحقيقه ومقارنته مع المعايير والمقاييس المعتمدة في المؤسسة ومدى مطابقة ما تمّ مع هذه المرحلة وأيضاً في نهاية المشروع وعند تسليم النتائج لا بد من إجراء عملية القياس لمدى امتثال نتائج المشروع إلى مواصفات الجودة.

الشكل 12-1 يبين نموذج بسيط لعملية التحكم ومراقبة الجودة حيث يضم هذا النموذج خمسة نقاط أساسية هي :

• المراجعات التقنية الرسمية Format Technical Preview

• تعريف العمليات والمقاييس

• المقاييس

• التدقيق والفحص

• التحاليل والتقارير

4-12 التخطيط للجودة Quality Planning

تعتبر مرحلة تخطيط الجودة من المراحل المهمة في عملية ضمان الجودة حيث يتم فيها تطوير وإصدار خطة جودة شاملة للمشروع تتضمن هذه الخطة كل العمليات المطلوبة وكمياتها مع شرح ووصف تفصيلي على كيفية تقييم وقياس هذه العمليات طبقاً لمعايير ومقاييس الجودة حيث تعرف هذه الخطة في النهاية المعاني الحقيقية لتحقيق الجودة في عمليات المشروع ومراحله بالكامل.

خطة الجودة لا بدّ أن تتضمن عملية اختيار المعايير والمقاييس المناسبة والتي تكون مناسبة للمنتج الذي سوف يتمّ إنتاجه أو للمشروع الذي سوف يتم تنفيذه أو حتى للخدمة التي سوف يتم تقديمها، حيث أن كل معيار جديدة لا بد أن يتضمن منهج وأدوات جديدة لكي يتم تطبيقها عند تنفيذ المشروع.

هامفري أحد أساتذة الغرب في كتابه إدارة المشاريع اقترح المكونات التالية والتي يجب أن تضمها خطة الجودة وهذه المكونات هي :

- تقديم الإنتاج. وهي عملية وصف للمنتج وعملية تسويقه والجودة المتوقعة لهذا المنتج.
- خطة الإنتاج. التواريخ الزمنية الحاسمة والمسئوليات المترتبة عليها للمنتج بالتزامن مع الخطط لعملية التوزيع والتسليم وخدمات المنتج.
- وصف العملية. وصف لعملية التطوير التنفيذ والتي يجب أن يتم تطبيقها أثناء تنفيذ المشروع وإدارته.
- أهداف الجودة. أهداف الجودة والخطط للمنتج أو المشروع يجب أن تتضمن تعريف وتبرير للصفات والسمات التي يجب أن يتصف بها المنتج أو خطوات المشروع.
- المخاطر وإدارة المخاطر. المخاطر الأساسية والتي من الممكن أن تؤثر على جودة المنتج والخطوات الفعالة التي لا بدّ من القيام بها لمعالجة هذه المخاطر.

من الواضح أن خطط الجودة تختلف في التفاصيل والمعايير والمقاييس وذلك حسب طبيعة المشروع وحجمه ونوعه ونوع الأنظمة والأدوات المستخدمة في تطوير المنتج إلا أنه وعندما يتم كتابة خطط الجودة فيجب أن يتم محاولة إبقاءها مختصرة قدر الإمكان وذلك لكي يتمكن الأفراد الذين لهم علاقة بتطوير المشروع من قراءتها حيث لو أنها كانت كبيرة فلن يقرأها أحد مما يؤدي ذلك إلى عدم تحقيق الجودة في كل مراحل المشروع وبالتالي عدم تحقيق الجودة في المنتج النهائي.

يجب أن تتضمن خطة الجودة المعايير والمقاييس التي يجب أن يتم الإمتثال لها لكي تحقق الجودة والتي هي كما تمّ تعريف في بداية هذه الوحدة سمات أو صفات شيء ما، حيث أن هناك مدى واسع وكبير لسمات الجودة والتي يجب أخذها بعين الاعتبار عند وضع خطة الجودة إلا أنه لا يمكن لمنتج معين أو مشروع معين أن يتم تطبيق جميع هذه الصفات عليه، فكل مشروع أو منتج من الممكن أن يتصف ببعض هذه السمات أو الخصائص وفيما يلي سرد لأهم هذه السمات والتي تساهم في ضمان الجودة ومن هذه السمات أو الخصائص:

- الامتثال للمتطلبات الموضوعة
- عمليات التوثيق
- الأمن والسلامة
- تقسم المنتج إلى وحدات (من أجل سهولة الفك والتركيب والنقل والحمل..الخ)
- الاعتمادية والوثوقية (المنتج يعتمد عليه بقوة ويمكن الوثوق من قدرته على أداء العمل بشكل مضمون ولفترات طويلة دون الحاجة إلى عمليات صيانة)
- نسبة التعقيد (كلما كان هناك بساطة في التصميم كلما كان افضل)
- قابلية التعليم (يمكن تعلم المنتج بشكل سهل)
- الفعالية في الأداء والعمل
- الرشاقة (سرعة تنفيذه للوظيفة)
- الاستخدام (يمكن استخدامه والاستفادة منه في احد جوانب الحياة)
- إعادة الاستخدام (يمكن تدويرة وإعادة استخدامه عند انتهائه مدة خدمته)

- التأقلم (مدى تأقلمه وعمله في مختلف الظروف)
- قابل للنقل (يمكن نقله بسهولة ويسر)
- الاختبار (قابل للاختبار والفحص)
- قابلية ا لصيانة (يمكن صيانته واصلاحه بطريقة سهلة)
- الفهم (سهل الاستخدام وسهولة فهم طريقة عمله)

5-12 مراقبة الجودة Quality Control

عملية مراقبة ومتابعة الجودة تتضمن مراجعة كل النشاطات والإجراءات اللازمة لتطوير وتنفيذ وإصدار المخرجات من بداية تعيين المشروع وحتى انتهاء المرحلة الأخيرة منه وتسليم النتائج حيث يتمّ مراقبة تطبيق المعايير والمقاييس المعتمدة في المؤسسة ومدى الامتثال والالتزام بها من كل أعضاء فريق المشروع حيث يتمّ اختبار نتائج المشروع مع هذه المعايير في عملية مراقبة لأداء الجودة، وخلال مرحلة مراقبة الجودة لا بد من التأكد من عمليات التوثيق في كلّ مراحل المشروع المختلفة، ومن الممكن استخدام التقنيات الحديثة والبرمجيات ذات الفعالية العالية في قياس ومراقبة الجودة لكثير من المنتجات.

6-12 المراجعات التقنية الرسمية

عمليات المراجعة لا تعتبر الوسيلة الأكثر شيوعاً لقبول وضمان الجودة للعمليات أو المنتجات حيث تتضمن هذه الوسيلة تعيين مجموعة من الأفراد من اثنين إلى أربعة مهمتهم عملية التدقيق والمراجعة لكافة المستندات المتعلقة بالمشروع مع فريق العمل ومدير الإنتاج من التأكد من تحقيق الجودة وذلك باكتشاف المشكلات والأخطاء حيث تتمّ ذلك بإجراء لقاءات دورية عند نهاية كل مرحلة من مراحل المشروع وعند انتهاء المشروع، ويجب أن يتمّ تسجيل كل نتائج عمليات التدقيق والمراجعة وتوثيقها للعودة إليها فيما بعد ومن اجل تسليمها إلى المدير المسئول والذي من الممكن أن يكون مسئولاً عن عملية تصحيح وعلاج هذه الأخطاء ومن الممكن أن يكون مدير المشروع نفسه.

يمكن تلخيص دور وواجبات فريق المراجعة والتدقيق بالنقاط التالية:

- إعداد خطة لضمان الجودة خاصة بالمشروع حيث يتم تعريف الخطة بحيث تضم النقاط التالية:
  - o عمليات التقييمات التي يجب أن يتمّ تنفيذها.
  - o عمليات التدقيق والمراجعات التي يجب ان يتم تنفيذها
  - o المعايير والمقاييس والتي يجب ان يتم تطبيقها في المشروع.
  - o الإجراءات المتخذة عند حدوث الأخطاء ومتابعتها وإصدار التقارير بشأنها.
  - o المستندات التي يجب ان يتم إصدارها لمجموعة فريق عمل ضمان الجودة.
  - o كمية معلومات التغذية الراجعة والتي يجب ان يتم تزويدها من فريق عمل المشروع.
- المشاركة في تطوير الوصف والإجراءات التي تتعلق بالمشروع
- مراجعة جميع النشاطات لكل مرحلة من مراحل المشروع وذلك للتأكد من امتثالها مع المعايير والمقاييس المتبعة في المؤسسة ويتم ذلك بالقيام كما يلي:
  - o تعريف ومراجعة المستندات ومتابعة ما تم تسليمه من نتائج العمل والتأكد من تصحيح كل المشكلات التي اكتشافها.
- تدقيق تصميم المنتج للتأكد من توفقه من معايير المؤسسة وذلك بمراجعة مخرج من نتائج العمل والتأكد من إجراء كافة التعديلات المطلوبة عليه.
- التأكد من عملية التوثيق في كل مراحله عمل المشروع.
- تسجيل اية أخطاء أو عدم امتثال لمعايير الجودة وإصدار التقارير حول ذلك إلى المدراء الكبار في المؤسسة حيث يتم متابعة أي تجاوزات للتأكد من حلها.

عند عقد اللقاء أو الاجتماع المتعلق بتدقيق ضمان الجودة لا بد من حضور سبعة أفراد على الأقل هم:

- قائد فريق ضمان الجودة ويكون هو المسئول في أثناء عقد الاجتماع.
- حامل للمقاييس والمعايير المتعلقة بالمؤسسة
- مدير المشروع
- مراجع ومدقق وهو من ضمن فريق عمل ضمان الجودة

- ممثل للعملاء أو المزودين
- مسجل يقوم بتسجيل كل ما يدور في الاجتماع
- مسئول الصيانة وعمليات اصلاح الخطأ أو الفشل.

يجب على مدير المشروع وفريق عمل ضمان الجودة عند انعقاد الاجتماع أن يقوموا بالعديد من التحضيرات قبل وأثناء وبعد الاجتماع ومن هذه التحضيرات :

- يجب أن يكون مستعداً، حيث يجب عليه أن يقوم بمراجعة جميع ما تمّ انجازه إلى الآن بشكل حذر ودقيق.
- في أثناء اللقاء يجب أن يتم تدقيق النتائج وما تمّ انجازه وليس الأفراد ذاتهم.
- يجب أن يتم الاجتماع بشكل هادئ وبدون عمليات صراخ أو تعصب أو غيرها حيث يجب أن يتمّ طرح الأسئلة والابتعاد عن الاتهامات.
- يجب أن يتمّ تحضير أجندة المشروع ويجب الالتزام بها
- يجب إثارة القضايا والمشكلات ولا يجب التطرق إلى حلها في هذا اللقاء
- يجب تجنب مناقشة أسلوب الإدارة وأن يتمّ الالتزام بالتصحيحات الفنية
- يجب أن يتم جدولة عمليات التدقيق لفريق ضمان الجودة كما تمّ جدولة نشاطات المشروع ومراحله المختلفة.
- يجب أن يتم تسجيل وتوثيق كل النتائج وتفاصيل الاجتماع.

يمكن لفريق ضمان الجودة أن يقوم بتصحيح جدول على شكل مصفوفة يتمّ تعبئتها أثناء اللقاء حيث تضم هذه العديد من النقاط وذلك حسب طبيعة المشروع والجدول التالي (12-1) يمثل مثالاً لهذه المصفوفة:

مراجعة دورية للخطأ	تمّ التحري والتقصي	تمّ تدقيق المستند كاملا	تمّت المراجعة	البيـــــان
نعم	نعم	لا	نعم	تمّ إنشاء الأجندة
نعم	نعم	لا	نعم	مدير المشروع مثل وشرح المنجـزات التي تمّت
لا	نعم	نعم	نعم	إنشاء قائمة بالمتطلبات
نعم	لا	لا	نعم	تصنيف الأخطاء
لا	لا	نعم	نعم	قائمة استخدمت لوضع علامـة عـلى الأخطاء
لا	لا	نعم	نعم	المسجل قام بتسجيل تفاضيل اللقاء
ربما	نعم	نعم	لا	يجب أن يوقع الفريق على النتائج

7-12 المقاييس والمعايير المتبعة لقياس الجودة Measurement

إن عمليات مراجعة الجودة وتدقيقها تعتبر عملية مكلفة ومستهلكة للوقت والجهـد والمـال ويمكـن أن تتسبب في تأخير المشروع بعض الوقت إلا أنها تضمن أن يتم إنتاج وتطبيق المشاريع بجودة عالية، لذا من المهم أن يتم تسريع عملية المراجعة باستخدام أدوات وذلك لجعل عملية ا لتدقيق والاختبار محوسبة ومؤتمتة تؤدي عملها بشكل فعّال وسريع، حيث تسعى هذه المقاييس إلى اشتقاق قيم رقمية أو عددية لـبعض الخصـائص أو السـمات التي تحقق الجودة حيث تتم عملية مقارنة هذه الأرقام مع بعضها البعض ومع الأرقام اللازم الامتثال بها والتي تحقق الجودة وقياس نسبة الجودة للمنتج النهائي.

وهناك طريقتين رئيسيتين يمكن من خلالها استخدام المقاييس والمعايير والتي يتمّ تطبيقها لقياس الجودة :

1- اصدار تنبىء عام حول النظام. وذلك بقياس الخصائص السمات لمكونات المنتج أو نشاطات مراحـل المشروع ومن ثم القيام بتجميع وتكتيل هذه القيم حيث يمكن بعدها القيام بتخمين عام عن سمات النظام مثل عدد الأخطاء في النظام أو المنتج أو نسبة المادة الأولية المعينة في المنتج والذي تؤدي إلى نسبة مئوية من الجودة على سبيل المثال قد تصل جودة المنتج إلى 90% أو 49 % وهكذا.

2- لتعريف المكونات المجهولة المقاييس من الممكن ان تقوم بتعريف المكونات الفردية والتي تـمّ اقتباس خصائصها من معيار أو مقياس معين وعلى سبيل المثال يمكن قياس المكونات للكشـف عـن اكبر مكون يتميز بالتعقيد ويتميز بعدم الإلمام الكامل به والتي يفترض انها سوف تتسبب بالكثير من الأخطاء أو المشكلات حيث يجب أن يتمّ التركيز على هذه المكونات أثناء عملية المراجعة والتدقيق.

وعادة من المستحيل أن يتم قياس سمات جودة المنتج بشكل مباشر، فسمات الجودة مثل قابليته للصيانة وقابليته للفهم وقابليته للاستخدام هي سمات خارجية تعتمد بشكل خاص على رؤية المطورين والمنتجين والمستخدمين لهذا المنتج حيث أنها تتأثر بالكثير من العوامل ولا يوجد طريقة بسيطة يمكن من خلالها قياسها إلا أن هناك الكثير من السمات يمكن قياسها بسهولة كالحجم.

عملية فرض أن هناك علاقة موجودة بين ما يتمّ قياسه وما يراد أن يتمّ معرفته حيث أنه يجب أن تكـون هناك علاقة واضحة ومقبولة للسمات الداخلية والخارجية للمنتج.

الشكل التالي 12-2 يبين بعض السمات الخارجية التي يمكن الاهتمام بها وبعض السـمات الخارجيـة التـي تكون مرتبطة بها ارتباطاً وثيقاً حيث يقترح هذا الشكل أن هناك علاقة بين بين السمات الخارجية والداخلية ولكن يعرف ما هي هذه العلاقة حيث انه إذا كان القياس المستخدم في قياس السمات الداخلية مفيداً لخصائص المنتج الخارجية فإنه يجب أن تتحقق ثلاثة شروط :

• السمات الداخلية يجب قياسها بشكل دقيق

- يجب أن تكون هناك علاقة بين مـا نسـتطيع ان نقيسـه والسـلوك الخـارجي للنشـاط والـذي نحـن مهتمين بمعرفته.

- إن العلاقة مفهومة وتمّ قبولها ويمكن التعبير عنها على شـكل نمـوذج أو معادلـة أو علـى شـكل قـيم رقمية.

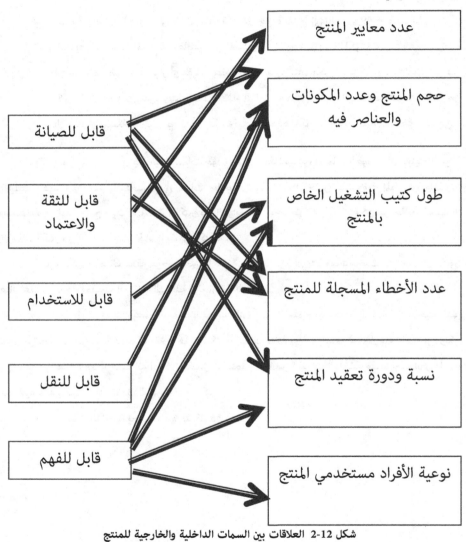

شكل 12-2 العلاقات بين السمات الداخلية والخارجية للمنتج

8-12 عملية القياس

الشكل التالي 12-3 يبين خطوات وعملية القياس التي تتمّ من أجل التحقق من معايير الجودة للمشروع حيث تتكون عملية القياس من عدة خطوات هي :

- خطوة اختيار المقاييس المراد اجرائها، حيث أن المقياس الذي يؤدي إلى إجابة على بعض الأسئلة يجب ان يتمّ اختياره ومن يجب أن يتمّ تشكيله وتعريفه من أجل الحصول على الإجابات.
- خطوة اختيار المكونات التي يجب أن يتمّ تقييمها، حيث أنه ليس من الضروري أن يتمّ اختيار كل العناصر من أجل القيام بقياس المعايير عليها حيث يفضل التركيز على المكونات الجوهرية والتي يتمّ استخدامها بشكل ثابت.
- خطوة قياس خصائص المكونات والعناصر، العناصر المختارة يتمّ قياسها، والمقاييس المصاحبة لها يتم حساب قيمة المعيار لها حيث يتطلب هذا تضمين عملية معالجة تمثيل العناصر مثل التصميم والطور... الخ وذلك باستخدام بيانات تمّ جمعها بشكل تلقائي باستخدام أدوت وبرمجيات حاسوب متطورة.
- خطوة تعريف المقاييس المجهولة، بعد أن تتمّ عملية القياس للمكونات فيجب أن تبدأ عملية مقارنة هذه المقاييس مع مقاييس سابقة والتي سبق ان تمّ تسجيلها وحفظها في قواعد بيانات محوسبة عندها يتمّ البحث القيم الغير عادية أو القيم العالية لكل مقياس حيث أنه من الممكن ان تؤدي هذه إلى اكتشاف الأخطاء أو المشكلات التي تصاحب هذه المكونات ذات قيم مقاييس عالية.
- خطوة تحليل العناصر المجهولة، بعد أن يتمّ تعريف المكونات والتي لها قيم مجهولة أو عالية يجب ان يتم اختبار هذه العناصر ليتم التقرير فيما إذا كانت قيم القياس المجهولة لهذه العناصر تعني أن جودة هذه العناصر لم يتمّ تحقيقها أو تمّ تحقيق الجودة فيها.

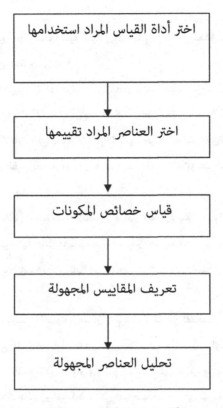

شكل 12-3 عملية قياس جودة المنتج

المراجع :

- John McManus , 2003,- Information system Project Management , Prentice Hall ,UK

- Sommerville , 2004, " software engineering, 7th edition, Prentice Hall ,UK

- Laudon and Loaudon, 2004 , " management Information system ", Prentice Hall ,UK

الفصل الثالث عشر

إدارة أنظمة أمن البيانات

Security Management Systems

محتويات الفصل الثالث عشر:

الأهداف التعليمية للفصل الثالث عشر:

يهدف هذا الفصل إلى التعريف بأهم المفاهيم المتعلقة بأمن أنظمة الحاسوب وكيفية الحماية من التهديدات التي تؤثر على نظام الحاسوب، كما يشرح هذا الفصل المبادئ الأساسية لأمن المعلومات والحاسوب ومن أهم الأهداف التعليمية لهذا الفصل :

- التعرف على المكونات الأساسية لأمن نظام الحاسوب مثل السرية وسلامة البيانات وإدامة إتاحتها للمستخدمين الشرعيين.

- التعرف على أهم التهديدات والمخاطر التي من الممكن أن يتعرض لها نظام الحاسوب.

- التعرف على أهداف أمن الحاسوب.

- التعرف على قضايا التشغيل لنظام الحاسوب مثل تحليل المخاطر والتصميم والمواصفات والقوانين والأخلاق المتعلقة بها.

- التعرف على القضايا المتعلقة بالعنصر البشري ومشاكل التنظيم والتنسيق في المؤسسات التجارية.

الفصل الثالث عشر

إدارة أنظمة أمن البيانات

Security Management Systems

13- 1 مقدمة عامة Introduction

إن العصر الذي نعيش فيه يمتاز باستخدام تقنيات المعلومات بشكل لم يسبق له مثيل، وتقنيات المعلومات او تكنولوجيا المعلومات ما هي إلا استخدام التقنيات الحديثة مثل الحاسوب والإنترنت والطابعة والهواتف النقالة وغيرها من التقنيات الحديثة في جمع البيانات ومعالجتها وبثها (نقلها) فعلى سبيل المثال نحن نستخدم الحاسوب في إجراء العمليات الحسابية بدلاً من استخدام الملفات الورقية وكذلك من الممكن استخدام البريد الإلكتروني لإرسال وتلقي الرسائل بدلاً من استخدام البريد العادي وغيرها، إذا فنحن الآن نستخدم تقنية المعلومات بشكل كبير وهذه نعمة كبيرة سخرها الله لنا في هذا العصر عصر السرعة حيث وفر الله لنا هذه الأجهزة حتى نقوم بانجاز جميع معاملاتنا بشكل أسرع وأكثر فاعلية حيث نرى في هذا العصر- أيضاً استخدام تقنية الاتصالات اللاسلكية بشكل كبير ولم يسبق له مثيل حيث نستخدم الهاتفات النقالة في إجراء العديد من الاتصالات والقيام بإرسال العديد من الرسائل النصية والصوتية ورسائل الوسائط المتعددة والتي بدأت تنتشر في الآونة الأخيرة كما أن الهاتفات الخلوية تستخدم في إجراء العديد من النشاطات الأخرى مثل التجارة الإلكترونية والتعليم الإلكتروني والقيام بتنظيم وتنسيق الأعمال التجارية وإجراء العديد من النشاطات المتعلقة بالأعمال التجارية مثل التسويق وإدارة العلاقات مع الزبائن وغيرها الكثير الكثير من النشاطات التي تزداد يوماً بعد يوم. إن استخدام هذه التقنيات الحديثة بشكل كبير فتح باباً واسعاً لضعاف النفوس من لصوص الحاسوب والمتطفلين وقراصنة الحاسوب والذين ليس لهم عمل سوى القيام إما بالتجسس والتنصت على غيرهم من الأفراد والشركات التجارية أو القيام بعمليات سرقة لمعلومات أو أموال أو القيام بعمليات تدمير وتخريب للبيانات والبرامج وأجهزة الحاسوب وحتى الأجهزة الخلوية، لذا لا بد من طرق لحماية أنفسنا ومصادرنا من هذه الأخطار جميعاً.

إن المشاكل الأمنية التي تواجهها الشركات والأفراد هي مشاكل مستمرة فهؤلاء القراصنة والمخربين يسعون دائماً إلى إيجاد وسائل وتقنيات جديدة من أجل استخدامها في إجراء عملياتهم التخريبية والتدميرية، فكلما تم ابتكار طريقة جديدة لصد أنواع معينة من الهجوم والتهديد يقوم هؤلاء القراصنة بابتكار طرق جديدة أخرى أكثر خطورة وأكثر مكراً من التي قبلها. إن المشاكل الأمنية لا تأتي من هؤلاء القراصنة واللصوص فقط بل أكثر عمليات السرقات والتهديدات تأتي من داخل المؤسسات حيث تبين أن أكثر من 60% من السرقات المالية وسرقات المعلومات والأسرار التجارية يقوم بها موظفين من داخل الشركة. لذلك كله لا بد للأفراد والشركات أن تكون واعية لما يجري حولها من الأخطار والتهديدات وأن تقوم بكلّ ما هو ضروري ولازم من أجل صد هذه الأنواع أو منعها أو القيام بالتقليل منها بأكبر قدر ممكن وذلك باستخدام التقنيات الحديثة الأخيرة والتي تستخدم في مقاومة ومنع والتصدي لهذه الأخطار التي تحيط بالشركات من الداخل والخارج.

يعتمد الحل الأمني الذي تقدمه التقنيات الحديثة على العديد من العوامل منها :

1. مدى التهديدات التي يواجهها النظام الحالي للمؤسسات أو حتى الأفراد.
2. تشابه التهديدات على الأنظمة المختلفة والمفعلة في الشركات.
3. الحالة التقنية المتوفرة حالياً لحماية النظام ومدى قوتها لصدّ ومنع الهجوم.
4. الحالة التقنية المتوفرة لمجموعة الأنظمة المتوفرة حاليا.
5. قيمة موارد ومصادر معلومات المؤسسة.

يحتاج الحل الأمني في الكثير من الأحيان إلى تطوير لعمليات صدّ الهجوم ضدّ التهديدات المختلفة والمتشابه. إن الحلّ الأمني نفسه هو جانب متجدد حيث يمكن للتهديد ضدّ المؤسسة أن يتغير اعتماداً على أحداث معينة.

إن مجتمع المعلوماتية في هذا العصر يهتم كثيراً بأمنية المعلومات.حيث أصبحت المعلومات مصدر مهم يجب حمايته مثلما تتم عملية حفظ وحماية الأموال أو المقتنيات الثمينة الخاصة الأخرى. وكما نعرف فإن الحاسوب يعتمد في عمله على البرمجيات والتي تقوم بالعمل على المعلومات في تحقيق أهدافها وقد تزايد الطلب على الأنظمة الأمنية

متزامناً مع تزايد البرمجيات الخاصة بالشبكات ومنها السلكية واللاسلكية والبرمجيات التي تعتمد أساساً على تطبيقات الإنترنت والشبكة العنكبوتية World Wide Web.

يوجد اهتمام متزايد في أمنية أنظمة شبكات الحاسوب وذلك بسبب الزيادة المطردة والسريعة في عمليات الاتصالات في المؤسسات وعملية الاتصال بها من قبل الزبائن والموردين وشركاء العمل وغيرهم والتي فتحت أبواباً كثيرة لعمليات الخرق والهجوم الأمني والتطفل وغيرها.

يوماً بعد يوم يتم ابتكار المزيد من التقنيات والبرمجيات الأكثر تعقيداً والأكثر حنكة وذكاءً وفي المقابل فإن فهم عمل الأنظمة من قبل المتطفلون أصبحت عملية غير صعبة وممكنة حيث أصبح هؤلاء القراصنة والمتطفلين ماهرين في تحديد نقاط الضعف في الأنظمة والكشف عنها للحصول على امتيازات إضافية والتي تسمح لهم بالقيام بالعمليات التخريبية والسرقات والتطفل على النظام. حيث يتواجد في هذا العصر تقنيات سهلة الاستخدام وذات فعالية كبيرة ومتوفرة على الإنترنت وبشكل مجاني حيث يستطيع هؤلاء المتطفلون من استخدام هذه البرمجيات والنماذج للقيام بعمليات التطفل ويكون من الصعب على المؤسسات أن تقوم بعملية تتبعها وتحديدها وتحديد مصدرها. لذلك فمن المحتمل أن تبقى أنظمة الحواسب غير أمنة لسنوات عديدة قادمة. يجب أن تكون لدى الشركات الآليات والإجراءات المناسبة للقيام بكشف الانتهاكات الأمنية وتحديد هوية هؤلاء المتطفلين ومنعهم من اختراق النظام بأكبر قدر ممكن. لذا فإن من المهم أن تتوفر أنظمة لكشف التطفل تكون مفيدة في كشف الاختراقات الأمنية التي تمت، وكذلك في مراقبة محاولات الاختراقات الأمنية من داخل وخارج حدود المؤسسة وأيضاً يجب إن توفر معلومات مهمة حول الخرق الأمني والإجراءات المضادة المناسبة التي تستخدم لصدّ مثل هذه الخروقات.

سوف نواجه في المستقبل القريب أزمات في مجال المعلوماتية يمكن أن تهدد أمننا الوطني وأماننا الشخصي إضافة إلى بنيتنا الاقتصادية. أن النمو السريع في تكنولوجيا المعلومات أصبح عامل مؤثر في هذا التهديد. غالبا ما نعتمد على التكنولوجيات الحديثة في تطبيقاتنا الحساسة والتي غالبا ما تكون ضعيفة أمام التهديدات المحتملة. علاوة على ذلك، فان هذه التطبيقات تمثل أهدافا جذابة لقراصنة الحاسوب من مخربين ومتطفلين.

يمكن اعتبار عملية كشف التطفل أوالهجوم أو غيرها من العمليات القرصنية عملية معقدة تحتاج إلى برمجيات ذكية تعتمد على أنظمة التشفير وتعتمد على أجهزة حاسوب تستخدم كسياج وحاجز لصدّ وكشف العديد من الخروقات. إن الكشف الدقيق الأولي للخروقات الأمنية قبل أن تحقق أهدافها هو الهدف الأساسي لأمن الحاسوب والمعلومات.

على صعيد الأعمال التجارية في عصر الإنترنت والكمبيوتر فإن انتشار التجارة الإلكترونية والأعمال الإلكترونية في كلّ أنحاء العالم وعلى نطاق واسع أجبر الشركات التجارية والأفراد على التركيز على القضايا الأمنية للانترنت والأعمال والتجارة الإلكترونية فيها.

إن الكثير من الأفراد الذين يقومون بعمليات الشراء عبر الإنترنت أو الذين يقومون بالمضاربات وبيع وشراء الأسهم أو الذين يقومون بالتعاون مع المصارف الإلكترونية يقومون بعملية تزويد الشركات البائعة بمعلومات غاية في الأهمية والسرية مثل أرقام بطاقات الاعتماد والأرقام الوطنية وأرقام الهاتف وعناوينهم وغيرها من المعلومات ذات الحساسية الكبيرة، كلّ هذه المعلومات يتم تزويدها عبر المواقع الإلكترونية حيث تكون مهددة بالفضح أو بالاعتراض من قبل العديد من قراصنة الكمبيوتر hackers أو Crackers، وفي المقابل فإن الشركات التجارية الإلكترونية تقوم بإرسال العديد من المعلومات السرية والخاصة إلى عملائهم من أفراد أو شركات عبر الإنترنت وهذه المعلومات تكون أيضاً عرضة للفضح والسرقة إذا لم يتم أخذ الاحتياطات اللازمة لمنع ذلك.

إن من أهم العوائق التي أدت إلى تخوف الكثيرين من التعامل بالانترنت وخصوصاً بالتجارة الإلكترونية والتي يتم فيها تحويل الأموال والمعلومات حسب الكثير من الدراسات الحديثة في العالم المتقدم وفي العالم النامي (طيطي , 2005) هو عامل الأمن والحماية من السرقة وعملية خرق لحقوق الطبع والملكية الفكرية أو عملية الاحتيال أو فضح معلومات سرية.

لقد ازدادت حوادث الهجوم الأمنية عبر الإنترنت وعبر المواقع الإلكترونية وشبكات الحاسوب السلكية واللاسلكية بشكل حاد وكبير. إن المنشآت والأفراد لا يكونون عادة عرضة للسرقة أو الاحتيال أو لسرقة المعلومات او الأموال فقط بل أيضاً هناك

برامج تخريبية أو ما تسمى بالفيروسات حيث تقوم هذه الفيروسات بتدمير كلّ البيانات والبرامج والأنظمة وتعطيلها بلحظات قليلة مما يؤدي إلى تعطيل الشركة وخسارات قد تصل إلى مئات الملايين من الدولارات نتيجة لهذا التعطيل، وقد ظهر العديد من أنواع الفيروسات حتى وصلت أنواعها إلى الآلاف وهي بتزايد مستمر وتعمل الكثير من الشركات بتصميم مضادات لهذه الفيروسات للقضاء عليها ولكن المشكلة أن هذه المضادات تعمل فقط للفيروسات التي تمّ التحقق منها واكتشافها بعد أن قامت بعملية التخريب لذا فعند ظهور فيروس جديد لا تنفع هذه المضادات بشيء إلا بعد عملية اكتشاف للضحية ومعرفة الفيروس وكيفية عمله يتم عمل برنامج مضاد له للكشف عنه أينما وجد ومن ثم القضاء عليه تماما كما هو الحال في الحياة الواقعية حيث يظهر على سبيل المثال فيروس ما مثل فيروس مرض الكوليرا فيقضي على الكثير لحين اكتشاف المضاد له فيتم القضاء عليه،أما عند ظهر فيروس جديد وعلى سبيل المثال فيروس الإيدز فإلى الآن التجارب مستمرة لمحاولة صنع مضاد له للقضاء عليه، وحتى يتم ذلك يكون هناك مئات الملايين من الضحايا لهذا الفيروس.

إن كثير من المنظمات العالمية الخاصة والعامة المحلية والعالمية تقوم بدراسة مستمرة لقضية الأمن عبر الإنترنت ودراسة المشاكل المتعلقة بها وذلك للاستمرار في ابتكار حلول جديدة للقضاء أو الحدّ من الحوادث الأمنية عبر الإنترنت، ومن أهم القضايا الأمنية والمنتشرة في العالم والتي تتعلق بالإنترنت والأعمال والتجارة الإلكترونية:

1- الفيروسات Viruses
2- تأكيد هوية المتصل Authentication
3- هجوم رفض الخدمة Denial of Service
4- السرية والخصوصية Privacy and confidential
5- عدم توفر الخدمة Un available service
6- الصلاحيات Authority
7- تكامل المعلومات المرسلة Integrity

وسيتم في الأقسام التالية من هذا الفصل التطرق إلى هذه القضايا بالمزيد من الشرح والتفصيل إن شاء الله السميع العليم.

13-2 المكونات الأساسية لأمن الحاسوب ونظامه

Basic Components of Computer Security

إن نظام أمن الحاسوب يجب أن يكون مبنياً على المكونات الأساسية التالية والتي يعتمد عليها كلّ نظام للحاسوب :

1- السرية Confidential

2- سلامة البيانات Integrity

3- إتاحة البيانات Availability

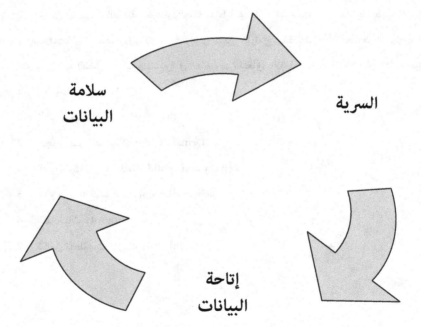

شكلّ 13-1 المكونات الأساسية لأمن الحاسوب

إن عملية تفسير هذه المكونات الأساسية الثلاثة يتغير تبعاً للسياق الذي تنبثق منه وإلى حاجات الأفراد والزبائن والقوانين التي تخص كلّ شركة على حدا. حيث تحتاج كلّ شركة أو مؤسسة تجارية أو غير تجارية أن تقوم بعملية تنظيم وتنسيق ووضع قوانين صارمة للحفاظ على سرية وسلامة وإتاحة البيانات للمستخدمين الشرعيين وهذا يحتاج إلى إدارة ناجحة واستراتيجية متينة وقوية يتم تطبيقها من أجل الوصول إلى مرحلة من النضج في نظام أمن الحاسوب.

إن نظام الحاسوب يشمل كلّ المكونات المادية من عتاد الحاسوب والطابعات ويشمل كلّ البرامج التي تقوم بتشغيل هذه الحواسيب والأجهزة المادية وكلّ البرامج التطبيقية المستخدمة في مختلف الأنشطة مثل تطبيقات العمليات المحاسبية وحساب الرواتب أو تطبيقات تسجيل ورصد درجات الطلاب، كما ويشمل نظام الحاسوب على كلّ البيانات التي يتم إدخالها مباشرة عبر التطبيقات المختلفة وحفظها في نظام الحاسوب كما يشمل نظام الحاسوب شبكات الحاسوب وكلّ ما تحويه من خادمات وعتاد للشبكات كما يضم نظام الحاسوب المستخدمين الذين يقوم بالعمل على نظام الحاسوب ويشمل متخصصين ومستخدمين عاديين، والشكلّ التالي 13-2 يبين نظام الحاسوب.

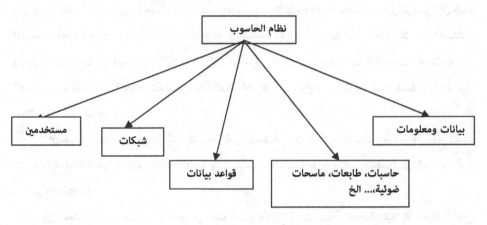

شكلّ 13-2 نظام الحاسوب

1- السرية Confidential

إن عالم اليوم مبني على التنافس الشديد بين مختلف أنواع الشركات الخاصة والعامة منها سواءً كانت شركات تسعى إلى الربح أو منظمات غير ربحية، حيث تعتمد الشركات في هذا العصر على الحاسوب في كلّ تعاملاتها اليومية سواءً كانت تعاملات داخل الشركة أو تعاملات خارج الشركة وما يتخلل هذه التعاملات من تدوال لبيانات حول كلّ النشاطات التي يتم انجازها يومياً، حيث تحتاج هذه الشركات إلى الحفاظ على سرية هذه المعلومات وعدم تداولها من قبل أطراف غير مصرح لهم بالوصول إليها من أجل أهداف كثيرة، حيث من الممكن أن يتم بيع هذه المعلومات أو نشرها على الإنترنت من أجل أغراض عدوانية لذا تحتاج الشركات إلى آلية للحفاظ على سرية هذه المعلومات وخاصة أن معظم الشركات في هذا العصر متصلة بالإنترنت وما يصاحب هذا الاتصال من مخاطر وتهديدات من قبل قراصنة (لصوص) الحاسوب Hackers والذين يسعون دائماً من أجل التخريب والوصول إلى الملفات السرية التي بحوزت الشركات أو الأفراد.

إن الحاجة إلى الحفاظ على سرية المعلومات يزداد خاصة عند استخدام الحاسوب في مجالات ذات حساسية عالية فعلى سبيل المثال المؤسسات الحكومية وما تقوم به من حفظ للعديد من السجلات البالغة في السرية عن الأفراد أو الشركات حيث تقوم هذه المؤسسات بالسماح لأفراد محددين من الوصول إلى هذه المعلومات لغاية العمل كما أن الشركات التجارية تقوم بحماية أسرارها التجارية مثل المعلومات عن الصفقات والعقود التي تبرمها مع غيرها من الأفراد أو الشركات أو أسرار متعلقة بتصاميم جديدة لمنتجاتها، حيث يحاول العديد من المنافسين سرقة هذه التصاميم، وأيضاً كمثال آخر فإن كلّ أنواع الشركات تحاول جاهدة الحفاظ على سجلات الموظفين بشكل سري.

إن عملية مراقبة الوصول إلى البيانات المخزنة في قواعد البيانات داخل الحاسبات الخادمة servers تدعم كثيراً عملية الحفاظ على السرية confidential، ومن الآليات المستخدمة في مراقبة الوصول إلى البيانات آلية التشفير Encryption.

إن عملية التشفير للبيانات يجعلها غير قابلة للفهم إذا ما تمّ اعتراضها أو الوصول إليها إلا بمعرفة المفتاح key الذي تمّ استخدمه في عملية التشفير وهذا المفتاح لا بدّ من آلية لحمايته حتى لا يصل إلى أيدي غير شرعية. فعلى سبيل المثال فإن عملية تشفير

سجلات المرضى في المراكز الصحية والمستشفيات سوف يمنع أي شخص من الاضطلاع ومعاينة المعلومات السرية المتعلقة بالمرضى أما إذا أراد أحد المصرح لهم بقراءة البيانات فلا بد من عملية فك للبيانات المشفرة وذلك باستخدام المفتاح الذي تمّ استخدامه في عملية التشفير، الشكلّ التالي(13-3) يوضح مفهوم التشفير.

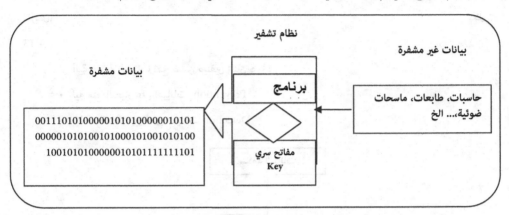

الشكل 13 – 3 مفهوم التشفير

2- **سلامة البيانات Integrity**

المقصود بسلامة البيانات هي عملية انتقال البيانات بين الأطراف ووصولها سالمة بدون أي تغيير، وذلك بعدم اعتراضها من قبل الأعداء ولصوص الحاسبات ومن ثم القيام بعملية التغيير فيها ومن ثم إعادة إرسالها مرة أخرى إلى الطرف المستلم. إن أي بيانات يتم نقلها عبر الإنترنت من الممكن اعتراضها بسهولة من قبل قراصنة الحاسوب وباستخدام برامج مبرمجة لهذا الغرض حيث من الممكن القيام بتغييرها أو العبث فيها، لذا من المهم معرفة ما إذا تمّ تغيير البيانات عند انتقالها، إن سلامة البيانات تشمل :

- سلامة البيانات نفسها (محتوى البيانات المرسلة) Data Integrity
- سلامة المصدر (المصدر الذي تمّ ارسال البيانات منه) وغالباً ما يسمى بالتحقق من الهوية Authentication

لذلك لضمان أن البيانات سليمة بشكل تام لا بد من التحقق من أن البيانات التي تمّ إرسالها هي نفس البيانات إلى تمّ استقبالها من دون أي تغيير تمّ فيها اثناء عبورها من المصدر إلى المستقبل وأيضاً لا بد من أن يكون مصدر البيانات أي الشخص الذي أرسل البيانات هو نفس الشخص وليس شخصا آخر يدعي وينتحل شخصية المرسل، شكلّ
4-13.

إن آلية سلامة البيانات تقع ضمن صنفين اثنين هما :

- آلية منع التغيير على البيانات Prevention
- آلية كشف التغيير على البيانات Detection

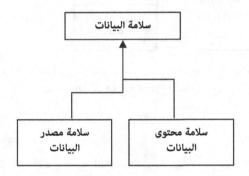

شكلّ 13-4 سلامة البيانات Data Integrity

إن آلية منع التغيير على البيانات تتضمن القيام بوضع العديد من السياسات على البيانات المنقولة بين الأطراف عبر الإنترنت أو حتى عبر الشبكات السلكية واللاسلكية وذلك لمنع عملية التغيير على البيانات من قبل الأفراد الغير مصرح لهم وبالطرق الغير مصرح بها أيضاً، فعلا سبيل المثال لو كان هناك نظام محاسبة في شركة ما وقام أحد القراصنة بمحاولة اختراق نظام المحاسبة من أجل محاولة العبث في البيانات أو عندما يحاول موظف ما ضمن قسم المحاسبة من استخدام النظام بطريقة غير مسموح بها من أجل القيام بعملية تحويل أو تغيير للبيانات، ففي هاتين المحاولتين تتم عملية غير قانونية للتعدي على سلامة البيانات في نظام المحاسبة المالي. لذا لا بد من إيقاف أي عملية من هذا النوع وذلك باستخدام طريقة الصلاحيات المخولة Authorization بحيث يسمح

لأشخاص ما حسب كلّمة المرور واسم المستخدم الخاص به من القيام ببعض النشاطات المصرح له فيها. أما عملية التأكد من عدم تغيير البيانات فتتطلب القيام بالعديد من السياسات المعقدة وآليات تحكم منوعة ومختلفة.

أما بالنسبة إلى آلية الكشف عن التغيير في البيانات فهي لا تعني عملية منع انتهاك سلامة البيانات، فهي بكلّ بساطة تعمل على إنتاج تقارير بأن سلامة البيانات تمّ انتهاكها ولم تعد موثوقة. إن آلية الكشف عـن التغييـر في البيانات من الممكن أن تعمل على تحليل أحداث النظام لكلّ من المستخدمين والبرمجيات المستخدمة وذلك من أجل الكشف عن المشاكل أو بشكل أكثر عمومية تعمل على تحليل البيانات نفسها للتأكد مـن أن القيـود عـلى البيانات وسلامتها ما زالت قوية وغير قابلة للهتك أو أنها أصبحت ضعيفة وتحتاج إلى آليات جديـدة لمنـع التغييـر على البيانات. إن عمليات الكشف عن عمليات التغيير في البيانات تعمل على توليد تقارير فورية بأن هنـاك خـرق أمني على البيانات المخزنة في الخادمات وهي قادرة عـلى تقصي ـعنـاوين الأشخاص الـذين يقومـون بهـذا الخرق الأمني وذلك بمراقبة عناوين الإنترنت ومصادرها.

إن آلية العمل على سلامة البيانات أصعب بكثير وأعقد من العمل على سرية البيانات، فبالنسبة إلى العمل على سرية البيانات فهي إما أن يتم الحفاظ على سريتها أو أن سريتها تمّ انتهاكها أما بالنسبة للعمل عـلى سـلامة البيانات فتشمل كلا الوظيفتين السرية وعدم التغيير والثقة في سلامة البيانات.

إن معرفة مصدر الرسالة أو الملف المنقول وكيفية حماية البيانات قبل عملية نقلها وكيفية حماية البيانات عند وصولها إلى الجهاز الحالي وكيفية حمايتها في جهاز الحاسوب الحالي كلّ ذلك يؤثر على سلامة البيانات، لـذلك إن عملية تقييم سلامة البيانات هي في الغالب عملية صعبة جداً، وذلك لأنها تعتمد على الفرضيات حول المصـدر الذي جاءت منه البيانات وتعتمد على الثقة بذلك المصدر الذي جاءت منه البيانات.

3- إتاحة البيانات Data Availability

إن إتاحة البيانات ما هي إلا إمكانية استخدام البيانات للأشخاص المصرح لهم في كلّ وقت ومن أي مكان، فعلى سبيل المثال موقع صفحات الإنترنت يجب أن تكون متاحة

للقراءة والمطالعة والاستخدام طوال اليوم أي 24 ساعة في اليوم و7 أيام في الأسبوع (24\7) فإذا حصل أي هجـوم قرصني على الموقع وتمّ تعطيله فإن هذا الموقع يصبح غير متاح للأفراد ولا يمكن اسـتخدامه. إن إتاحـة البيانـات مهمة جداً وذلك من أجل ضمان:

- سلامة تصميم الموقع
- قوة الاعتماد على الموقع
- تقديم الخدمة في كلّ وقت ومن أي مكان
- الثقة بين المستخدم والموقع

ان الكثير من المواقع على الإنترنت تتعرض لعمليات تخريـب مـن أجـل تعطيل الخدمات التـي تقـدمها، فهناك ما يسمى برفض الخدمة Denial of Service وهي عبارة عن عملية قرصنة يتمّ من خلالها تعطيل مصادر موقع ما وذلك بإرسال فيض من الرسائل أو الطلبيات إلى الموقع بحيث يتم تعطيل كلّ مصادر هذا الموقع مثل تعطيل الذاكرة الثانوية وتعطيل المعالج والذاكرة الرئيسية، بحيـث عنـدما يحـاول مستخدم شرعي أن يسـتعرض الموقع فإنه سوف يجده غير قابل للخدمة.

إن محاولة عملية منع إتاحة الخدمة في موقع ما أو ما تدعى بهجوم منع الخدمة هي عملية صعبة كمـا أنها عملية صعب كشفها في الوقت المناسب وذلك لأن المحلل لا بد له من أن يعرف فيما إذا كان هـذا الـدفق أو الفيض من الرسائل هي متعمدة من أجل استهلاك المصادر.

13- 3 التهديدات Threats

إن عملية التهديد هي أن هناك احتمال لعملية خرق أمني للمؤسسة أو الأفراد، وليس بالضرورة أن يكون الخرق قد حصل حقيقة ليتم اعتباره كتهديد وأن حقيقة أن الخرق الأمـن قـد حصـل يعني بـأن هنـاك مسببات لحدوث هذا الخرق الأمني لا بد من العمل على تحصينها من أجل عدم تكرار هذا الخرق الأمني. وهذه المسببات وأعمال الخرق الأمني يقوم بها لصوص الحاسوب أو ما يسموا بالمهاجمين Attackers.

إن المكونات الأمنية الثلاثة السرية وسلامة البيانات وإتاحة البيانات تقوم بصدّ لعمليات الهجوم والتهديدات الأمنية للنظام وقد تمّ تقسيم التهديدات إلى أربعة أصناف واسعة هي :

- الفضح والكشف disclosure
- الوصول غير المصرح له للمعلومات .Unauthorized Access to info
- الخداع Deception
- التحكم غير الشرعي لأجزاء من النظام .Unauthorized control of some part of the system

إن كلّ من هذه التهديدات الأربعة الواسعة تحوي العديد من التهديدات العامة والتي سوف يتمّ التطرق إليها بمزيد من التفاصيل من خلال هذا الكتاب.

- **التطفل Snooping**

إن عملية اعتراض المعلومات التي يتم نقلها بين الأطراف من قبل طرق غير شرعية وغير مصرح له، هي نوع من عملية كشف وفضح سرية هذه المعلومات، حيث يقوم هذا الشخص غير الشرعي بالتنصنت واستراق السمع، أو يقوم بعملية تصفح لملف ما أو لنظام معلومات وهذا النوع من الخرق الأمني يسمى بالخرق الأمني الخامل Passive وذلك لأنه لا يشمل عملية تغيير في البيانات. إن عملية التنصت السلكية على المكالمات الهاتفية wiretapping هي أيضاً نوع من أنواع التطفل وفيها يتمّ مراقبة شبكة الاتصالات وكشف كافة المعلومات والأسرار قد سميت تنصت سلكية لأن الشبكة التي تتعرض للتطفل تتكون من شبكة من الأجهزة المتصلة سلكياً عبر الكابلات أو سلكياً عبر خطوط الهاتف وفي الوقت الحالي تمّ انتشار الشبكات اللاسلكية وهي أيضاً تعاني من مشكلات التطفل كنظيرتها السلكية.

- **التغيير أو التعديل Modification or Alteration**

وهي عملية غير مصرح لها وغير شرعية يتم فيها القيام بتغيير أو تعديل للمعلومات وهي تغطي الثلاثة أنواع من التهديدات التي تمّ ذكرها، إن الهدف من عملية التغيير هو

الخداع والكثير من الأعمال التجارية في المؤسسات تعتمد على هذه المعلومات والتي تم تغييرها حيث يتم قبول معلومات غير صحيحة على أنها معلومات صحيحة، فإذا كان التعديل أو التغيير في المعلومات قام على أساس التغيير في أمور متعلقة بالتحكم ببعض العمليات في النظام فإن التهديد يمتد ليشمل التحكم غير الشرعي لأجزاء من النظام والوصول إلى معلومات لأفراد غير مصرح لهم، وعلى عكس التطفل فإن التغيير أو التعديل على المعلومات يعتبر عملاً تخريبياً نشطاً Active وليس خاملا Passive كعملية التطفل. فهذا النوع نتج عن عملية تغيير وتبديل للمعلومات كما أن التنصت السلكي النشط يعتبر نوعاً من التهديدات النشطة Active وذلك لأنه نتج عن عملية تغيير وتبديل للمعلومات المنقولة بين الأطراف.

وكمثال على هذا النوع من التهديد ما يسمى بهجوم رجل في الوسط Man in the middle attack وفيه يقوم المتطفل باعتراض وبقراءة الرسالة المرسلة من المرسل (الطرف الأول) وإعادة إرسالها إلى المستقبل(الطرف الثاني) مع احتمال القيام بعملية تغيير في هذه الرسالة، وأيضاً يقوم باعتراض الردّ من المستقبل وقراءته مع احتمال القيام بعملية تعديل فيه ومن ثم إعادة إرساله مرة أخرى إلى الطرف الأول المرسل، وعلى أمل من هذا المتطفل أن يقوم بخداع الطرفين بحيث لا يشعران بأن هناك متطفل وسيط بين الطرف الأول والثاني، الشكلّ 13-5. ولصدّ مثل هذا الهجوم لا بدّ من توظيف آلية خدمة سلامة البيانات Integrity.

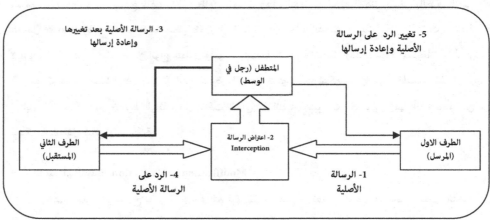

شكلّ 13-5 هجوم رجل في الوسط Man in the Middle Attack

- انتحال الشخصية أو التنكر Masquerading or Spoofing

وهي عملية تمثيل أو انتحال شخصية أو كينونة Impersonation من قبل كائن أو شخص آخر وهو نوع من الخداع deception ونوع من أخذ السلطة للاستخدام النظام أو الوصول إلى معلومات بغير حق شرعي أو تصريح usurpation، فهذا النوع يضلل الضحية victim على التصديق بأن الكائن المزور الذي يتعامل ويتواصل معه هو الكائن الحقيقي، فعلى سبيل المثال من الممكن ايهام الضحية بأنه يقوم بالدخول إلى حاسوب آخر غير الحاسوب الذي ينوي الدخول إليه عبر الإنترنت من أجل خداعه وأخذ المعلومات التي يريدها المهاجم منه كمعرفة رقم بطاقة الدفع المالي الإلكتروني وكلّمة المرور بهدف سرقة الأموال. وكمثال آخر إذا أراد المستخدم قراءة ملف ما، ولكن المهاجم قد دبر مسبقاً للمستخدم بأن يقدم له ملفاً آخر غير الملف الحقيقي من أجل استخدامه. وكمثال آخر، عندما يقوم بعض المستخدمين بالسماح لمستخدم آخر بأن يقوم ببعض الوظائف بالنيابة عنه.

إنكار الإرسال Repudiation of origin

إن عملية الإنكار الكاذب لإرسال أو إنشاء كائن ما (رسالة، ملف،..الخ) هو شكلّ من أشكال الخداع فعلى سبيل المثال افترض أن زبون ما أرسل رسالة إلى تاجر بالموافقة على دفع مبلغ كبير من النقود لمنتج ما وبناء على ذلك قام التاجر بشحن هذا المنتج إلى الزبون ومن ثم قام التاجر بمطالبة الزبون بثمن هذا المنتج، فإذا قام الزبون بإنكار طلب هذا المنتج في الأصل وقام بالاحتفاظ بالمنتج من دون دفع ثمنه، إذاً فقد قام الزبون بإنكار إرسال رسالة الطلب للمنتج فإذا لم يستطع التاجر إثبات أن الزبون قام بإرسال رسالة الطلبية قبل عملية الشحن فقد نجحت عملية الخداع أو الهجوم على هذا التاجر الضحية. لمحاربة مثل هذا النوع من الهجوم لا بد استخدام آلية التوقيع الإلكتروني الرقمي المصاحب للرسالة من الزبون.

- إنكار الاستلام Denial of receipt

إن الإنكار الكاذب بأن كائن ما استلم بعض المعلومات أو استلم رسالة ما هو نوع من أنوع الخداع المستخدم حالياً عبر الإنترنت أو عبر الشبكات اللاسلكية. فعلى سبيل

المثال افترض أن زبون ما قام بطلب منتج ثمين ولكن أصر التاجر على قيام الزبون بعملية الدفع المالي قبل عملية الشحن، فلنفرض أن الزبون قام بعملية الدفع المالي ثمناً للمنتج ومن ثم قام التاجر بشحن المنتج إلى الزبون ولكن الزبون قام بسؤال التاجر متى سوف يتمّ إرسال المنتج، مع العلم بأن الزبون قام باستلام المنتج، إذاً فقد حصل الآن نوع من أنواع الهجوم المسمى بإنكار استلام المنتج، إن التاجر يستطيع أن يدافع عن نفسه من هذا الهجوم إذا استطاع أن يثبت أن الزبون قام باستلام المنتج.

- التأخير Delay

إن عملية منع وحجب الخدمة مؤقتاً هو نوع من أنواع اغتصاب الصلاحية بدون الحق الشرعي usurpation وهو يلعب دوراً داعماً في عملية الخداع فعلى سبيل المثال إن عملية إرسال رسالة ما تتطلب وقت ما فإذا استطاع المهاجم أن يزيد من الوقت اللازم لاستلام الرسالة فإنه قد نجح في عملية تأخير وصول الرسالة، إن توظيف آلية إتاحة البيانات من الممكن أن تدحض هذا النوع من التهديد.

13- 4 أهداف الأمن Goals of Security

إن سياسة الأمن Security Policy هو التصريح بما هو مسموح وما هو ممنوع، وأن آلية الأمن هي الوسيلة أو الأداء أو الإجراء لتأكيد وتفعيل سياسة الأمن. فآلية الأمن من الممكن ن تكون غير تقنية مثل الطلب بإثبات قبل عملية تغيير كلمة المرور، وفعلياً فسياسة الأمن غالباً ما تتطلب بعض الإجراءات الآلية والتي لا تؤكدها أو تحفزها التقنيات. فعلى سبيل المثال في مختبر طلاب الحاسوب في قسم علوم الحاسوب في كلية تقنية المعلومات فهناك سياسة أمنية تمنع أي طالب من عملية نسخ واجبات طالب آخر، إن نظام الحاسوب يزود بآلية تمنع الطلاب من قراءة ملفات مستخدم آخر فعلى سبيل المثال لو أن أحد الطلاب فشل باستخدام هذه الآلية لحماية ملفاته فإن أي طالب آخر يستطيع أن يقوم بعملية النسخ واختراق السياسة الأمنية الموجودة في النظام.

13- 5 الحاجة إلى الأمن

هناك الكثير من الدراسات الاستطلاعية والتي تمّ إجراءها حول القضايا الأمنية في الإنترنت حيث زودت هذه الدراسات بصور كبيرة من الجرائم وحالات الهجوم التي تحصل عبر منافذ الإنترنت حيث أثبتت هذه الدراسات تعرض الكثير من الشركات الخاصة وحتى الحكومية والجامعات والمعاهد وغيرها من المؤسسات المالية لعمليات قرصنة وهجوم بهدف إما استراق السمع أوالتنصت أو لسرقة المعلومات والأموال ولإجراء عمليات تخريبية على الأنظمة أو البرامج والبيانات.

ومن أشهر المؤسسات التي تقوم بدراسات حول القضايا الأمنية عبر الإنترنت مؤسسة CERT حيث تأسست هذه المؤسسة في العام 1988 وذلك للتعامل مع القضايا الأمنية التي تحدث عبر الإنترنت فتقوم بدراسة العديد من القضايا الأمنية لتعريف النزعات والتوجهات إلى عمليات التطفل والاختراق والهجوم عبر الإنترنت حيث تقوم بتعريف ودراسة الحلول لهذه القضايا الأمنية وتعمل على نشر ما توصلت إليه من حلول ومعلومات إلى العالم كله عبر إجراء العديد من المؤتمرات وعبر النشر في المجلات العلمية المحكمة.

لقد أثبتت CERT بعد أن قامت بالعديد من الدراسات عبر مدى سنوات عديدة أن عمليات الهجوم والقرصنة على الشركات عبر الإنترنت في ازدياد مستمر.

حيث قامت المؤسسة بتسجيل أعداد حوادث القرصنة عام 2003 م بـ 138000 حالة قرصنة حيث ارتفعت من 82000 حالة قرصنة في العام 2002م.

وفي العام 2004 تمّ دراسة أكثر من 500 شركة وتسجيل عدد المرات التي تعرضت لها هذه الشركات إلى الهجوم حيث تمّ تسجيل حالة هجوم واحدة لكلّ الشركات على الأقل إلى أكثر من 43 حالة هجوم لبعض الشركات في عام واحد فقط وقد بلغ مجموع الخسائر المالية الناتجة عن هذه الحالات إلى 666 مليون دولار أمريكي مع العلم بأن هذه الشركات والتي تمت الدراسة عليها قد قامت بتوظيف تقنيات متعددة وحديثة للحماية مثل تقنيات الجدر النارية وبنسبة 98% وأنظمة أمن طبيعية بنسبة 94% وأنظمة إدارة حماية يدوية بنسبة 91%.

لقد أثبتت الدراسات هذه وغيرها من الدراسات بأن أمن الأعمال الإلكترونية لا تزال مشكلّة رئيسية للعالم اجمع ولا تزال تنتج عنها خسائر مالية جمة من قبل الشركات

والتي لا زالت تأخذ هذه القضية بجدية كبيرة وذلك لمنع الاختراقات الغير قانونية من الحدوث في المستقبل.

إن هناك حاجة كبيرة لوعي الشركات والأفراد على حد سواء للمخاطر الناتجة عن التجارة عبر الإنترنت لذا لا بد للجميع من العمل على تحديث الطرق الأمنية باستمرار لمنع عمليات الهجوم والتخريب حيث أن هؤلاء القراصنة أيضاً يقومون بين الفينة والأخرى بتحديث أدواتهم التي يستخدمونها في القرصنة وذلك لإجراء عمليات خرق للعديد من المواقع والعمل على سرقة المعلومات السرية وبطاقات أرقام الاعتماد البنكية من أجل سرقة الأموال حتى أن هؤلاء القراصنة يقومون بنشر البرامج التي يقومون بتصميمها من أجل إجراء عمليات الهجوم على الإنترنت لذا نجد أن هناك العديد من الأشخاص والذين ليس لديهم أي خبرة باستخدام الكمبيوتر والبرمجة يقومون باستخدام هذه الأدوات والبرامج من أجل القيام بعمليات قرصنة على الإنترنت.

الشكلّ التالي 13-6 يبين أهم القضايا الأمنية التي توجد على الإنترنت ونسبة حصولها

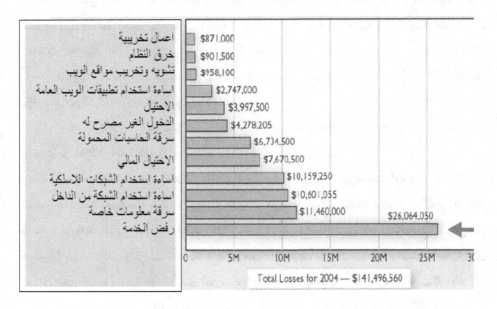

شكل 13-6 جرائم الحاسوب حسب دراسة استطلاعية

13 – 6 القضايا الأساسية للأمن على الإنترنت

إن الأمن في أنظمة الحاسوب والانترنت لا يتطلب فقط منع حالات الاختراق والهجوم عبر الإنترنت ومنع عمليات التطفل والقرصنة بل هناك أيضاً قضايا تتعلق بكشف وفضح معلومات غاية في السرية لأفراد أو شركات. حيث يقوم الكثير من الأفراد عند طلب خدمة ما عبر الإنترنت من تعبئة نموذج خاص حيث يقوم المستخدم بتعبئة الاسم والعنوان وأرقام الهاتف وغيرها من المعلومات المطلوبة تعبئتها عند إجراء عمليات بيع أو شراء أو طلب خدمات مجانية من أحد المواقع الإلكترونية المنتشرة عبر الإنترنت حيث تطرأ الكثير من القضايا الأمنية والتي يجب على كلّ فرد أو شركة أن يأخذها بعين الاعتبار مثل :

- كيف يتأكد المستخدم من أن هذا الموقع وما فيه من قواعد بيانات مخزنة ومحفوظة في خادمات ويب WEB SERVER هي ملك لمؤسسات وشركات شرعية وليست وهمية أو محتالة.
- كيف يتأكد الفرد من أن هذا الموقع لا يحتوي على أي برامج تحتوي على شيفرات تقوم بعمليات قرصنة أو تصنت.
- كيف يتأكد الشخص بأن مالك هذا الموقع لن يقوم بنشر وتوزيع هذه المعلومات الشخصية إلى أطراف أخرى.
- ومن ناحية الشركات فكيف تتأكد الشركات صاحبة الموقع الإلكتروني بأن هذا المستخدم لن يقوم بعملية خرق أو قرصنة لخادماتها والتي تحتوي على معلومات مخزنة في قواعد البيانات.
- كيف تتأكد من أن هذا المستخدم لن يقوم بتعطيل الخادم حتى لا يتمكن المستخدمين الشرعيين من استخدام الموقع.
- كيف يتأكد الطرفان المستخدم والشركة من عدم وجود طرف ثالث يسترق السمع عليهما.
- كيف يتأكد الطرفان الفرد والشركة من أن المعلومات التي يتم إرسالها بين الطرفين لم يحدث أن تمّ اعتراضها وتغيير محتوياتها قبل وصولها إلى الطرف المستقبل.

إن هذه الأسئلة وغيرها توضح القضايا الأمنية والتي يمكن أن تظهر عند تنفيذ التعاملات والحركات في التجارة الإلكترونية وعبر الإنترنت والتي تتضمن عمليات ذات أهمية كبيرة مثل عملية دفع الأموال إلكترونياً وعملية إرسال أرقام بطاقات اعتماد بنكية وعمليات إرسال معلومات قيمة وذات قيمة علمية وغيرها من المعلومات، لذا لا بد من توفير المزيد من التقنيات الحديثة لمواجهة كلّ هذا القضايا الأمنية والعمل على منعها أو الحد منها.

النقاط التالية توضح بعض من القضايا الأمنية الأساسية والتي من الممكن أن تحدث عند التعامل مع أنظمة التعليم الإلكتروني عبر الإنترنت أو عبر شبكات الاتصالات اللاسلكية مثل الهاتف الخلوي النقال:

1- التحقق من الهوية Authentication

إن عملية التحقق في أنظمة الشبكات وخاصة الإنترنت يمكن تقسيمها على عمليتين هما :

أ- عملية التحقق من الكائن Entity Authentication: وهي عملية التأكد من هوية العميل أو المستخدم المدعي والتحقق من أنه هو ذاته وليس شخص آخر.

ب- عملية التحقق من الرسالة message authentication : وهي عملية تأكيد وتحقيق أن رسالة معينة هي رسالة حقيقية أي أنها قد جاءت من المصدر ولم يتم عليها أي تغيير أو تبديل.

2- الصلاحيات

إن الصلاحيات المعطاة لأشخاص معينين تتكون من ضمانات تضمن أن العملاء المعنيين وتحت ظروف معينة مسموح لهم لتداول خدمة معينة أو الحصول على معلومات معينة في وقت معين وبصلاحية معينة (قراءة أو كتابة أو مسح أو تغيير أو صلاحيات كاملة أو أي خليط من هذه الصلاحيات) من قبل مزود خدمة معين.

3- السرية

إن السرية تعني الأخذ بعين الاعتبار الخصوصية والسرية عند تبادل الرسائل بحيث لا يتم فضح محتويات هذه الرسالة إلى أي أطراف غير مصرح لهم. والطرق العامة

والمستخدمة لضمان السرية هي باستخدام نظام التشفير. ونظام التشفير يقوم بحفظ المعلومات المتبادلة بين الأطراف وعبر الشبكات السرية، ولضمان السرية للرسائل المتبادلة لا بد من ان تكون قناة التوزيع أمنة وأن الرسالة عند انطلاقها في فضاء الإنترنت يجب أن تكون مشفرة بأحد أنظمة التشفير القوية والمعترفة عالمياً.

4- التكامل

إن عملية التكامل يقصد بها تكامل الرسائل المرسلة بين الأطراف وعبر الشبكات كشبكة الإنترنت وشبكة الاتصالات اللاسلكية، حيث أنه لضمان التكامل للرسائل لا بد من استلام الرسائل نفسها بدون أن يتم اعتراضها أو تغيير محتوياتها وعادة يتم ذلك بتقنيات بسيطة لمعرفة ما إذا تمّ تغيير محتوى الرسالة أم لا.

5- الخصوصية

وهي عملية ضمان سرية وأمن المعلومات الخاصة بالزبائن أو العملاء والتي تمّ حفظها في قواعد البيانات وضمن مدى خادمات الويب بحيث لا يتم توزيعها إلى أي طرف آخر ولا يتم نشرها أو بثها أو الاتجار بها بدون موافقة خطية من العميل نفسه.

6- عدم الإنكار

ويقصد بعدم إنكار المرسل للرسالة التي أرسلها إلى أحد الأشخاص أو الشركات أي بكلّمات أخرى لا بد من استخدام طريقة تثبت من أن الذي أرسل هذه الرسالة هو شخص معروف وتحمل توقيعه ولا يمكن لأحد ما أن يقوم بتزوير هذا التوقيع ولا يمكن لمرسل الرسالة أن ينكر أنه أرسل هذه الرسالة حيث أنها تحمل توقيعه الإلكتروني المعتمد.

7- دوام الخدمة

إن هناك حاجة كبيرة لضمان أن المواقع الإلكترونية وخاصة مواقع أنظمة التعليم الإلكتروني متاحة للمستخدمين 24 ساعة على مدار الأسبوع بدون أن يتم تعطيل الخدمة لأي سبب من الأسباب. وقد ظهر نوع من القرصنة يسمى هجوم رفض الخدمة Denial of service ويقصد به تعطيل الموقع لاستخدامه من قبل المستخدمين الشرعيين وذلك

بإرسال فيض من الرسائل وطلبات الخدمة في نفس الوقت من قبل قرصان يقوم بعمل ذلك باستخدام برامج معينة بحيث يتم استنفاذ كافة مصادر الموقع وتعطيله حتى إذا جاء المستخدم الشرعي ليستخدمه وجده معطلا ولا يستجيب أبداً، حيث تظهر رسالة في الصفحة تدل على تعطيل الموقع كما في الشكلّ 13-7 التالي

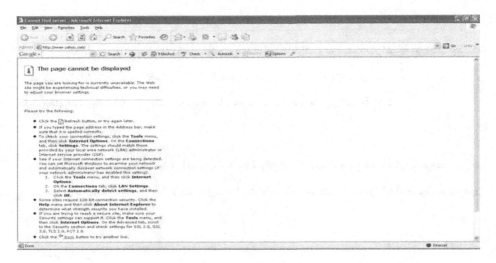

شكل ّ13-7 يظهر رسالة في الصفحة تدل على تعطيل الموقع

8- التدقيق الأمني

وهي خدمة حقيقية تقوم بتسجيل كافة الأحداث والعمليات التي تتمّ في كلّ الأوقات على موقع معين أو شبكة محلية معينة لإصدار ملفات تدقيق تستخدم لغاية المراقبة والمتابعة لفحص هذه الأحداث وتحليلها من أجل منع هجوم معين في المستقبل.

9- إدارة الثقة

وهي عبارة عن طريقة يتم استخدامها من أجل التحكم وضبط تداول الخدمات أو المعلومات من موقع معين حيث يتم منح رخصة الوصول إلى خدمة أو معلومات معينة بناءً على عملية تفاوض بين طالب الخدمة ومزود الخدمة حيث يتم بين الطرفين التعرف على صفات وبصمات طالب الخدمة وذلك من أجل بناء الثقة بين الطرفين.

10- التفويض

التفويض هو عملية أو طريقة يتم إعطاء كائن ما صلاحيات أو حقوق ما تحت شروط معينة وهذه الطريقة مفيدة لتحسين عملية تطوير الأنظمة الموزعة ولإلغاء المركزية لعمليات ومهام ضبط الوصول إلى الخدمات أو المعلومات.

11- الفيدرالية

لأنه من المستحيل الاعتماد في فضاء شبكة الإنترنت على نقطة تحكم عالمية فردية لتعريف المعلومات لذا ففي كثير من الأحيان تقوم الشركات بامتلاك العديد من مسودات تعاريف لتطبيقاتهم المستخدمة وذلك من أجل بناء بنية تحتية تعاونية مقسمة إلى مجموعة من النشاطات. فعندما تقوم الشركات بعمل تجاري ما مع شركات أخرى لتبادل المعلومات حول هؤلاء العملاء الموثوق بهم تقوم هذه الشركات ببناء فدرالية علاقات موثوقة بينها بالسماح لعملائها الموثوق بهم لتداول المصادر والمعلومات والخدمات المستضافة في الشركات الأخرى التي قامت بتأسيس فيدرالية معها. وفي هذه الحالات تقوم الشركة بإصدار تذاكر أمنية لعملائها الموثوق بهم والتي يمكن أن يتم معالجتها من الأطراف الأخرى المعتمد عليها.

12- اعتمادية الرسائل

في خدمات الإنترنت والويب وفي كثير من الأحيان يتم إرسال رسائل بين طرفين وفي بعض الأحيان يتم قطع الإرسال لسبب ما عند ذلك يتم استخدام تقنية اعتمادية الرسائل، وهي عملية إعادة إرسال الرسائل حتى يتم التأكد من أنها قد وصلت كاملة إلى المستقبل ويتم التأكد من ذلك بإرسال إشعار بالاستلام من قبل المستقبل إلى المرسل.

13- التطفل

إن المتطفل يهدف إلى إخفاء هويته من أجل استخدام العديد من المواقع الإلكترونية لإغراض تجارية حيث قد يقوم المتطفل بالدخول إلى نظام شركة ما كعميل شرعي حتى يتم تمكينه من الوصول إلى معلومات غاية في السرية.

14- مشكلّة الغباء

إن نظام أمن المعلومات هو قضية تتعلق أكثر ما تتعلق بالأفراد أنفسهم. حيث أثبتت الدراسات بأن أكثر من 81.60% من التهديدات الأمنية تأتي من موظفين الشركة أنفسهم. حيث أن أغلبية موظفين الشركة يفتقروا إلى المعلومات والوعي بكلّ ما يتعلق بالقضايا الأمنية حيث يعتبره الكثير من قراصنة الكمبيوتر الطريق الثمين للوصول إلى المعلومات والخدمات التي يريدونها فعلى سبيل المثال لا الحصر بعض الموظفين من الممكن أن يقوموا بما يلي:-

أ- اختيار كلّمة مرور سهلة والتي يسهل عملية تخمينها من قبل المتطفلين مثل كلّمات سرية عبارة عن تاريخ ميلاد الموظف أو اسم عائلته أو أسماء أحداث معينة.

ب- بعض الموظفين يقومون بكتابة كلّمات المرور خاصتهم على ورقة ويقوموا بتعليقها على شاشة الكمبيوتر الخاص بهم.

ت- بعض الموظفين يقومون بتنزيل ملفات مجهولة من الإنترنت أو يقومون بفتح ملفات رسائل بريدية وهذه الملفات تكون متضمنة لفيروس أو لشيفرة حصان طروادة والذي يستخدم في عمليات التجسس والوصول إلى الملفات ولسرقة المعلومات السرية وتدمير البيانات والبرامج.

7-13 أنواع التهديدات والهجوم عبر الحاسو ب والإنترنت

إن التقدم الكبير في تقنية المعلومات ونمو الإنترنت أدت إلى ازدياد أعداد الأماكن والمنافذ التي يمكن التسلل من خلالها واختراق الأنظمة الأمنية كما أدى أيضاً التقدم في تقنية المعلومات إلى زيادة تعقيدات عمليات إدارة الأنظمة والحفاظ عليها. لقد تمّ ظهور تغييرات وتحسينات على أدوات التطفل والاختراق وتقنياتهم وفي نفس الوقت زادت التعقيدات لتعريف ولعملية اكتشاف الهجوم وزادت تعقيد عملية القبض على هؤلاء المهاجمين والمخربين. إن الشركات تعتبر القضية الأمنية هي الأهم عندما يقوموا بتبني التجارة الإلكترونية وعندما يقرروا استخدام الإنترنت في عمليات التسويق والتنظيم لأعمالهم التجارية. فبدون أخذ الكثير من الاعتبار والاهتمام بالقضية الأمنية فإن الشركات

لن تقوم باستخدام خدمات وتطبيقات الإنترنت في بيئة غير أمنة. حيث أن حماية البيانات في الإنترنت تهدف إلى حماية البيانات من المتطفلين غير المصرح لهم حيث أن الإنترنت نفسها عند ابتكارها وتصميمها لم يتم الأخذ بعين الاعتبار القضية الأمنية وذلك لأنها في الأصل تم تأسيسها لأغراض البحث العلمي فقط، فمثلا يعتبر بروتوكول الإنترنت الأساسي TCP/IP والذي يستخدم كوسيلة لإجراء عمليات نقل المعلومات والاتصالات في الإنترنت بين مختلف أنواع الأجهزة وأنظمة التشغيل وأنظمة الشبكات على اختلافها وعلى اختلاف أجهزة الكمبيوتر. إن هذا البروتوكول يوجد فيه العديد من نقاط الضعف والتي يسهل على القراصنة استخدامه للوصول إلى المعلومات التي يريدونها. وأيضاً وبالرغم من أن اتساع نطاق التجارة الإلكترونية في العالم أسره إلا أن عنصر الثقة في التعاملات الإلكترونية له أهمية كبيرة تفوق أهميته في التجارة التقليدية وذلك للأسباب التالية:

1- إن الأطراف الذين يقومون بعملية البيع والشراء لا يستطيعون رؤية بعضهم البعض كما في التجارة التقليدية.

2- من الصعب التحكم الكامل بالبيانات التي تمّ ارسالها في فضاء الإنترنت.

3- إن الطرف الآخر من الممكن أن يكون في موقع مختلف حيث يتواجد في بلده قوانين وتشريعات مختلفة تتعلق بالتجارة والأعمال الإلكترونية.

4- إن المشتري لا يستطيع أن يلمس أو يشم أو يرى أو يحس البضاعة التي يريد شرائها كما في التجارة التقليدية لذا فعامل الثقة هنا مهم جدا وبكلّمات أخرى بدون الثقة الكاملة لا يمكن أن تتم صفقة على الإنترنت، بعكس التجارة التقليدية فحتى لو لم تتوفر الثقة بالبائع فالثقة بالمنتج الذي أمامه واضحة حيث استلم المنتج ودفع ثمنه مباشرة.

قام الباحث فارنر وكاروينى بتوضيح المتطلبات الأمنية المتعلقة بالمراحل المختلفة للعلاقة في التجارة الإلكترونية وكما هي موضحة بجدول 13-1 التالي:

Requirement المتطلبات	Typical considerations الاعتبارات المثالية
Security at the user side النواحي الأمنية من جهة المستخدمة	• User authentication and authorization التحقق من المستخدم والصلاحبات • Physical access control to the machine التداول الطبيعي للبيانات والخدمات والسيطرة على الآلة • Confidentiality السرية • Data integrity تكامل البيانات
Security during transport of data النواحي الأمنية خلال عملية نقل البيانات	• Secure storage of user information الحفظ الأمين والأمن لمعلومات المستخدمين • User's privacy protection حماية خصوصية المستخدم
Security at the merchant side النواحي الأمنية من جهة التاجر	• Authentication of parties involved عملية التحقق من صحة الأطراف المشتركة في الاتصال

جدول 13-1 قضايا أمنية في الإنترنت

13 - 8 الأنواع المختلفة للتهديدات والهجومات

إن الخبراء المختصين بالقضايا الأمنية عبر الشبكات والإنترنت قاموا بتصنيف نوعين من أنواع الهجوم المحتملة هي الهجوم التقني والهجوم غير التقني، فالهجوم الغير التقني هو ذلك الهجوم الذي يتم عبر الشبكات حيث يقوم المهاجم باستخدام طريقة الحيلة والمكر والدهاء من أجل خداع الموظفين العاملين في الشركات للحصول على الإذن والتصاريح لاستخدام الخدمات والحصول على المعلومات واختراق أمن الشبكات والقيام بعمليات غير قانونية وقد يسمى هذا النوع من الهجوم بالهجوم الاجتماعي. وفي المقابل يستخدم ذوي المعرفة بالأنظمة والبرمجيات خبرتهم ومعلوماتهم التقنية بهذا المجال للقيام بعمليات الهجوم من النوع التقني. إن فيروسات الحاسبات الإلكترونية والتي هي عبارة عن برامج مبرمجة بأحد لغات الحاسبات الإلكترونية للقيام بعمليات تخريب على البرامج والبيانات وأجهزة الكمبيوتر وفي كثيراً من الأحيان يستخدم كلا النوعين، الهجوم التقني والغير تقني في إجراء الكثير من القرصنة عبر الإنترنت، فعلى سبيل المثال من الممكن

لمتطفل ما استخدام برامج وأدوات محوسبة وتلقائية لعرض رسالة التي تزود بخدمات البريد الآني الإلكتروني، حيث أنه من الممكن أن تعرض هذه الرسالة الفرصة لتنزيل برامج أو بيانات مهمة ومثيرة للقارئ مثل تنزيل ملفات فيديو أو موسيقى، حيث عندما يقوم القارئ الغير مشتبه به بتنزيل برنامج يقوم بعمليات قرصنة حيث هذا البرنامج ينفذ بشكل تلقائي عند الانتهاء من إنزاله على جهاز الكمبيوتر ويبدأ بالقيام بعمليات قرصنة تمكن المتطفل من السيطرة والتحكم عليه بجهاز الكمبيوتر واستخدامه للبدء بإجراء وترتيب للهجوم التقني.

إن مفتاح النجاح لعمليات الهجوم باستخدام تقنية الهجوم الاجتماعي تعتمد بالدرجة الأولى على الأفراد الضحايا وهناك مواقع كثيرة داخل الشركات تكون فيها الحساسية والأهمية أكثر من غيرها أي أن عملية اختراقها تكون عرضة أكثر من غيرها وهي تمثل الأفراد الذين لديهم صلاحية وصول لمعلومات سرية أكثر من غيرهم وعملهم يجبرهم على الاتصال والتواصل مع العامة وعبر الإنترنت أو عبر أي وسيلة اتصال أخرى كالهاتف أو البريد الإلكتروني أو حتى عبر المنتديات وعلى أساس متواصل ويومياً، ومن هذه المواقع الحساسة والقابلة للخرق أكثر من غيرها:-

- قسم السكرتاريا
- مساعدي المدراء الفنيين
- المدراء الفنيون لقواعد البيانات والشبكات
- مشغلي الكمبيوتر
- قسم الدعم الفني والهاتفي
- مراكز الاتصالات.

لذا يجب على الشركات أن تقوم بعمليات ونشاطات لمنع هذا النوع من الهجوم وذلك بالقيام بالنشاطات التالية:-

- التعليم والتدريب: كلّ الموظفين وخاصة هؤلاء الموظفين الذين يحتلون مواقع قابل للاختراق والقرصنة أكثر من غيرهم، يحتاجون إلى أن يتم توعيتهم وتعليمهم وتدريبهم عن المخاطر المترتبة وحيل القراصنة وكيفية معالجتها والتنبه منها.

- **الإجراءات والسياسات المتبعة:** إن هناك سياسات وإجراءات لا بد من تطويرها واتباعها واستخدامها والاستمرار في تحسينها حسب التقنيات والظروف الجديدة التي تطرأ على الإنترنت وذلك لحماية المعلومات السرية ولارشاد الموظفين لسلوك واتباع هذه الإجراءات واتخاذ الخطوات الضرورية والطارئة عند أي عملية تسجيل لمثل هذا النوع من الهجوم.

- **إجراء اختبارات لفحص مدى المقدرة على خرق النظام:** إن السياسات والإجراءات واستجابة الموظفين لا بد من إجراء مناورات واختبارات عليها من أجل اكتشاف مدى ملاءمتها وصمودها، حيث لا بد من عمليات الإرشاد والتعليم وتحسين الإجراءات عند اكتشاف أن هناك خرقاً ما قد حصل عند عمليات الاختبار.

13 - 9 (فيروس الزومبي) قرصنة رفض الخدمة الموزعة

Distributed Denial of Service Attacks (DDoS)

في العام 2004 حصلت هناك العديد من حالات الهجوم عبر فيروسات تكون موجودة في ملف مرفق مع البريد الإلكتروني، حيث تقوم هذه الفيروسات بالعمل بعد أن يقوم المستخدم بالنقر على الملف المرفق حيث يقوم بعملية إعداد لبرنامج فيروسي ويتم تنصيبه على جهاز الضحية وبدورة يقوم هذا الفيروس باستخدام العناوين البريدية الموجودة على جهاز الضحية واستخدامها للوصول إلى ضحايا آخرين وبذلك يتم نشر الفيروس في ملايين أجهزة الكمبيوتر المنتشرة حول العالم، والأخطر من ذلك هو أن تستخدم هذه الضحايا أو الملايين من أجهزة الكمبيوتر كلها وفي نفس الوقت بأن تقوم بنفس اللحظة بطلب خدمة من شركة معينة عبر الإنترنت حيث تعتبر هذه الشركة هي ضحية هجوم ما يعرف بقرصنة رفض الخدمة الموزعة فعندما يقوم ملايين من أجهزة الكمبيوتر وفي نفس اللحظة من مخاطبة الخادم لشركة معينة فيحصل عندها استهلاك كامل لكلّ مصادرها فعندئذ يتم تعطيل واستنفاذ طاقة الحاسوب المركزي وما فيه من ذاكرة ومعالج وبرامج فيحدث تعطيل للخدمة التي تقدمها هذه الشركة عبر الإنترنت فعندما يأتي مستخدم شرعي للحصول على الخدمة من موقع الضحية يجد صفحة تحتوي على خطأ أو أنه يطلب الخدمة ولا يلقى أي رد من الشركة.

إن القرصان الذي يستخدم مثل هذا النوع من القرصنة أي قرصنة رفض الخدمة الموزعة يقوم بذلك باستخدام برامج وأدوات تعمل على تزييف أرقام عناوين الإنترنت فتوحي للمستخدمين بأن هذا المستخدم هو شركة شرعية مثل الهجوم الذي تم على موقع yahoo.com حيث يقوم القرصان بما يعرف بعمل ما يقوم به الزومبي وهم آكلي لحوم البشر حيث باستخدام برامج معينة وأدوات يقوم بالاتصال بملايين من المستخدمين عبر الإنترنت والسيطرة عليهم ليقوموا كلّهم بالهجوم على شركة ما تكون هي الضحية وفي مثالنا هذا شركة yahoo.com. عندئذ تستهلك كلّ مصادر هذه الشركة ويتم رفض الخدمة للمستخدمين الشرعيين القادمين لاستخدام موقع yahoo.com. والشكلّ 13-9 التالي بين ميكانيكية طريقة القرصنة الموزعة لرفض الخدمة.

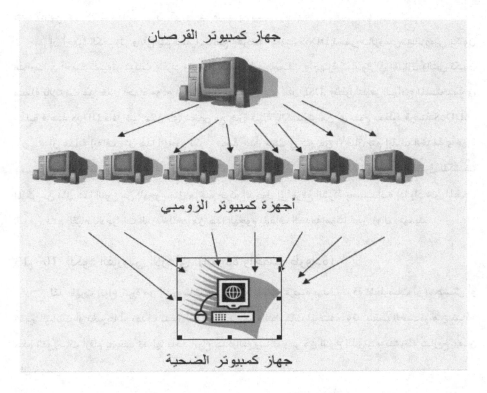

شكلّ 13-8 يبين آلية الهجوم الموزع لرفض الخدمة DDsS

إن المهاجم بطريقة قرصنة رفض الخدمة الموزعة يقوم باستخدام برامج ذكية تمّ تصميمها للوصول إلى ملايين من أجهزة الكمبيوتر الممكنة عبر الإنترنت وذلك بهدف استنفاذ كلّ مصادرها واستنفاذ كلّ الخدمات التي تؤديها هذه الشركة وبالتالي تعطيلها، وقد يحصل هذا النوع من القرصنة بين التجار، حيث أنه من الممكن لبعض التجار أن يقوم بتأجير العديد من الأشخاص وإرسالهم إلى محل ما لإشغاله والقيام بالعديد من الأسئلة والطلبات منه بهدف إلهائه بحيث أنه عندما يأتي مستخدم شرعي يريد الشراء يرى بأن المحل مزدحم فيمتنع عن الشراء ويذهب إلى محل آخر للشراء.

يقوم العديد من القراصنة باستخدام برامج غيرهم من القراصنة للقيام بمثل هذا الهجوم حيث يتم توفير هذه البرامج عبر الإنترنت بدلاً من أن يقوموا بتصميمها بأنفسهم.

إن أجهزة الكمبيوتر والتي يتم تحميل برامج القرصنة الموزعة DDoS تسمى بالزومبي. فالزومبي يكون متواجداً في أجهزة كمبيوتر شركات وأفراد ومواقع حكومية وجامعات وأجهزة كمبيوتر في المنازل والتي تكون متصلة بالإنترنت من خلال أجهزة مودم أو من خلال وسائل أخرى مثل DSL. ونظراً لتوفر البرامج المستخدمة في عملية قرصنة DDoS فافتراضياً يمكن لأي شخص مع خبرة قليلة بالكمبيوتر من أي يقوم بعملية قرصنة DDoS.

إن عملية إيقاف مثل هذا الهجوم تكون صعبة جداً، حيث في كثير من الأحيان يتم إيقاف الخدمة وأجهزة كمبيوتر الشركة الضحية لفترة معينة حتى يتم التخلص من هذا الهجوم. وقد ابتكرت العديد من الطرق للكشف المبكر عن مثل هذا النوع من الهجوم مثل مراقبة حركة الدخول إلى موقع الشركة بحيث أنه إذا زاد عن المعدل اليومي فيتم القيام بالإجراءات اللازمة للحد من هذا الهجوم بإيقاف الخدمة مؤقتاً لحين زوال التهديد.

13 - 10 الكود الفيروسي الإرهابي (الدودة وأحصنة طروادة)

لقد ظهرت أنواع كثيرة من الفيروسات والتي تقوم بأعمال قرصنة بهدف سرقة المعلومات أو التجسس أو تدمير البيانات أو تغييرها أو بهدف تدمير أنظمة الكمبيوتر والتطبيقات المختلفة. وقد بلغت الخسائر من نتائج هذه الفيروسات أرقام يصعب تخيلها فأحد أنواع هذه الفيروسات وهو من النوع الذي يتم تنشيطه بتاريخ معين مثل فيروس

تشيرنوفل حيث ينشط بتاريخ 5/21 من كلّ عام فيقوم بأعماله التخريبية فقط في ذلك اليوم وهناك فيروس الدودة والذي يقوم بشكل سريع بالتكاثر ونسخ نفسه في جهاز الكمبيوتر الواحد وينتقل إلى جهاز كمبيوتر آخر عبر البريد الإلكتروني أو عبر أقراص السي دي الموبوءة بهذا الفيروس فيستهلك كلّ طاقة الكمبيوتر من ذاكرة ومعالج ويصبح جهاز الكمبيوتر بطيئاً جداً حتى يتوقف عن العمل كلياً. وهناك أحصنة طروادة والتي تنتشر بكلّ طرق الاتصالات المحتملة فتعمل على التجسس على أجهزة كمبيوتر الشركات أو الأفراد وإرسال المعلومات السرية إلى القراصنة عبر الإنترنت مما يؤدي إلى فضح الكثير من المعلومات السرية وسرقة الكثير من أرقام بطاقات الاعتماد المالية.

إن هناك العديد من الأسباب والتي أدت إلى انتشار مثل هذه الأنواع من الفيروسات عبر الإنترنت ومن هذه العوامل :

- الخلط بين البيانات والتعليمات المنفذة: ففي الماضي كان هناك تفريق بين المعلومات والتعليمات التي يتم تنفيذها وهذه لم تعد الطريقة الموجودة الآن وعبر مختلف قواعد البيانات والشبكات المنتشرة في العالم. ففي أشهر الأنواع المستخدمة لإدارة قواعد البيانات مثل نظام أوراكلّ لا يتم تخزين وحفظ البيانات في قواعد البيانات فحسب بل يتم حفظ التعليمات المبرمجة المتعلقة بتنفيذ وإدارة قواعد البيانات هذه وتنظيمها. وكذلك كلّ الطرق الأخرى المستخدمة في معالجة البيانات مثل برنامج الإكسل الشهير من شركة ميكروسوفت وبرنامج معالج الكلمات ميكروسوفت وورد والتعليمات المستخدمة فيه مثل الماكرو وتعليمات الفيجوال بيسك المدمجة فيه. وأيضاً ما يعرف بجافا سكريبت وفيجوال بيسك سكريبت والمستخدمة في تصميم كلّ صفحات الإنترنت.حيث يتم خلط هذه النصوص المبرمجة مع البيانات مما يسهل عملية القرصنة والدخول إلى البيانات السرية من قبل القراصنة.
- زيادة بيئة الحوسبة المختلفة الأنواع: في الماضي كان هناك أنواع من أجهزة الكمبيوتر المختلفة والتي لها معالجات وشرائح مختلفة تعمل من خلال برامجها الخاصة وبروتوكولات اتصالات خاصة بها أما اليوم فنحن في بيئة تستطيع كلّ أجهزة الكمبيوتر على اختلاف نوعية أجهزتها ومعالجاتها وبياناتها وأنظمة

التشغيل المصممة لها وحتى مع اختلاف نظام الشبكة تستطيع هذه الأجهزة مع كلّ هذه الاختلاف من التواصل معاً وكأنها من نفس النوع ونفس البرامج باستخدام بروتوكول اتصال واحد عبر الإنترنت وهو بروتوكول TCP/IP حيث فقط يستطيع القرصان تصميم شيفرة كود واحدة بسيطة تمكنه من الاتصال بكلّ أجهزة الكمبيوتر في العالم بأسره.

- تواصل بين العالم لم يسبق له مثيل: ففي الماضي كانت الشبكات منفصلة عن بعضها البعض مثل الجزر في البحار، أما اليوم فكلّ شيء متصل مع بعضه البعض فأجهزة الحكومات وأجهزة خدمات الطوارئ في المستشفيات وأجهزة المؤسسات المالية والبنوك وأجهزة الكمبيوتر الشخصية في المنازل وخطوط حجز تذاكر السفر وغيرها من الأنظمة كلها متصلة معاً وبخطوط اتصال مباشرة وسريعة وفي الوقت الحقيقي وقد أعطى هذا الفرصة للفيروسات الماكرة من الانتشار وبسرعة كبيرة جداً.
- ازدياد نسبة المستخدمين والذين ليس لديهم معلومات كافية عن الكمبيوتر وعلم الكمبيوتر: إن معدل المستخدمين والذين ليس لديهم معلومات كافية عن الحاسوب وتطبيقات وعلمه كبيرة جداً، فنسبة كبيرة من المستخدمين ليس لديهم فكرة عن الطرق الأمنية لاستخدام البريد الإلكترونية وليس لديهم فكرة عن كيفية حماية أنفسهم وبياناتهم وحاسباتهم من التعرض للهجوم أو للقرصنة من قبل قراصنة الكمبيوتر مما سهل عمل هؤلاء القراصنة.

ونتيجة لكلّ ما سبق فإن هناك زيادة كبيرة بنسبة وأعداد الهجوم المسجلة والتي تسجل كلّ يوم ويذهب ضحيتها مئات الآلاف من الشركات أو الأفراد، وازدادت أيضاً صعوبة القبض على مثل هؤلاء القراصنة والوقت اللازم لاكتشافهم وأيضاً مما ساعد على انتشار مثل هذه الأعمال القرصانية زيادة نسبة أجهزة الكمبيوتر والبرامج والتي يتم التحكم بها عن بعد، حيث ظهرت برامج وأجهزة يستطيع الشخص من خلالها التحكم بكلّ ما في البيت على سبيل المثال وعبر الإنترنت فيستطيع الشخص في هذه الأيام أن يقوم بتشغيل

أو إطفاء الثلاجة عبر الإنترنت من أي مكان في الأرض كما يستطيع أن يقوم بتشغيل الأضواء أو إطفائها أو تشغيل أنظمة الحماية أو تعطيلها من أي مكان في الأرض وذلك عبر الإنترنت.

13 - 11   النقل الإلكتروني الأمن SET وطبقة المنفذ الأمن SSL

إن من أهم أساليب حماية البيانات هي الحصول على طريق اتصالات أمنة بين الأطراف المتصلة، ومن أهم الأساليب الشائعة لحماية الاتصالات بين طرفين هي استخدام تقنية طبقة المنفذ الأمن. فعندما يتم أحد الأطراف المتصلة بالنقر على أحد أزرار النقر في الموقع الإلكتروني والذي لديه تقنية SSL فإنه يقوم بتأسيس منفذ أمن بين جهازي الكمبيوتر المتصلة.

ولزيادة تحسين أمن الإنترنت بين الشركات وزبائنهم فقد قامت شركات بطاقات الاعتماد بتطوير معيار جديد أكثر أمناً يسمى النقل الإلكتروني الأمن SET والذي اثر تأثيراً كبيراً على الحركات والمعاملات التجارية عبر الإنترنت.[i]

ومبدئياً فإن SET تركز على السرية وتأكيد هوية الكائن المتصل حيث أن سرية تقنية SET تقوم ليس فقط بمنع الدخلاء من سرقة أرقام بطاقات الاعتماد بل أيضاً تمنع التجار من رؤية هذه الأرقام ومعرفتها مع تقديم التأكيد على عملية قبول هذه البطاقة وعملية اعتمادها من قبل الشركات التجارية. حيث يتم النقل للبيانات بعبورها من خلال أيدي الشركات التجارية مباشرة إلى مستخدم بطاقة الاعتماد حيث يتم فك تشفير البيانات وتحويل المبالغ منها إلى الحساب المالي للشركات التجارية.

إن تقنية SET تعتبر أحد برتوكولات تطبيقات الإنترنت والتي تمّ تطويرها من قبل الشركتين فيزا وماستر كارد كطريقة أمنة لإجراء المعاملات والتحويلات المالية عبر الانترت والشبكات.[ii]

حيث تعتبر هذه التقنية حالياً الوحيدة مستخدمة في معظم التطبيقات والتعاملات عبر الإنترنت. ولكن هناك الكثير من الانتقادات حول عملية التعقيد في استخدام وتطبيق هـذه التقنية[iii]، إن تقنيـة SET تحوي العديد من المكونات عند تطبيقها وهي:

- حامل البطاقة

- التاجر أو الشركة التجارية

- بوابة الدفع المالية

- المصدر للبطاقة

- الوسيط

- شهادات التفويض

ومن أهم المزايا التي تمتاز بها تقنية SET هي [iv]:

- سرية البيانات واستخدام طريقة المغلف الرقمي

حيث أن هذه التقنية لديها ميزات استخدام تقنية التشفير المتماثل الخاص والغير متماثل العام

- تكامل البيانات المنقولة واستخدام التوقيع الرقمي الثنائي

لقد أسست هذه التقنية لاستخدام تطبيق للتوقيع الإلكتروني جديد يسمى مفهوم استخدام التوقيع الإلكتروني الثنائي حيث تمنع هذه التقنية التجار من مشاهدة المعلومات والتفاصيل السرية لعملائهم وتزود هذه التقنية عملية اتصال بين رسالتين بحاجة إلى ربطهما بشكل سري من أجل إرسالها إلى طرفين مختلفين حيث يحتاج كلّ منهما إلى قراءة رسالة واحدة من هذه الرسالتين:

- التحقق من الكائنات المتصلة واستخدام تقنية الشهادات الرقمية

إن تقنية SET تعتمد على تنظيم هرمي من مكونات عديدة في عملية إدارة الشهادات الرقمية والتي سوف يتم شرحها في الفقرات التالية من هذا الفصل. حيث تعتبر SET مجموعة من البروتوكولات الأمنية والتنسيقات التي تمكن المستخدمين من استخدام البنية التحتية للدفع الإلكتروني الأمني عبر شبكة الإنترنت العالمية بطريقة أمنة جدا.[v]

إن من مكونات تقنية SET الرئيسة هو التاجر الذي يقوم بعملية البيع والبرامج التي يستخدمها حيث تتكون هذه البرامج من الخادم هي يقوم بعمليات التنظيم والتنسيق وعمليات الحفظ لنظام الدفع المالي وأيضاً هناك مكونات أساسية لا بد من توفرها من أجل إكمال العملية لهذه التقنية وتشمل خادم لصفحات الويب WEB SERVER ويقوم بعمليات التنسيق بين العميل وقواعد البيانات والتي يتم تداولها عبر صفحات

13 – 12 بروتوكولات نقل النصوص المتشعبة الأمنية SHTTP

هناك تقنة أخرى مستخدمة كثيراً في الإنترنت لإجراء عمليات نقل واتصال أمنة بين الأطراف وهي تقنية SHTTP وهي تقنية شبيه كثيراً بتقنية SSL إلا أنها صممت لتأمين بروتوكولات خاصة بصفحات الإنترنت HTTP والتي تعتمد على النصوص المتشعبة أو النصوص الحية والتي عندما يتم التأشير عليها بالفأرة يتحول مؤشر الفأرة إلى قبضة يد وعند النقر على هذا النص المتشعب يتم الانتقال إلى صفحة انترنت أخرى حيث يتم تداولها من قواعد بيانات موجودة على خادمات ومن خلال خادمات الويب يتم إرسالها إلى العميل وعند استخدام تقنية SHTTP يتم نقل هذه الصفحات وتداولها بطريقة أمنة[vi] حيث تقوم هذه التقنية بعملية تشفير للبيانات المنقولة عبر الإنترنت.

حيث أن تقنية SHTTP تعتبر بروتوكولات أو قواعد تحكم عملية الاتصال بين الأطراف عبر الإنترنت وتعمل فقط مع بروتوكولات HTTP فقط حيث تعتبر أكثر استخداماً وأكثر أمنا من غيرها من الطرق مثل طريقة SSL حيث تعتبر تقنية SSL ذات تقنية تشفير بمستوى اقل في عملية النقل عبر الشبكات إلا أن هذا التقنية تتطلب من كلا الطرفين التسجيل مع طرف ثالث برسم معين وأيضاً تتطلب استخدام كلا الطرفين مستعرض انترنت مناسب ومتوافق مع تقنية SSL

13 – 13 الشهادات الرقمية Digital Certificates

الشهادات الرقمية عبارة عن وثائق إلكترونية تستخدم حصرياً لتعريف الأشخاص والمصادر عبر الشبكات وخاصة شبكة الإنترنت. حيث عادة يتم إصدار هذه الشهادات وتشكيلها من خلال طرف ثالث يسمى سلطة إصدار الشهادات حيث يجب أن يكون هذا الطرف الثالث موثوقاً به من كّلا الطرف الأول والثاني، حيث تحتوي كلّ شهادة رقمية يتم إصدارها على معلومات مهمة تتعلق بمالكها وبالسلطة التي أصدرت هذه الشهادة مثل:

- اسم حامل الشهادة
- المفتاح العام لحامل الشهادة
- اسم سلطة إصدار الشهادة الرقمية
- رقم متسلسل

- تاريخ الإصدار

- مدة صلاحية الشهادة.[vii]

تعتبر الشهادات الرقمية توسيع وتوثيق للمفتاح العام للتاجر والفرد مثل رقم بطاقة الفرد. حيث تحتوي على المفتاح وعلى ضمانات من أن هذا المفتاح يخص الفرد أو الشركة الحقيقية وليس شخص آخر يدعي ملكية مفتاح عام ما. وحيث أن المفتاح العام متوفر لكلّ شخص فإن هذه السلطة الموثوقة والمصدرة للشهادة الرقمية تضمن بأن صاحب هذا المفتاح هو نفس الشخص وليس مدعي آخر. وكلّ شهادة رقمية أساسية تحتوي على المكونات التالية:

- معلومات تفصيلية حول الشركة التي تشغل الخادم مثل اسم المالك الذي أعطى صلاحية التوقيع.

- توقيع رقمي فريد للمالك

- مفتاح عام يطابق ويناظر المفتاح الخاص للمالك

- توقيع من سلطة الشهادات الرقمية التي أصدرت الشهادة الرقمية

إن مصدر الشهادات الرقمية يقوم بعملية تشفير لتوقيع الشهادات التي تمّ إنشاءها وبذلك بإنشاء شيفرة تقوم بالتشفير بالمفتاح الخاص بالمالك حيث يمثل هذا التوقيع معناً بان المصدر لهذه الشهادة هي شركة رسمية وعالمية وموثوقة حيث إذا العميل يثق بالمصدر للشهادات الرقمية إذن يمكن الوثوق بالخادم وبالمفتاح العام للمصدر والتي تمكن المستخدمين من إنشاء تواقيعهم الرقمية لوثائقهم الإلكترونية وملفاتهم.

13-14 أنظمة الكشف عن الدخلاء IDS والشبكات الخاصة الافتراضية VPN

ومن التقنيات الأمنية المستخدمة لزيادة الأمن عبر شبكات الإنترنت تقنية الكشف المبكر عن الدخلاء والتي تستخدم برامج معينة ذكية تقوم بالكشف عن أي نشاطات هجومية ماكرة وتقوم بذلك عبر مراقبة دقيقة للشبكة هي أن هذا النظام يجب أن يكون لديه المقدرة على جمع المعلومات عن كلّ العمليات التي تتم في الشبكة من عمليات تحميل وتنزيل وإرسال وبث ونقل للمعلومات وتداول للبيانات واستخدام أرقام المستخدمين

والكلمات السرية للدخول حيث يقوم هذا النظام بتحليل كلّ هذه المعلومات من أجل تأمين مصادر الشركة والكشف عن أي عمليات تخريبية. أما تقنية الشبكات الخاصة الافتراضية فتستخدم الشبكات العامة وبروتوكولات الإنفاق Tunnel والتي تسمح للطرفين بالاتصال عبر نفق أمن لا يمكن اختراقه من قبل أي طرف آخر كما أن هذه الأنظمة تستخدم إجراءات أمنية لنقل البيانات بين طرفين وعبر نفق أو ممر سري أمن حيث تستخدم الشركات حول العالم هذه التقنيات وذلك لحماية نفسها من الدخلاء القادمين عبر الإنترنت حيث يتم إجراء كلّ الاتصالات بين الأطراف المتصلة بشكل أكثر أمناً وأكثر سرية.

إن كلّ التقنيات التي تمّ شرحها لها علاقة بالقضية الأمنية للشركات، حيث يجب على كلّ الشركات التي تجري عمليات البيع والشراء للمنتجات أو الخدمات كخدمة التعليم الإلكتروني أن تحمي نفسها ومصادرها من الدخلاء لتجنب الخسائر المادية والمعنوية لها بالإضافة إلى كلّ التقنيات السابقة الذكر يجب على الشركات أن تتبنى مجموعة من الإستراتجيات المتواصلة التحديث والتطوير حيث يجب على الشركات في البداية أن تتعرف على كلّ التهديدات والمخاطر التي يمكن ان تواجهها وبعدها عليها أن تقرر الطريقة أو الطرق المناسبة لاختيار أفضل الأدوات التي تلائمها من أجل أن تضمن الأمن والسلامة لها ولعملائها والشكل 13-11 التالي يبين الخطوات اللازمة إتباعها في عمليات إدارة الأمن والحماية لشركات التجارة الإلكترونية.

حيث يبين الشكلّ ويصف الاستراتيجيات التي على الشركات أن تتبناها عندما تقرر الشركات أن تتبنى الخطط الأمنية لحماية نفسها من الخطر القادم عبر الإنترنت:

13 - 15 ضبط كلّمات المرور Password control

إن كلمة المرور المنتقاة لا بد لها من إستراتيجية معينة وإدارة لا بد من توظفيها وتطبيقها من أجل الحماية للنظام المستخدم.إن المستخدمين للنظام والذين يقومون بإدخال كلّمات مرور لتداول البيانات لا بد من اختيار كلمات مرور أمنة حيث أن اختيار كلمة مرور سيئة وقابلة للتخمين والاستخدام من قبل أشخاص غير مصرح بهم سوف تؤدي إلى عقبات ومشاكل أمنية خطير جداً للنظام والشركة. كما أنه لا بد من وجود إستراتيجية لتغيير كلمات المرور بشكل منتظم ودوري كما أن عملية انتقاء كلمة المرور لمدير الشبكة

الفني هي عملية مهمة جداً حيث أن هذه الكلمة هي روح الشبكة ولو وقعت في أيدي خاطئة فسوف تؤدي إلى عواقب وخيمة ودمار لكلّ نظام الشركة والبيانات والتطبيقات والموجودة فيه.

التفكير بكلّ التهديدات والمخاطر التي يمكن ان تواجهها الشركة

تقييم وتحليل كلّ التهديدات والمخاطر التي تم التفكير فيها

دراسة كلّ الخيارات والبدائل الامنية المتوفرة

اختيار أفضل الأدوات والتقنيات الأمنية

تقرير أي الخواص الأمنية لكلّ أداة تم اختيارها

تطوير إستراتيجية أمنية ونموذج للأدوات والخواص المستخدمة

إنشاء وبناء وتنفيذ نموذج النظام الجديد

البدء واختبار النظام الجديد المستخدم

القيام بالمراجعة والمراقبة والتحليل والتغذية الراجعة

شكلّ 13-9 إستراتيجية لتطبيق الأمن الإلكتروني

لذا لا بد من مدير الشبكة أن يقوم بتطبيق الإرشادات والتوجيهات التالية والتي تـؤدي إلى ضمان أمـن وسرية المعلومات والشبكة وقواعد البيانات وما تحويها:

- يجب أن يكون طول كلمة المرور على الأقل سبعة رموز تضم أرقام وحروف وإشارات أخرى.

- تجنب استخدام الأسماء وخاصة تلك المشابهة لاسم المستخدم وأيضاً يجب تجنب استخدام تـواريخ معروفة مثل تاريخ الميلاد وتاريخ الزواج وغيرها من التواريخ الشائعة أو الأرقام الهواتف أو غيرهـا مـن الأرقام.

- تجنب استخدام كلمات موجودة وخاصة من القاموس حيث يجب أن تكون كّلمـة المـرور كلمـة غـير موجودة وغير مستخدمة.

- يجب فرض استراتيجية لاجبار المستخدمين على تغيير كلمات المرور بشكل دوري.

إن كلّ هذه التوصيات ضرورية لمنع الدخلاء وقراصنة الكمبيوتر من استخدام برامج معينة تعمل بشكل سريع لتخمين العديد من الكلمات ومن ثم القيام بعمليات التخريب أو السرقة أو فضح سرية المعلومات.

13 - 16 أهداف الحماية

إن من المهم اعتماد وتعريف أهداف حماية البيانات والتي يجب تحقيقها باستخدام التقنيـات التـي تـمّ شرحها أعلاه. وعموماً يوجد خمسة أهداف أساسية يجب أن يتم تحقيقها لحماية البنية التحتية للبيانات الموجودة وهذه الأهداف الخمسة هي:

- **حماية البيانات من التزوير والحماية من عمليات الخداع** - إن مستلم لرسالة ما أو ملف ما يجب أن يكون متأكداً من أن مرسل الرسالة أو الملف هو نفس الشخص المدعي وليس شخص آخر يدعي وينتحـل شخصية أخرى حيث يسمى هذا في النظام التقليدي الورقي الحماية من التزوير والخداع.

- **توزيع الاعتماد** - إن الملفات والرسائل يجب أن يتم فتحها ومن ثم قراءتها فقط من الأشخاص الشرعيين والذي لهم صلاحية لذلك إلا أن التوزيع المعتمد لا يمنع من إيقاف

رسالة أو ملف من عملية اعتراضها أو قراءتها ولكنه يضمن أن الرسالة إذا تمّ بشكل عرضي اعتراضها فإن محتويات هذه الرسالة لن يتم فهمها أو قراءتها.

- **تكامل البيانات** - إن من المهم على المستقبل للبيانات المرسلة إليه أن يتأكد من أن الرسالة لم يتمّ تغيير محتوياتها أو حذف أجزاء منها منذ عملية إرسالها.

- **استمرار فعالية تبادل الرسائل** - إن الفعالية والسرعة لتبادل المعلومات يجب أن لا يتم منعه عند تطبيق تقنيات الحماية حيث يجب على المستخدمين أن يأخذوا على عاتقهم مهمات أخرى شاقة مثل إدارة تبادل المفاتيح أو التزويد بمعلومات إضافية وذلك لتطبيق الشروط الثلاثة التي تمّ شرحها.

- **حماية كلا من مستخدمي أجهزة الكمبيوتر المكتبية وأجهزة الكمبيوتر النقالة المحمولة** - لضمان نجاح حماية الرسائل بين مختلف الأطراف المتصلة عبر الإنترنت فيجب ضمان كلّ التسهيلات والبرمجيات اللازمة للحماية ولكلّ المستخدمين بغض النظر عن مكان الأطراف وكيفية اصدار الرسائل والمكان المصدر منه الرسالة، حيث تحقيق هذه الشروط سوف يضمن للكثير من المستخدمين باختلاف البنية التحتية والأجهزة المستخدمة من استخدام تقنيات الحماية عبر الإنترنت.

13-17 الجدر النارية

إن الجدر النارية عبارة عن مجموعة من الحاسبات الإلكترونية والبرمجيات المصاحبة معها والتي تقوم بعملية فصل الشبكات الخاصة للشركة عن الشبكات العامة حيث تقوم بعض هذه الجدر النارية بعملية تصفية وفلتره للبيانات والطلبات والتي تنتقل من شبكة الإنترنت العامة إلى الشبكة المحلية الخاصة بالشركة والمبنية على عناوين شبكات العمل للحاسوب والذي يقوم بعملية الإرسال والاستقبال للطلبيات أو البيانات.

وعادة البيانات التي تنتقل بين الحاسبات عبر الشبكات يتم تقسيمها إلى كتل صغيرة حيث تحتوي كلّ كتلة من البيانات على

- عنوان انترنت للحاسوب المرسل والمستقبل للبيانات
- معلومات أخرى تستخدم لتعريف البيانات وتمييز الكتل عن بعضها البعض والتي تأتي من عدة مصادر محتملة عبر الشبكات

وهناك ما يسمى بقواعد الكتل حيث تقوم إما بقبول أو رفض كتلة البيانات القادمة بناءً على مصدر الكتلة وهدفها وغيرها من المعلمات التعريفية ومن الأمثلة على هذه القواعد لفلاتر الكتل البيانية :-

1- منع كلّ الكتل المرسلة من عنوان انترنت معروف وخاصة بين الشركات التجارية وذلك لأسباب تجارية وتنافسية.

2- منع أي كتلة قادمة من الخارج والتي لها عنوان حاسوبي يخص الشركة من الداخل وذلك لحجب طلبات يمكن استخدامها من دخلاء يستخدمون حاسوبهم لانتحال شخصية كمبيوتر أو شخص موجود في الشركة.

مع كلّ ما ذكر فإن لتصفية كتل البيانات مساوئ كثيرة فعند وضع بعض القواعد التي تحكم عملية قبول أو رفض بعض كتل البيانات القادمة من شبكة الإنترنت أو كتل البيانات الذاهبة إلى شبكة الإنترنت عبر الجدار الناري

فقد يغفل مدير الجدار الناري الفني عن بعض القواعد المهمة أو أي يضع بعض القواعد بطريقة غير صحيحة حيث يعمل ذلك على وضع فجوة كبيرة في الجدار الناري وحيث أن محتوى كتل البيانات ليس لها علاقة بعملية التصفية فعندما يتم السماح لكتلة البيانات بالمرور والسماح لها باختراق الجدار الناري فسوف يكون ما داخل الشبكة متاحاً لعملية الهجوم المعتمدة والمقادة من كتل البيانات حيث أن من الممكن أن تحتوي هذه البيانات على تعليمات مخفية قد تتسبب للكمبيوتر المستقبل بتحديث وتعديل عملية السيطرة وضبط تداول البيانات أو بتغيير محتويات الملفات التي تتعلق وتتحكم بعمليات الأمن والحماية.

المراجع

[¹] [21] M. Soriano and D. Ponce, 2002, "A security and usability proposal for mobile electronic commerce," IEEE, Communications Magazine, vol. 40, pp. 62-67, 2002.

[¹] S. Lu and S. Smolka,, 1999, "Model Checking the Secure Electronic Transaction (SET) Protocol", Proceedings of the 7th IEEE International Symposium on Modeling, Analysis and Simulation of Computer and Telecommunication Systems (MASCOTS'1999), USA,October 1999, pp. 358-365.

[¹] P. Jarupunphol and C. J. Mitchell, 2002, "The future of SET" Proceedings of UKAIS 2002, Leeds, UK, April 2002, pp.9-17.

[¹] SET Co., Secure Electronic Transaction Standard Glossary, SET Specification Book1: Business Description, 2007. http://www.setco.com.

[¹] SET Co., Secure ElectronicTransaction Standard Glossary, SET Specification Book2: Programmer's Guide, 1998. http://www.setco.com.

[¹] VeriSign (2003), "Building the InfraStructure for Secure Electronic Commerce", VeriSign, available at:
http://www.verisign.com.au/whitepapers/enterprise/ecommerce/infra1.shtml

[¹] Robinson, P. (2001), "Understanding Digital Certificates and SSL", Entrust Inc.,
http://www.entrust.com/resources/pdf/understanding_ssl.pdf

الفصل الرابع عشر

المسائل القانونية والأخلاقية

Ethics

الأهداف التعليمية

بعد إتمامك لهذا الفصل سوف تكون قادرا على :

- معرفة وفهم أهم التحديات القانونية والأخلاقية في الأعمال التجارية
- فهم ومعرفة القضايا القانونية في ضوء مراحل الأعمال التجارية
- التمييز بين القضايا القانونية والقضاية الأخلاقية
- معرفة ما هية حقوق الملكية الفكرية لك من حقوق الطبع والعلامات التجارية واسماء المجالات وبراءات الاختراعات الرقمية.

الفصل الرابع عشر

المسائل القانونية والأخلاقية

Ethics

1-14 التحديات القانونية في الأعمال الالكترونية والتجارية

إن أنشطة الأعمال التجارية والعلاقات القانونية الناشئة تثير في بيئتها العديد من التحديات والعقبات القانونية للنظم القانونية الحالية، تتمحور في مجموعها حول أثر استخدام الوسائل الالكترونية في تنفيذ الأنشطة التجارية، فالعلاقات التجارية التقليدية قامت على أساس الإيجاب والقبول بخصوص أي تعاقد وعلى أساس التزام الطرفين بمضمون العقد المبرم بينهما فالبائع مثلا يقوم بتسليم المبيع بشكل مادي وضمن نشاط ايجابي خارجي ملموس، وأن يقوم المشتري بالوفاء بالثمن إما مباشرة (نقدا) أو باستخدام أدوات الوفاء البديل عن الدفع المباشر من خلال الأوراق المالية التجارية أو وسائل الوفاء البنكية التقليدية، والى هذا الحد فإن قواعد تنظيم النشاط التجاري سواء الداخلية أو الخارجية، وبرغم تطورها، بقيت قادرة على الاحاطة بمتطلبات تنظيم الأعمال، إذ بالرغم من تطور نشاط الخدمات التجارية والخدمات الفنية واتصال الأنشطة التجارية بعلاقات العمل والالتزامات المتعلقة بالامداد والتزويد ونقل العلوم والمعرفة والتكنولوجيا، فإن القواعد القانونية المنظمة للأنشطة التجارية والعقود يمكن أن تظل حاضرة وقادرة على محاكاة الواقع المتطور والمتغير في عالم الأعمال التقليدية الحالية، لكن الأمر يختلف بالنسبة للتجارة الكترونية، فالتغير، ليس بمفهوم النشاط التجاري، وإنما بأدوات ممارسته وطبيعة العلاقات الناشئة في ظله حيث يتوسط كل نشاط من انشطة الأعمال الالكترونية الكمبيوتر والانترنت والأطراف الأخرى مثل الوسطاء والمؤسسات المالية وغيرها من الشركات التي تقوم بخدمة الطرفين إما مجاناً أو برسوم معينة يتفق عليها الأطراف فيما بينهم، إن أثر وجود التقنية وهيمنتها على آلية انفاذ النشاط التجاري في ميدان الأعمال الالكترونية، بل ضرورتها لوجود الأعمال الالكترونية، كان لا بد أن يخلق عقبة وتحدياً جديداً أمام النظم القانونية الحالية المتعلقة بالأعمال التقليدية.

إذن، فما هي التحديات القانونية التي ظهرت في مجال الأعمال الالكترونية القائمة على الانترنت أو حتى على أي شبكة كمبيوتر أو شبكة اتصالات لاسلكية كالهاتف الخلوي مثلا ؟؟

هل الأعمال الالكترونية مجرد نشاط تجاري بين أطراف غائبين يمكن أن تطبق عليها نصوص التعاقد بين الغائبين المقررة في التشريعات المدنية للتجارة التقليدية؟؟

2-14 القضايا القانونية في ضوء مراحل الأعمال التجارية

إن تحديد تحديات الأعمال الالكترونية القانونية، يستلزم تصور العملية من بدايتها وحتى نهايتها بشكل عام لا تفصيلي، ومن ثم توجيه مؤشر البحث نحو استخلاص عناوين التحديات، ومن ثم بيان محتوى التحدي وما تقرر من حلول مقارنة لمواجهته.

الأعمال الالكترونية في صورتها العامة، طلبات بضاعة أو خدمات يكون فيها الطالب في مكان غير مكان المطلوب منه الخدمة أو البضاعة،أي أن كل من الطرفين يكون في مكان مختلف ولا يمكن لهما أن يتقابلا وجها لوجه كما في الأعمال التقليدية وتتم الإجابة بشان توفر الخدمة أو البضاعة على الانترنت، وقد يكون الوضع - كما في المتاجر الافتراضية الالكترونية - إن تكون البضاعة أو الخدمة معروضة على الانترنت يتبعها طلب الخدمة أو طلب الشراء من الزبون المتصفح للموقع، وعلى خط الانترنت أيضاً، وبالتالي يمثل الموقع المعلوماتي على الشبكة، وسيلة العرض المحددة لمحل التعاقد وثمنه أو بدله في حالة الخدمات على الانترنت (أي عبر شبكات المعلومات). وتثير هذه المرحلة (السابقة على التعاقد فعليا) مشكلات وتحديات عديدة :-

1. توثق المستخدم أو الزبون من حقيقة وجود الموقع أو البضاعة أو الخدمة.
2. مشروعية ما يقدم في الموقع من حيث ملكية بضاعة أو منتج ذات الطبيعة المعنوية (مشكلات الملكية الفكرية).
3. تحديات حماية المستهلك من أنشطة الاحتيال على الانترنت ومن المواقع الوهمية أو المحتوى غير المشروع للخدمات والمنتجات المعروضة.
4. الضرائب المقررة على عائدات الأعمال الالكترونية عبر الانترنت، ومعايير حسابها، ومدى اعتبارها قيدا مانعا وحادا من ازدهار الأعمال الالكترونية. وهذه

التحديات أيضاً ترافق المراحل التالية من خط نشاط الأعمال الالكترونية، فالخصوصية والموثوقية وحماية المستهلك تحديان يسيران بتواز مع سائر مراحل انشطة الأعمال الالكترونية.

المرحلة التالية تتمثل في إبرام العقد، بحيث يتلاقى الإيجاب والقبول على الانترنت أيضاً، ويتم ذلك بصور عديدة بحسب محتوى النشاط التجاري ووسائل التعاقد المقررة على الموقع، أشهرها العقود الالكترونية على الويب، والتعاقدات بالمراسلات الالكترونية عبر البريد الالكتروني، وبوجه عام، تتلاقى إرادة المزود أو المنتج أو البائع مع إرادة الزبون، ويتم عقد الاتفاق على الانترنت، وهنا تظهر مشكلتين رئيستين :

• **أولهما:** تأكد كل طرف من صفة وشخص ووجود الطرف الآخر وأمانته وصدقه، بمعنى التوثق من سلامة صفة المتعاقد. وحيث أن من بين وسائل حل هذا التحدي ايجاد جهات محايدة تتوسط بين المتعاقدين (سلطات الشهادات الوسيطة) لجهة ضمان التوثق من وجود كل منهما وضمان أن المعلومات تتبادل بينهما حقيقية، وتمارس عملها على الخط من خلال ارسال رسائل التأكيد أو شهادات التوثيق لكل طرف تؤكد فيها صفة الطرف الآخر.

• **وثانيهما:** حجية العقد الالكتروني أو القوة القانونية الإلزامية لوسيلة التعاقد، وهذه يضمنها في الأعمال التقليدية توقيع الشخص على العقد المكتوب أو على طلب البضاعة أو نحوه أو البينة الشخصية (الشهادة) في حالة العقود غير المكتوبة لمن شهد الوقائع المادية المتصلة بالتعاقد إن كان في مجلس العقد أو فيما يتصل بانفاذ الأطراف للالتزامات بعد ابرام العقد، فكيف يتم التوقيع في هذا الفرض، وما مدى حجيته إن تمّ بوسائل الكترونية، ومدى مقبولية بينته في الاثبات، وآلية تقديمه كبينة إن كانت مجرد وثائق وملفات مخزنة في النظام.

ان بيئة الأعمال الالكترونية توجد وسائل تتفق وطبيعتها لضمان نجاح اتمام عملية الأعمال الالكترونية ومن هنا وجدت وسيلة التوقيع الرقمي (Digital Signature) لتحقيق وظيفة التوقيع العادي.

والمرحلة الثالثة تتمثل في انفاذ المتعاقدين لالتزاماتهما، البائع أو مورد الخدمة الملزم بتسليم المبيع أو تنفيذ الخدمة، والزبون الملزم بالوفاء بالثمن، ولكل التزام منهما تحد

خاص به، فالالتزام بالتسليم يثير مشكلات التخلف عن التسليم أو تأخره أو تسليم محل تتخلف فيه مواصفات الاتفاق، وهي تحديات مشابهة لتلك الحاصلة في ميدان الأنشطة التجارية التقليدية، أما دفع البدل أو الثمن، فإنه يثير اشكالية وسائل الدفع التقنية كالدفع بموجب بطاقات الائتمان، أو تزويد رقم البطاقة على الخط، وهو تحد نشأ في بيئة التقنية ووليد لها، إذ يثير أسلوب الدفع هذا مشكلة أمن المعلومات المنقولة، وشهادات الجهات التي تتوسط عملية الوفاء من الغير الخارج عن علاقة التعاقد أصلاً، إلى جانب تحديات الأنشطة الجرمية في ميدان إساءة استخدام بطاقات الائتمان وأنشطة الاستيلاء على رقمها وإعادة بناء البطاقة لغرض غير مشروع.

يضاف إلى هذه التحديات، تحديات يمكن وصفها بالتحديات العامة التي تتعلق بالنشاط ككل لا بمراحل تنفيذه كتحدي خصوصية العلاقة بين المتعاقدين وخصوصية المعلومات المتداولة بينهما وتحد حماية النشاط ككل من الأنشطة الجرمية لمخترقي نظم الكمبيوتر والشبكات، أو ما يعرف عموماً بجرائم الكمبيوتر التي يقوم لصوص الكمبيوتر والانترنت بتنفيذها وتحدي مشكلات الاختصاص القضائي في نظر المنازعات التي تظهر بين أطراف العلاقة التعاقدية، إذ في بيئة الانترنت، تزول الحدود والفواصل الجغرافية، وتزول معها الاختصاصات المكانية لجهات القضاء، فأي قضاء يحكم المنازعة وأي قانون يطبق عليها عند اختلاف جنسية المتعاقدين، وهو الوضع الشائع في حقل الأعمال الالكترونية وسوف يتم التطرق الى هذه التحديات في الاقسام التالية.

14 – 3 المسائل القانونية والمسائل الأخلاقية

إن من أهم العقبات والتحديات التي تحد من استخدام الأعمال الالكترونية هي المسائل القانونية والأخلاقية والتي تعكر صفو انتشار الأعمال الالكترونية وممارستها بشكل ناجح لجميع الأطراف. وبدءاً ذي بدء سوف نقوم بالتمييز بين المسائل القانونية والمسائل الأخلاقية فنظرياً يمكن التمييز بين القضايا القانونية الأخلاقية بشكل سريع فالقوانين والأحكام يتم سنها من قبل الحكومات ويتم تطوير هذه القوانين سنة تلو الأخرى حسب الظروف والحالات والقضايات التي تطرأ في الدولة حيث يعتبر القانون هو الجهة السائدة والمطبقة على كل المواطنين وبشكل حاسم وهو الذي يحكم تصرفاتهم وتعاملاتهم

الاجتماعية والتجارية والاقتصادية وفي كل شئون حياتهم المعاصرة. فإذا قام شخص بخرق القانون أي قام بفعل غير قانوني فسوف يتم التعامل معه ومعاقبته حسب القانون والنظام العام للعقوبات، وفي المقابل فالمسائل الأخلاقية هي جزء من فلسفة تتعامل مع ما يسمى بالخطأ والصواب. فما يعتبر مسألة أخلاقية ليس بالضرورة أن يكون مسألة قانونية قد يعاقب عليها القانون فالأخلاقيات هي ما تعارف عليه الناس في مجتمعاتهم بما هو صحيح أو خطأ ولكنها ليست خاضعة للقانون والعقوبات المترتبة على فعلها أو عدم فعلها.

إن الأعمال الالكترونية خلقت العديد من القضايا القانونية والأخلاقية والتي أيضاً تختلف تصنيفها من دولة الى أخرى ففي الولايات المتحدة الامريكية تعتبر قضية ارسال فيض كبير من الرسائل الالكترونية إلى شخص ما بدون موافقته قضية قانونية يعاقب عليها القانون إما في دول أخرى وخاصة الدول النامية منها فتعتبر قضية أخلاقية ولا يعاقف عليها القانون. وأيضاً كمثال آخر تخيل شركة فيها موظفين يعملون على الكمبيوتر وممكن لهم استخدام الانترنت في انجاز الكثير من أعمالهم فهل يعتبر استخدام الانترنت في المسائل الشخصية للموظفين قضية أخلاقية أم قانونية قد تؤدي إلى فصل الموظف من الشركة. وأيضاً عمليات التنصت واستراق السمع والتجسس كلها تعتبر قضايا أخلاقية أو قضايا قانونية وذلك حسب الدولة وحسب تقدمها وسنها للقوانين المتعلقة بالانترنت والأعمال الالكترونية، فعلى سبيل المثال التوقيع الالكتروني المطبق بين البائع والمشتري معترف فيه في الدول الغربية والأوروبية ولكن معظم الدول النامية ليس لدينها أي قانون يتعلق بالتوقيع الالكتروني وقس على ذلك باقي المسائل المتعلقة بالانترنت والأعمال الالكترونية. أيضاً قد تختلف نسبة الاعتراف والمعيار وقد يختلف تصنيف عملية ما على أنها قضية أخلاقية أو قانونية أي بمعنى آخر أنه ليس هناك إلى الآن أي قانون دولي موحد يتعلق بالأعمال الالكترونية والانترنت كما هو الحال في الأعمال التقليدية فما هو اخلاقي في دولة ما قد يعتبر قانوني في دولة أخرى.

4-14 شيفرة الأخلاقيات Code of Ethics

إن العديد من الشركات تقوم بالعديد من العمليات والنشاطات من أجل منع موظفيها من استخدام الانترنت والبريد الالكتروني في المسائل الشخصية والتي ليست لها علاقة

بعمل الموظف، فبعض الشركات تقوم بوضع سياسات حول استخدام الكمبيوتر والانترنت وارسالها إلى الموظفين لكي يلتزموا بها وبعض الشركات الأخرى تقوم بعمليات مراقبة لكل ما يقوم به الموظف حيث تقوم باخبار الموظفين بأن الشركة لديها الحق بمراقبة وقراءة الرسائل الالكترونية التي يقوم الموظف بارسالها من داخل الشركة وأيضاً بمراقبة كل المواقع التي يقوم الموظف بزيارتها حيث تقوم بتسجيل كل موقع قام بزيارته الموظف وبناء على ذلك يتم التعامل مع الموظف كل هذه الحالات تعتبر جزء من الشيفرة الأخلاقية، فهل مراقبة الموظفين ووضع كاميرات مراقبة تعتبر مسألة أخلاقية وهل قراءة البريد الشخصي للموظفين تعتبر مسألة أخلاقية ولا يجوز للشركات أن تقوم بها أو أنها جائزة وما تفعله الشركة هو حماية مصلحتها التجارية وحث الموظفين على الالتزام بالعمل لمصلحة الشركة وليس لمصلحته الشخصية.

هناك العديد من المنظمات من مختلف التخصصات قامت بتطوير شيفرة من الأخلاقيات لمطوري البرمجيات حيث قامت بتبنيها كل من ACM وIEEE في العام 1998 والتي تنص على ما يلي:

" أن على مديري المشاريع والموظفين أن يلتزموا ويلزموا أنفسهم باخلاقيات المهنة عند قيامهم بعمليات التحليل والتصميم والتطوير وعمليات الاختبارات للبرامج والصيانة بحيث يقوموا بتصميم هذه البرامج حسب المتطلبات السلامة العامة والصحة والسعادة للجميع، وعلى مديري المشاريع والموظفين أن يلتزموا بالمباديء الرئيسية الثمانية التالية:

1. العامة Public

على مديري المشاريع والموظفين أن يعملوا من أجل المصلحة العامة لكل الأفراد على الكرة الارضية.

2. العميل وصاحب العمل Client and Employer

على مديري المشاريع والموظفين أن يقوموا بعملهم لمصلحة عملائهم وموظفهم بما يتلائم مع المصلحة العامة.

3. المنتج Product

على مديري المشاريع والموظفين أن يتأكدو أن المنتج يراعي أعلى المقاييس والمعايير العامة الممكنة والتي تتوافق مع المصلحة العامة.

4. اتخاذ القرار Judgment

إن مديري المشاريع والموظفين يجب أن يكون لهم القرار المستقل عند الحكم على صلاحية منتج معين ولا يخضع لمصلة صاحب العمل فقط.

5. الادارة Management

على مديري المشاريع والموظفين أن يقوموا بدعم الطريقة الأخلاقية في إدارة وصيانة وتطوير المشاريع.

6. الاحترافية Profession

على مديري المشاريع والموظفين أن يلتزموا بالأخلاقيات والثوابت المتعلقة بالمهنة.

7. الزمالة Colleagues

على مديري المشاريع والموظفين أن يكونوا عادلين ومتعاونين مع زملائهم في العمل.

8. النفس Self

على مديري المشاريع والموظفين أن يلتزموا بتعليم أنفسهم وتطوير تعليمهم بشكل مستمر وأن يروجوا للمسائل الأخلاقية ويقوموا بنشر المباديء الصحيحية المتعلقة بأخلاقيات المهنة.

لقد كان للحاسوب السبب الرئيسي لمقتل العديد من البشر وكان السبب في خسارة مئات الملايين من الدولارات، فكما نعرف فإن الحاسوب أصبح يستخدم في كل نواحي الحياة فنحن نراه حالياً في غرف العمليات في المستشفيات وهو يتحكم بنظام الطائرات المدنية والحربية وعميات اطلاق الصواريخ إلى القمر والمريخ والفضاء الخارجي. وأيضاً

الحاسوب يستخدم حاليات في التحكم بكمية الاشعة اللازمة تسليطها على الأورام الخبيثة لمرضى السرطان حيث يعمل برنامج داخل الجهاز للتحكم بالكمية، وقد حدثت حالتها توفي فيها العديد من الأشخاص في ولاية تكساس بامريكيا بسبب حصولهم على جرعات تزيد عن الحد المطلوب وذلك بسبب خطأ في برمجة الجهاز , أيضاً حصل تدمير لأحد المركبات الفضائية في القمر بسبب خطأ في البرنامج الذي يتحكم بحساب المسافة لهبوط المركبة على سطح القمر مما أدى إلى خسارة الاف الملايين من الدولارات وغيرها حالات كثيرة سببها عدم كفاءة البرامج المصممة أو البرامج التي تحتوي على أخطاء كثيرة لم يقوموا المبرمجين بالتصريح عنها حتى يستطيعوا أن يقوموا ببيع هذه المنتجات.

وقد قام بناءً على ذلك العديد من الباحثين والمنظمات الغير ربحية بكتابة العديد من المبادئ المتعلقة باستخدام التقنيات والكمبيوتر، حيث ظهر ما يسمى بالوصايا العشر لأخلاقيات الحاسوب من قبل معهد أخلاقيات الكمبيوتر في العام 2002 وهذه الوصايا العشر هي:-

1- يجب أن لا يستخدم الحاسوب في أذية الناس.

2- يجب أن لا يستخدم الحاسوب للتدخل في عمل الآخرين.

3- يجب أن لا يستخدم الحاسوب للتنصت والتجسس على ملفات الغير.

4- يجب أن لا يستخدم الحاسوب للقيام بعمليات السرقة.

5- يجب أن لا يتم استخدام أو نسخ الممتلكات الخاصة من برمجيات من غير أن يتم دفع ثمنها.

6- يجب أن لا يستخدم الحاسوب كشهادة زور كاذبة.

7- يجب أن لا يستخدم مصادر الآخرين من ملفات وبرامج بدون صلاحية وإذن مسبق.

8- لا يجوز انتهاك الملكية الفكرية للاخرين.

9- يجب أن يؤخذ بعين الاعتبار العواقب الاجتماعية لكل برنامج تقوم بتصميمه أو تطويره.

10- يجب دائما استخدام الحاسوب بطريقة تضمن الاعتبارات والاحترام لكل البشر على وجه الارض.

14 – 5 القضايا القانونية والأخلاقية الرئيسية في الأعمال الالكترونية:

Major Legal and Ethical Issues.

هناك العديد من القضايا القانونية والأخلاقية التي ظهرت عند اطلاق الانترنت وعند اجراء العمليات والمعاملات التجارية الالكترونية ومن هذه القضايا :

* الخصوصية :

إن الخصوصية تعني العديد من الأشياء للعديد من الأشخاص، وفي العموم فإن الخصوصية تعني حق المرء في يترك وشأنه وحقه في عدم خرق خصوصيته ويعتبر هذا الحق قانونا ودستورا في التعاملات التجارية والمالية عبر الانترنت في الدول المتقدمة كالولايات المتحدة الامريكية. في السابق كانت عملية الحصول على المعلومات عن أشخاص أو شركات أو اسرار تجارية أو عسكرية عملية صعبة ومعقدة ومكلفة جداً، أما اليوم فبوجود الانترنت والتي تحوي مليارات من الصفحات المكونة من ملايين المعلومات الصورية والنصية والصوتية والحركية عن العديد من المواضيع والأشخاص والشركات والأسرار التجارية والتي تكون محفوظة في قواعد بيانات في العديد من الخادمات قد سهلت من عملية الحصول على المعلومات واختراق قانون الخصوصية، حيث لا يمكن ان تتم اي عملية بيع أو شراء قبل أن يقوم العميل بملء بيانات خاصة عنه كاسمه وعنوانه ورقم الهاتف ورقم بطاقة الاعتماد وفي كثير من الأحيان تقوم الشركات بجمع معلومات أخرى اكثر خصوصية عن الحاجات التي يفضلها وعن مرتبه وغيرها من المعلومات، حيث تكون هذه المعلومات عرضة للسرقة أو البيع أو للكشف بطرق كثيرة منها طريقة القرصنة أو قيام أحد الموظفين ببيع هذه المعلومات بدون علم الشركة مما يؤدي إلى انتهاك الخصوصية للعميل.

لذلك كله فالانترنت يمكن استخدامها للبحث عن معلومات حول الأشخاص وذلك بـ :

- قراءة المعلومات الشخصية المعلقة في المجموعات الإخبارية في الانترنت.
- بالبحث عن اسم الشخص وهويته في فهارس ومكتبات الانترنت.
- بقراءة البريد الالكتروني للأفراد.
- بالقيام بمراقبة الموظفين في الشركة عبر الشبكات أو كاميرات المراقبة.

- بوضع أجهزة مراقبة لا سلكية ومراقبة تصرفات الموظفين وسلوكهم وأعمالهم ونشاطاتهم.
- بالطلب من الأفراد تعبئة نماذج الكترونية حولهم.
- بتسجيل نشاطات الأفراد عبر برامج متصفحات الانترنت ومراقبت عملية وسلوكهم في الانترنت.
- بدس برامج تجسس في حاسبات الأشخاص تكون مخفية في برامج تم تنزيلها بدون علم الأفراد حيث تقوم بعملية مسح كامل لحاسوب الفرد وارسال تقارير عن كل حركاتهم عبر الانترنت بدون علمهم.

لذلك كله لا بد من حماية الخصوصية للأفراد ومنع أي عملية كشف لمعلومات الأفراد بدون إذن منهم وذلك بالمباديء والطرق التالية:-

1. **الوعي والادراك :** يجب على المستهلكين العملاء أن يكون لديهم الحق باعطاء أو عدم اعطاء معلومات سرية عنهم للشركات ويجب أن يكون هناك إذن مسبق عند رغبة الشركة بارسال معلومات ما إلى جهة أخرى من قبل العملاء.
2. **الرضا والخيار :** لا بد أن يتم اعلام كل العملاء عن كيفية التعامل مع معلوماتهم وكيفية حفظها وكيفية استخدامها وبماذا قبل أن يتم جمع هذه المعلومات بحيث يكون العميل راض كل الرضا عن الطريقة التي سوف يتم استخدام هذه المعلومات فيها.
3. **التداول والمشاركة:** لا بد من أن تكون هناك طريقة تمكن العميل من الوصول إلى معلوماته واجراء إي عمليات تعديل أو إضافة أو حذف عليها بالطريقة الصحيحة والآمنة.
4. **الأمن والتكامل :** يجب أن يكون العميل متأكداً من أن المعلومات التي قدمها هي نفسها ولم يتم اجراء أي تغيير أو تبديل عليها ويجب أن يتم حفظها بمكان آمن لا يمكن أي شخص غير مصرح له للوصول اليها.

14 – 6 حقوق الملكية الفكرية Intellectual Property Right

إن الملكية الفكرية هي كل ما يتمّ ابتكاره بجهد ذهني وعقلي ويتضمن: الاختراعات، والأدب والأعمال الفنية والعلامات والاسماء والصور والتصاميم المستخدمة في الأعمال، حيث يجب حماية كل هذه الحقوق، وذلك بمنع استخدامها من غير إذن أو ببيعها بدون تصريح أو القيام بعمل نسخ لها وبيعها.

إن حقوق الملكية الفكرية يمكن تقسيمها إلى أربعة أنواع في الأعمال الالكترونية :

1. حقوق الطبع Copyrights
2. العلامات التجارية Trademarks
3. اسماء المجالات Domain names
4. براءة الاختراع Patents

14 – 6 - 1 حقوق الطبع Copyright

حقوق الطبع هو عبارة عن حق تمّ منحه من قبل الحكومة المفوضة للمالح حصريا حيث يمنحه هذا الحق بـ:

- إعادة نسخ العمل كلياً أو جزئياً.
- توزيع أو تنفيذ أو نشر هذا العمل إلى العامة باي شكل أو طريقة ويتضمن نشره أيضاً بالانترنت.
- يكون للمالك الحق بتصدير العمل إلى دولة أخرى.

14 – 6- 2 حقوق العلامات التجارية Trademarks

العلامة التجارية هي عبارة عن رمز أو علامة تستخدمها الشركات لتعريف منتجاتهم وخدماتهم، وهذه العلامة أو الرمز يمكن أن تتكون من كلمات أو تصميمات أو أحرف أو أرقام أو أشكال أو أي خليط من الالوان أو غيرها من المعرفات، وتحتاج العلامات التجارية إلى عملية تسجيل في القطر الموجودة فيه الشركة من أجل حمايتها من قبل القانون والدولة، وحتى تكون العلامة التجارية مسجلة ومحمية من قبل القانون لا بد من أن تكون العلامة التجارية مميزة وفريدة واصلية وغير مسجلة من قبل، وعندما يتم

تسجيلها تصبح هذه العلامة باقية وإلى الأبد بشرط أن يتم دفع الرسوم السنوية المستحقة على العلامة التجارية بانتظام وبدون تأخير.

ولمالك العلامة التجارية الكثير من الحقوق الحصرية منها :-

- استخدام العلامة التجارية على البضائع والخدمات التي تمّ تسجيل العلامة التجارية لها.
- اتخاذ اجراءات قانونية من أجل منع أي شخص أو أي شركة أخرى من استخدام العلامة التجارية من الغير البضاعة أو الخدمات المسجلة لها في الأصل.

14 - 6 - 3 حقوق اسماء المجالات Domain names

من أنواع العلاما ت التجارية في العصر الحالي هي اسماء المجالات لمواقع الانترنت، واسم المجال هو عبارة عن اسم يستخدم لتعريف عنوان الانترنت لموقع ويب لشركة معينة والذي يتكون من مجموعة من الصفحات الالكترونية من ضمنها الصفحة الرئيسية home page والتي عادة يتم تحميلها عند طلب اسم المجال , ومن الأمثلة على اسماء المجالات العالمية :

http://www.islamonline.net

http://www.google.com

http://www.amrkhaled.com

http://www.yahoo.com

http://www.ayna.com

وهناك عدة أنواع من اسماء المجالات ملخصة بالجدول التالي:

Edu	للمؤسسات التعليمية كالجامعات والمعاهد والمدارس
Com	للشركات التجارية
Net	للشبكات ومقدمي خدمات الانترنت
Gov	للمؤسسات الحكومية
Mil	للمؤسسات العسكرية
Org	للمنظمات الغير ربحية

وقد تمّ حجز حرفين يتم ادراجهما في نهاية اسم المجال لتدل على اسم الدولة المضيفة للموقع والجدول التالي يلخص أهم هذه الحروف والدول التي تشير اليها:

jo	الأردن
us	الولايات المتحدة الامريكية
eg	مصر
sy	سوريا
uk	المملكة المتحدة
Ja	اليابان
Pa	فلســــــــطين

مثال:-

http://www.ammanu.edu.jo

14 - 6 - 4 براءة الاختراع Patents

براءة الاختراع هي وثيقة تمنح صاحبها الحقوق الحصرية لاختراع أو ابتكار أو اكتشاف معين لعدد محدود من السنوات على سبيل المثال 17 سنة في الولايات المتحدة و20 سنة في المملكة المتحدة. إن براءة الاختراع وجدت لكي تعمل على حماية الاختراعات التقنية الملموسة وخاصة في مجال الصناعات التقليدية، ولم يتم تصميم براءة الاختراع لحماية الابداعات الفنية والأدبية، حيث يمكن أن يكون الاختراع أو الابتكار على شكل جهاز مادي ملموس أو وسيلة أو عملية لصنع جهاز.

المراجع

References

- Irma Bacerra Fernandez , Avelino Gonzalez , Rajiv Sabherwal (2004) " knowledge Management ; Challenges , solutions and Technologies , Prentice Hall, UK

- Margaret H. Dunham (2002) , Data Mining ; Introductory and Advanced Topics, ", Prentice hall, UK.

- Rang Ning Tan, Michael Steinbach, Vipin Kumar, (2004) , Introduction to Data Mining , Prentice hall, UK

- Allee, V (1996), "Adaptive organizations", Executive Excellence, Vol. 13 No.3, pp.20.

- Allee, V (1997a), "Knowledge and self-organization", Executive Excellence, Vol. 14 No.1, pp.7.

- Allee, V (1997b), "12 principles of knowledge management", Training & Development, Vol. 51 No.11, pp.71-4.

- Allerton, H.E (1998), "News you can use", Training & Development, Vol. 52 No.2, pp.9-10.

- Alter, A.E (1997), "Know-how pays off", Computerworld, Vol. 31 No.2, pp.72.

- Anthes, G.H (1998), "Learning how to share", Computerworld, Vol. 32 No.8, pp.75-7.

- Ash, J (1998), "Managing knowledge gives power", Communication World, Vol. 15 No.3, pp.23-6.

- (1997), "CSFI knowledge bank", The Banker, Vol. 147 No.862, pp.15.

- Bassi, L.J (1997), "Harnessing the power of intellectual capital", Training & Development, Vol. 51 No.12, pp.25-30.

- Black, D.H, Synan, C.D (1997), "The learning organisation: the sixth discipline", Management Accounting, London, Vol. 75 No.10, pp.70-72.

- Blake, P (1998), "The knowledge management expansion", Information Today, Vol. 15 No.1, pp.12-13.

- Blake, P (2000), "The future of knowledge management", Information Today, Vol. 17 No.3, pp.14-15.

- Carrillo, J (2000), Managing Knowledge-based Value Systems, http://www.cestec1.mty.itesm.mx/~laava/sdsit...ag_base/legados/sc-112_oct98/mono_x2.htm,.

- Chase, R.L (2000), Knowledge Navigators, http://www.sla.org/pubs/serial/io/1998/sep98/chase.html,.

- Cole-Gomolski, B (1997a), "Chase uses new apps to ID best customers", Computerworld, Vol. 31 No.35, pp.49-50.

- Cole-Gomolski, B (1997b), "Users loath to share their know-how", Computerworld, Vol. 31 No.46, pp.6.

- Cole-Gomolski, B (1998), "Vendors cram knowledge-ware market", Computerworld, Vol. 31 No.5, pp.55-6.

- Coleman, D (1998), "Learning to manage knowledge", Computer Reseller News, Vol. 775 pp.103-04.

- Davenport, T.H, De Long, D.W, Beers, M.C (1998), "Successful knowledge management projects", Sloan Management Review, Vol. 39 No.2, pp.43-57.

- DiMattia, S, Oder, N (1997), "Knowledge management: hope, hype, or harbinger?", Library Journal, Vol. 122 No.15, pp.33-5.

- Duffy, J (2000), "Knowledge management: to be or not to be?", Information Management Journal, Vol. 34 No.1, pp.64-7.

- Emery, P (1997), "Knowledge management", Inform, Vol. 11 No.10, pp.2.

- Finerty, P (1997), "Improving customer care through knowledge management", Cost & Management, Vol. 71 No.9, pp.33.

- lamholtz, E.G (1985), Human Resource Accounting – Advances in Concepts, Methods, and Applications, 2nd ed, Jossey-Bass Publishers, San Francisco, CA,.

- Fleicher, C (1998), Competitive Intelligence, Graduate School of Management, Macquarie University, Australia,.

- Forbes (1997), "Knowledge management: the era of shared ideas", Forbes, Vol. 160 No.6, pp.28.

- Frappaolo, C (1997), "Finding what's in it", Document World, Vol. 2 No.5, pp.23-30.

- Galagan, P.A (1997), "Smart companies", Training & Development, Vol. 51 No.12, pp.20-24.

Goodman, R.E, Chinowsky, P.S. (1997), "Preparing construction professionals for executive decision making", Journal of Management in Engineering, Vol. 13 No.6, pp.55-61.

- opal, C, Gagnon, J (1995), "Knowledge, information, learning and the IS manager", Computerworld, Vol. 29 No.25, pp.SS1-7.

- Grant, R.M (1991), "The resource-based theory of competitive advantage: implications for strategy formulation", California Management Review, Vol. 30 No. 3, pp.114-35.

- Gröjer, J.E, Johanson, U. (1998), "Workshop Summary", Human Resource Costing and Accounting Time for Reporting Regulation, Work Life 2000, National Institute for Working Life, Stockholm, No.7,.

- Grönhaug, K, Nordhaug, O (1992), "Strategy and competence in firms", European Management Journal, Vol. 10 No.4, pp.438-44.

- Guth, R (1996), "Where IS cannot tread", Computerworld, Vol. 30 No.4, pp.72.

- Guthrie, J (2000), "Intellectual capital review: measurement, reporting and management", Journal of Intellectual Capital, Vol. 1 No.1,.

- Haanes, K, Løwendahl, B (1997), "The unit of activity: towards an alternative to the theories of the firm", in Thomas, H (Eds),Strategy, Structure and Style, John Wiley & Sons Ltd,.

- Hibbard, J (1997), "Knowing what we know", Information Week, Vol. 653 pp.46-64.

- Hibbard, J, Carrillo, K.M (1998), "Knowledge revolution", Information Week, Vol. 663 pp.49-54.

- Infield, N (1997)), "Capitalising on knowledge", Information World Review, Vol. 130 pp.22.

- (1997), "Knowledge equals power", InfoWorld, InfoWorld, Vol. 19 No.46,, pp.116-19.

- Itami, H (1987), Mobilising Invisible Assets, Harvard University Press, Cambridge, MA,.

- Johanson, U, Eklöv, G, Holmgren, M, Mårtensson, M (1998), Human Resource Costing and Accounting versus the Balanced Scorecard, Report to OECD, Working paper,.

- Kao, J.J (1997), "The art and discipline of business creativity", Planning Review, Vol. 25 No.4, pp.6-11.

- Keeler, J (2000), "Track 5: social, behavioural, cultural and ethical factors, part 2", American Society for Information Science,.

- Keen, P.G.W (1997), "Let's focus on action not info", Computerworld, Vol. 31 No.46, pp.100.

- Kirchner, S.R (1997), "'Focus on: database integration and management for call centers", Telemarketing, Vol. 16 No.2, pp.22-4.

- Klaila, D (2000), "Knowledge management", Executive Excellence, Vol. 17 No.3, pp.13-14.

- Koudsi, S (2000), "Actually, it is like brain surgery", Fortune, Vol. 141 No.6, pp.233-4.

- Laberis, B (1998), "One big pile of knowledge", Computerworld, Vol. 32 No.5, pp.97.

- LaPlante, A (1997), "Sharing the wisdom", Computerworld, Vol. 31 No.22, pp.73.

- Løwendahl, B (1997), Strategic Management of Professional Service Firms, Handelshojskolens Forlag, Copenhagen,.

- McKern, B (1996), "Building management performance for the 21st century", Practising Manager, Vol. 17 No.1, pp.13-18.

- Maglitta, J (1995), "Smarten up!", Computerworld, Vol. 29 No.23, pp.84.

- Mayo, A. (1998), "Memory bankers", People Management, Vol. 4 No.2, pp.34-8.

- Napahiet, J, Ghoshal, S (1998), "Social capital, intellectual capital, and the organisational advantage", Academy of Management Review, Vol. 23 No.2, pp.244-66.

- Nerney, C (1997), "Getting to know knowledge management", Network World, Vol. 14 No.39, pp.101.

- Nonaka, I., Takeuchi, H (1995), The Knowledge-Creating Company, Oxford University Press, Oxford,.

- Ostro, N (1997), "The corporate brain", Chief Executive, Vol. 123 pp.58-62.

- Papows, J (1998), "The rapid evolution of collaborative tools: a paradigm shift", Telecommunications, Vol. 32 No.1, pp.31-2.

- (1998), "The people factor", People Management, Vol. 4 No.2, pp.38.

- Petrash, G (1996), "Dow's journey to a knowledge value management culture", European Management Journal, Vol. 14 No.4, pp.365-73.

- Polyani, M (1966), The Tacit Dimension, Routledge & Kegan Paul, London,.

- Power, M (1997), The Audit Society – Rituals of Verification, Oxford University Press, New York, NY,.

- Roberts, H (1998), "The bottom-line of competence-based management: management accounting, control and performance measurement", EAA Conference, Antwerp,.

- Roos, J, Roos, G, Edvinsson, L, Dragonetti, N.C (1997), Intellectual Capital – Navigating in the New Business Landscape,.

- Roos, R, Roos, J (1997), "Measuring your company's intellectual performance", Longe Range Planning, Vol. 30 No.3, pp.413-26.

- Rutihinda, C (1996), Resource-based Internationalization, Akademitryck AB, Stockholm,.

- Schaefer, M (1998), "Eight things communicators should know and do about knowledge management", Communication World, Vol. 15 No.2, pp.26.

- (1995), "Supplement to 1995 Skandia Annual Report", Value Creating Processes,.

- Stewart, T.A (1997), Intellectual Capital – The New Wealth of Organizations, Nicholas Brealey Publishing,.

- Sveiby, K.E (1997), The New Organizational Wealth. Managing & Measuring Knowledge-Based Assets, Berrett-Koehler Publishers, Inc.,.

- Symoens, J (1998), "Site server is a fine set of tools for Web site building", InfoWorld, Vol. 20 No.4, pp.128.

- Warren, L (1999), "Knowledge management: just another office in the executive suite?", Accountancy Ireland,.

- Watson, S (1998), "Getting to 'aha'!", Computerworld, Vol. 32 No.4, pp.S1-2.

- Yeh, J.-H, Chang, J.-Y, Qyang, Y.-J (2000), "Content and knowledge management in digital library and museum", Journal of the American Society for Information Science, Vol. 51 No.4, pp.371-9.

تم بحمد الله

المصطلحات

المصطلح	المعنى بالعربي
Access Control	ضبط عمليات الوصول
Acoustic Features	الصفات الصوتية
Active Attack	هجوم فعال
Administrating Security	أدارة الأمنية
Advisor System	الأنظمة الناصحة
Algorithm	خوارزميات
Analysis	التحليل
Anomaly	الشذوذ
Anomaly Intrusion detection	كشف التطفل الشاذ
Anonymity	المجهولية
Application-Level Gateway	بوابة مستوى التطبيق
Applying Knowledge	تطبيق المعرفة
Applying Knowledge	تطبيق المعرفة
Arbitrated Digital Signature	التوقيع الرقمي المحكم
Architecture Characteristics	خصائص المعمارية
Artificial Intelligence	الذكاء الصناعي
As Capability	كقدرات
Association Rules	قواعد العلاقة
Asymmetric	غير متناظر
Attachments	الملاحق
Audit Records	سجلات التدقيق
Authentication	التحقق أو أثبات الشخصية
Authentication protocols	سياقات التحقق
Automatic Transfer Money (ATM)	تحويل النقود ألأوتوماتيكي

Availability	والإتاحية
Backups	نسخ الأسناد
Biometrics	القياسات البايولوجية
Bridge	الجسر
Caesar Cipher	شفرة قيصر
Capability	القدرات
Capture New Knowledge	التقاط المعرفة الموجودة
Chat	محادثة
Chatting Group	مجموعة المناقشة
Cipher text	النص المشفر
Circuit-Level Gateway	بوابة مستوى الدائرة
Clandestine	المتطفل السري
Classification	التصنيف
Client / Server	الخادم / المستخدم
Clustering	العنقدة
Collaboration	التعاون
Collisions	تصادم
Combination	اتحاد
Common Bus	المسار العادي
Communication	الاتصالات
Compatibility	التوافق
competitors	المنافسين
Compression	الضغط
Computational Speed	السرعة الحسابية
Computer Based Simulation Systems	أنظمة المحاكاة المبنية على الحاسوب
Computer vision	رؤيا الحاسوب
Conclusion	الاستنتاج

Confidentiality	الخصوصية
Confusion	تشويش
Conversational	التحادثي
Coordination	التنسيق
Counter Intuitive	عداد حدسي
Covert	قناة مكشوفة
Cryptanalysis	تحليل الشفرة
Cryptography	علم بناء منظومة التشفير
Curvature	التقوس
Data	البيانات
Data Encryption Standard (DES)	شفرة البيانات القياسية
Data gram	تعريف بيانات
Data harvesting	حصاد المعلومات
Data link	وصل البيانات
Data Mining	تقنيات التنجيم عن البيانات
Data warehouse:	مستودعات البيانات
Decision support Systems	أنظمة دعم القرارات
Declarative	الإعلانية
Decryption	فتح الشفرة
Decryption Algorithm	خوارزمية فتح الشفرة
Denial of Service	وقف الخدمة
Deploy ability	القدرة على الانتشار
Destination	الغاية
Deterministic	تحديدي
Diagnostic System	أنظمة تشخيص الأخطاء
Diffusion	أنتشار
Digital Signature Key Exchange	التوقيع الرقمي

Digital Signature Algorithm (DSA)	خوارزمية التوقيع الرقمي
Direct Digital Signature	التوقيع الرقمي المباشر
Direction	الاتجاهات, الإشراف والتوجيه
discovering	الاكتشاف
Discovering new knowledge	اكتشاف معرفة جديدة
Distributed Intrusion detection	كشف التطفل الموزع
Distributed processing	المعالجة الموزعة
Downsizing	تقليل الحجم
Dynamic	حركي
E-Government	الحكومة الالكترونية
E-Mail Compatibility	تناغم البريد الالكتروني
E-Mail Encryption	تشفير البريد الالكتروني
Encryption	تشفير
Encryption Algorithm	خوارزمية التشفير
Encryption Gateway	تشفير البوابة
Ethics	الاخلاق
Euler Function	دالة أويلر
Evaluation and Interpretation	التفسير والتقييم
Exception handling	معالجة الشذوذ
Exception-Condition	شرط استثنائي
Experts Systems	الأنظمة الخبيرة
Explicit	الظاهرية
Externalization	التبرير
Fabrication	الفبركة
Facial Geometry	هندسة الوجه
Facilities	تسهيلات

False Accept	قبول خاطئ
False Reject	رفض خاطئ
False-match	مطابقة فاشلة
Feature extractor	مستخلص الصفات
File Transfer Protocol (FTP)	سياق نقل الملف
Fingerprints	طبعة الأصابع
Firewall	جدار النار
Firewall Characteristics	خصائص جدران النار
Firewall Configurations	تشكيلات جدار النار
Firewalls	جدران النار
Greatest Common Divisor (GCD)	القاسم المشترك الأعظم
Hand Geometry	هندسة اليد
Handshake	المصافحة
Hardware Vulnerabilities	نقاط الضعف في المعدات
Hash Function	الدالة الهاشية
Hash Message Authentication Code (HMAC)	رمز تحقق رسالة الهاش
Help Desk and Support	أنظمة الدعم الفني والمساعدة
Honey pots	قوارير العسل
Human Interaction	التدخل البشري
Human work Simulation	محاكاة أعمال البشر
Hybrid Scheme	الطريقة الهجينة
Hypertext Transfer Protocol (HTTP)	سياق نقل النص التشعبي
Image Processing	معالجة الصورة
Image Techniques	تقنيات الصورة
Impersonation	انتحال شخصية
Information	المعلومات

Information Exchange	تبادل المعلومات
Information Retrieval	استرجاع للمعلومات
Integrity	سلامة البيانات
Intelligent Program	البرنامج الذكي
Interception	التقاطع
Interface	وسط أتصال
internalization	الذاتية
International Network	الشبكة الدولية (أنترنت)
Internet	شبكة الأنترنت
Interruption	التدخل
Intruder	متطفل
Intrusion Detection	كشف التطفل
Intrusion Detection System (IDS)	نظام كشف التطفل
Iris scanner	رسم القرنية
Key Management	أدارة المفتاح
KM	إدارة المعرفة
KM)knowledge Management(systems	أنظمة إدارة المعرفة
KM and KM Solutions	إدارة المعرفة وحلول إدارة المعرفة
KM Infrastructure	البنية التحتية لإدارة المعرفة
KM Mechanism	آلية إدارة المعرفة
KM Mechanism and Technologies	تقنيات واليات إدارة المعرفة
Knowledge	المعرفة
Knowledge Applying system	أنظمة تطبيق المعرفةKnowledge
Knowledge Assessment	تقييم المعرفة
Knowledge Based System	الأنظمة المبنية على المعرفة
Knowledge Capture	التقاط المعرفة
Knowledge Discovery	اكتشاف المعرفة

Knowledge discovery System	أنظمة الكشف عن المعرفة
knowledge extracting	استنباط المعرفة
Knowledge Management	إدارة المعرفة
Knowledge Management Solutions	حلول إدارة المعرفة
Knowledge Management Technologies	تقنيات إدارة المعرفة
Knowledge Sharing	مشاركة المعرفة
Knowledge Sharing System	أنظمة مشاركة المعرف
learning	الفهم والتعلم
Least Common Multiple (LCM)	المضاعف المشترك الصغر
Lip motion	حركة الشفاه
Log File Monitor	مراقبة ملف التسجيل
Logical Access	الوصول المنطقي
Machine Learning	تعليم الآلة
Managerial Aspect	المظهر الإداري
manual	كتيب التشغيل
Masquerade	المتنكر
Matching Approaches	طرق المقارنة
Mechanism	آلية
Message Authentication Code (MAC)	رمز تحقق الرسالة
Message Encryption	تشفير الرسالة
Metropolitan Area Network (MAN)	الشبكة الأقليمية
Misfeasor	المتطفل الكاذب
Misuse	اساءة الأستخدام
Misuse Intrusion Detection	كشف تطفل اساءة الستخدام
Mobile computing	المعالجة المتنقلة
Modem	مودم
Modular	باقي القسمة

Multilevel Security	الأمنية المتعددة المستويات
Negative Identification	تعريف سلبي
Network Threats	تهديدات الشبكة
Network Topology	منطق ربط الشبكات
Noisy Data	البيانات الشائبة
Non-Repudiation	عدم الأنكار
objective	موضوعي
objects	أهداف
Opponent	معترض
Organization	التنظيم
Organization Culture	ثقافة المنظمة
Organization Structure	البنية الهيكلية للمنظمة
Overt	قناة مخفية
Packet	حزمة بيانات
Packet Filtering	فلترة الحزمة
Passive Attack	هجوم سلبي
Pattern Recognition	تمييز الأنماط
Peer-Peer Local Area Network (LAN)	شبكات النظير للنظير
Perimeter	حدود
Personal Computer	حاسوب شخصي
Personal Identification Number (PIN)	رقم التعريف الشخصي
Physical Access	الوصول المادي
Physical Trait	الميزة المادية
Plaintext	النص الواضح
Port	ميناء
Positive Identification	تعريف أيجابي

Prediction	التنبؤ
Pretty Good Privacy (PGP)	الخصوصية الجيدة
Prime Numbers	الأعداد الأولية
Privacy	الخصوصية
Private Key	المفتاح الخاص
Probabilistic	أحتمالي
Procedural	الإجرائية
Processes KM	عمليات إدارة المعرفة
Product	المنتجات
Protocol	سياق
Protocol Analyzer	محلل السياق
Public Key	المفتاح العام
Quantities Assessment	التقييم الكمي
Qualitative Assessment	التقييم النوعي
Reclassification	إعادة التصنيف
Reconfiguration	إعادة التهيئة
Recontext	إعادة سياقها
Regressing	وضع الارتداد
Reliability	موثوقية
Replay Attack	هجوم الأعادة
Resource Planning system	أنظمة تخطيط المصادر
Retinal Scanning	رسم القرنية
Risk Analysis	تحليل الخطر
Router	موجه
Rule-based Penetration Identification	تحديد الأختراق المستند على قاعدة
Scanner	المتحسسات
Secret handshakes	المصافحة السرية

Secure Electronic Transaction (SET)	المعاملة الالكترونية الأمينة
Security	الأمنية
Security Attack	الهجوم الأمني
Security Mechanism	الألية الأمنية
Security Planning	تخطيط الأمنية
Security Service	الخدمة الأمنية
Segmentation and Reassembly	التجزأة والتجميع
Selection	الاختيار
Sequence Discovery	اكتشاف التسلسل
Server	الخادم
Session	محادثة
sharing	المشاركة
Sharing knowledge	مشاركة المعرفة مع الآخرين
Sharing Practical Application	التطبيقات العملية المشتركة
Signal Processing	معالجة الأشارة
Simulation system Models	نماذج محاكاة الأنظمة
Skin reflection	انعكاس الجلد
Smart card	البطاقة الذكية
Sniffing	السترق بواسطة الشم
socialization	الاجتماعية
Socialization	والاجتماعية
Socket	نقطة توصيل
Software sharing	المشاركة في البرمجيات
Source	المصدر
Spatial frequency	التردد المكاني
Speech Recognition	تمييز الكلام
Static	ساكن

Steganography	علم أخفاء المعلومات
Storage tokens	رموز خزنية
Subjective	مشهد ذاتي
Substitution Cipher	شفرة تعويضية
Successful Intrusion	تطفل ناجح
Summarization	التلخيص
Suppliers	المزودين
Symmetric	متناظر
System	النظام
System Accuracy	دقة النظام
System Cost	كلفة النظام
System Integrity Checker	مدقق سلامة النظام
Tacit	الضمنية
Technical Aspect	المظهر التقني أو الوظيفي
Template	طبعة
The Nature of Knowledge	طبيعة المعرفة
Threat	تهديد
time series analysis	تحليل في متسلسلات الوقت
Traffic Analysis	تحليل المرور
Transposition Cipher	شفرة أبدالية
Trojan Horse	حصان طروادة
Trusted Systems	الأنظمة الموثوقة
Ultrasound	التحسس فوق الصوتي
Universal Serial Bus (USB)	المرور المتتالي الشامل
User Interface	واجهة المستخدم
Video Conference	مؤتمرات الفيديو
Virtual Private Networks	الشبكات الخاصة الأفتراضية

Virus	فيروس
Voice verification	الاثبات الصوتي
Web Site Security	أمنية موقع الويب
Wide Area Network (WAN)	الشبكة المترامية
Wire Tapping	التصنت السلكي
Wireless Networks	الشبكات اللسلكية
Wiretapping	التنصت
Worm	دودة

Printed in the United States
By Bookmasters